Clara Selborn · Die Herrin von Rungstedlund

Clara Selborn

Die Herrin von Rungstedlund

Erinnerungen an meine Zeit

mit Tania Blixen

Aus dem Dänischen
übertragen und mit Anmerkungen
versehen von Sigrid Daub

Deutsche Verlags-Anstalt
Stuttgart

Die Originalausgabe erschien unter dem Titel
»Notater om Karen Blixen« als Gyldendal-Paperback,
2. udgave, Kopenhagen 1988
(die Hardcover-Ausgabe erschien 1974 bei Gyldendal)
© by Clara Selborn
Die Briefe von Tania Blixen an Clara Selborn stammen aus:
»Karen Blixens Breve til Clara Svendsen 1942–1959«
In: BLIXENIANA 1981, Kopenhagen 1981
© by Karen Blixen Selskabet, Kopenhagen
© der Original-Briefe von Tania Blixen 1981 by Rungstedlundfonden
Die in dem Band enthaltenen Abbildungen stammen aus dem
Archiv der Autorin, ausgenommen Abbildung S. 203.

Die Deutsche Bibliothek – CIP-Einheitsaufnahme
Selborn, Clara:
Die Herrin von Rungstedlund:
Erinnerungen an meine Zeit mit Tania Blixen /
Clara Selborn. Aus dem Dänischen übertragen und mit Anmerkungen
versehen von Sigrid Daub. –
Stuttgart: Deutsche Verlags-Anstalt, 1993.
Einheitssacht.: Notater om Karen Blixen ‹dt.›
ISBN 3-421-06644-2

© der deutschen Ausgabe
1993 by Deutsche Verlags-Anstalt GmbH, Stuttgart
© des Anmerkungsapparates 1993 by
Deutsche Verlags-Anstalt GmbH, Stuttgart
Satz: Uhl + Massopust, Aalen
Druck und Bindearbeit: Franz Spiegel Buch GmbH, Ulm
Printed in Germany

Inhalt

Vorwort

Diese persönlichen Erinnerungen an die letzten zwanzig Lebens-
jahre Tania Blixens von 1942 bis 1962 wurden auf Anraten
Frans Lassons und des Verlages Gyldendal in den Jahren 1973
und 1974 niedergeschrieben. Man hielt es für wichtig, Zeugnisse
aus erster Hand zu sammeln, solange diese Möglichkeit bestand.
Da ein dänischer Literaturforscher zu der Zeit an einem größeren Buch über Tania Blixens Leben und Werk arbeitete, beschränkte ich mich ausschließlich auf das persönlich Erlebte.
Das Buch ist von der Atmosphäre der »Bekenntnisliteratur« der
siebziger Jahre geprägt und deshalb emotionaler, als ich es heute
schreiben würde. Zudem war die Erinnerung damals noch fri-
scher.

Die vorliegende deutsche Ausgabe ist gegenüber der dänischen um zwölf Briefe Tania Blixens an mich erweitert.

Dragør, den 17. April 1993   Clara Selborn

1942

8. *November:* Der Basar in Moltkes Palais war eine Sensation: An den Ständen gab es Whisky und andere Vorkriegsköstlichkeiten. Wir standen auf der breiten Treppe Schlange, um hineinzukommen. Mitglieder des Organisationskomitees und Helfer rannten geschäftig hin und her: »Wo ist Frau Scavenius?« Eine Stimme aus der Schlange signalisierte die politische Stimmung: »Scavenius? Nieder mit Scavenius*!« Ich stand bestimmt nicht dort, weil ich etwas kaufen wollte. Eigentlich hatte ich nicht vorgehabt, zu diesem »Snob-Basar« zu gehen, denn nach sieben mageren Studienjahren konnte ich mir solche Extravaganzen nicht leisten. Aber ich hatte entdeckt, daß auf dem Basar, der unter der Schirmherrschaft der Prinzessin Aage* stand und dessen Erlös der Sozialarbeit von katholischen Ordensschwestern zugute kommen sollte, auch *Tania Blixen* etwas zur Unterhaltung beitragen würde.

Tania Blixen hat als Dichterin und Person im Laufe der Jahre Menschen aus den verschiedensten Schichten in ihren Bann gezogen. In meinem Falle handelte es sich um eine eher untypische Studentin der dreißiger Jahre. Zwei Dichter hatten bis dahin entscheidende Bedeutung für mich erlangt: Als ich fünfzehn Jahre alt war, Johannes Jørgensen* und Byron, als ich siebzehn war. Von Tania Blixen hatte ich mit neunzehn Jahren den damals gerade auf englisch erschienenen Band *Sieben phantastische Geschichten** gelesen, aber mitten in einer Sintflut von

---

* Die Anmerkungen sind auf den Seiten 251 bis 271 versammelt.
  Karen Blixen ist im deutschen Sprachraum unter dem Namen Tania Blixen bekannt, deshalb wurde der Name »Tania«, von einigen Ausnahmen abgesehen, beibehalten.

anderen Büchern und ohne daß das Buch gleich zu einem Stern erster Ordnung in meinem Universum geworden wäre, wie das bei den Werken der beiden anderen Verfasser der Fall war. Und doch hatte sich etwas unauslöschlich dem Hintergrund meines Bewußtseins eingeprägt: der Duellmorgen in *Die Straßen um Pisa*, Boris' Fahrt durch den Wald in *Der Affe*, Pellegrina im Schneesturm auf dem Alpenpaß in *Die Träumer** – pure Schönheit von einer Kraft, die einem Mysterium gleichkam. Da sich nun, sieben Jahre später, die Möglichkeit bot, die Verfasserin persönlich kennenzulernen, und man zu diesem Zweck nur eine Eintrittskarte zu lösen brauchte, war ich mit von der Partie, wie ich mir auch andere Größen der Zeit, wie zum Beispiel Kaj Munk*, nicht hatte entgehen lassen.

Von dem übrigen Programm weiß ich nur noch – weil Tania Blixen später, als wir uns näher kannten, darüber eine Bemerkung machte –, daß Poul Reumert* Wessels deftiges Gedicht* vom Gutsherren und seiner treulosen Frau vortrug, das mit dem entlarvenden Dialog in der Hölle endet. Die anwesenden Ordensschwestern saßen in den vordersten Reihen, daher konnte man nicht sehen, was sie davon hielten. Tania Blixen hatte sich »Die Jungfrau Maria in Afrika« zum Thema gewählt. Zunächst erzählte sie von der katholischen Missionsstation in der Nähe ihrer Farm und vom Verhältnis ihrer afrikanischen Leute zu dieser Station. Dann schloß sie mit einer Legende. Offensichtlich haben außer mir auch andere Zuhörer diesen Teil des Programms als etwas ganz Besonderes empfunden, denn einige Zeit danach sagte mir ein Pfarrer, von dem ganzen Abend sei dieses das einzige gewesen, das »Seele« gehabt habe. Ich glaube, mein Vater hätte diesen Beitrag »poetisch« genannt, und Tania Blixen, die im gleichen Alter wie meine Eltern war, benutzte gerade diesen Ausdruck – wie ich später erfahren sollte – als hohes Lob.

Beim Aufbruch von dem Basar geschah etwas, das mir eine freudige Überraschung bescherte. Mitten in dem Gedränge erkundigte sich die anfangs gesuchte Frau Scavenius, Mitglied des Organisationskomitees, ob jemand Pater Martindale nach Hause begleiten könne. Gemeint war der bekannte englische Jesuit C. C. Martindale, der das Pech gehabt hatte, sich am

9. April 1940, dem Tage des Überfalls der Deutschen, in Dänemark aufzuhalten und den ganzen Krieg über dort bleiben zu müssen. Er hatte sich aktiv am Basar beteiligt, war schon älter und krank, außerdem herrschte ja Verdunklung. Ich erklärte mich bereit, ihn zum Haus der französischen Assumptionsschwestern zu bringen. Zuvor wollte Frau Scavenius Pater Martindale aber noch ein Butterbrot anbieten und führte ihn und mich in eines der inneren Gemächer, wo für ganz wenige Leute aufgedeckt war. Kurz darauf erschien von allen Mitwirkenden nur eine einzige Person und nahm mir genau gegenüber Platz: Tania Blixen.

1943

Die Begegnung mit Tania Blixen führte dazu, daß ich so schnell wie möglich *Afrika – dunkel lockende Welt* und die gerade erschienenen *Wintergeschichten* las. Und wieder fand ich eine Oase in der Wüste, entdeckte ich Tiefgang in einer seichten Zeit.

Auf dem Gymnasium, an der Kopenhagener Universität und in diversen Vereinen hatte ich eine Menge prächtiger und herzensguter Freunde gefunden, ich war keineswegs einsam, was aber Dinge von Bedeutung betraf, Lebensanschauung und höhere und tiefergehende Interessen, fand ich wenig Echo. In der letzten Mittelstufenklasse erwachte in mir plötzlich ein glühendes Interesse an der katholischen Kirche. Zeitlebens schulde ich den Büchern von Johannes Jørgensen Dank, sie boten einer Schülerin mit wenig Bewegungsfreiheit und wenig Geld so ziemlich die einzige Möglichkeit, sich zu diesem Thema Informationen zu verschaffen. Aber in den zehn Jahren von der Mittelstufe über das Gymnasium bis zum Verlassen der Universität stand ich mit diesem Interesse fast allein da. Mitten in meiner Gymnasialzeit traf mich die erste Lektüre eines Gedichtes von Byron wie ein Blitzschlag. Ich holte mir Byrons *Gesammelte Werke* aus der Schulbibliothek – sie waren bis dahin noch niemals entliehen worden. In Tania Blixens Büchern fand ich nun wieder einmal etwas Wesentliches, und wieder hatte ich niemanden, mit dem ich dieses Erlebnis hätte teilen können. Dieses Neuland zu erforschen brauchte seine Zeit.

Anfang 1943 wollte meine gute Freundin Christel Fenger, die ich im »Academicum Catholicum« kennengelernt hatte, Tania Blixen um einige praktische Auskünfte über die Verhältnisse in Kenia bitten. Christel machte keinen Gebrauch von ihren Möglichkeiten, durch Empfehlungen bei Tania Blixen eingeführt zu werden, sondern schrieb direkt an sie selber. Ich konnte der Versuchung nicht widerstehen, mich an ihre Fersen zu heften. Einen mageren Vorwand hatte ich, konnte ich doch auf das kurze Treffen auf dem Basar hinweisen. Später sollte ich aus nächster Nähe erleben, wie fremde Menschen in Scharen Tania Blixen aufsuchten. Sie pflegte dann zu mir zu sagen: »Es würde mir doch nie einfallen, an einen Menschen, den ich gar nicht kenne, zu schreiben: ›Ich möchte Sie gerne besuchen.‹« Ihre Arbeit und ihr elender Gesundheitszustand zwangen sie oft, nein zu sagen. Aber jahraus jahrein empfing sie tapfer so viele Besucher, wie nur irgend möglich. Also auch Christel und mich.

Christel, die erste in der Reihe meiner modisch interessierten Freunde, die mich im Laufe der Jahre immer wieder wegen meiner Garderobe zurechtgewiesen haben, bestand darauf, daß ich für diesen Besuch den besten ihrer beiden Pelze anziehen sollte. Ich hatte ihn schon übergezogen, als ich noch meine Vertretungsstunden im Frederiksberger Mädchengymnasium absolvieren mußte. Als der Schulleiter und ich jeder von einem Ende eines langen Ganges aufeinander zukamen, richtete er sich auf, streckte sich in die Höhe, offenbar in der Annahme, es kämen Eltern, und mußte dann feststellen, daß nur ich es war.

Mit meterlangen Rosen bewaffnet bogen die beiden Pelze um die Ecke Rungstedvej und Strandvej und hielten Auschau nach Rungstedlund – blieben beim »Søholm« stehen, denn das nächste konnte es doch wohl nicht sein – aber es war das nächste, das verfallen aussehende, aber gemütliche, ländliche Haus.

Wir tranken am Kamin Tee, und es entspann sich ein langes, langes Gespräch, während draußen die winterliche Dunkelheit hereinbrach. Ich erinnere mich noch an die Tassen, weiß mit blauen Landschaften; am Boden der Tasse kam, wenn man ausgetrunken hatte, das Bild eines Schafes zum Vorschein. Bald darauf entdeckte ich ganz ähnliche Tassen bei einer Freundin, und ich erzählte, daß sie denen auf Rungstedlund glichen. »Aber du kannst ganz sicher sein, deren Tassen sind handbemalt. Meine sind nur so billige mit aufgedrucktem Muster.« Wenn es sich um Tania Blixen handelte, kursierten nur zu oft solche Vorstellungen. Meine Freundin äußerte sie ohne einen Funken

*Tania Blixen in ihrem Wohnzimmer auf Rungstedlund
(ca. 1942).*

Neid; der war aber zu spüren, wenn ein Schriftstellerkollege schrieb: »Sie verdient Millionen beim Radio und beim Fernsehen...« – »Sie hat noch nie hinten in einer überfüllten Straßenbahn gestanden...« Tania Blixen bekam beim Radio das gleiche Honorar wie die anderen, und ich habe oft genug mit ihr auf der hinteren Plattform einer überfüllten Straßenbahn gestanden, wenn wir die Vesterbrogade entlangfuhren, um billige Jacken zu kaufen aus dem gleichen Stoff wie die altmodischen Unterhosen, die innen aufgerauht waren. Es stimmt schon, daß sie sich wie ein Fisch im Wasser zwischen Pariser Modellen und Aubussonteppichen bewegte, selber konnte sie sich aber derlei Kostbarkeiten nicht leisten. Dagegen sahen die billigen Dinge gleich nach etwas aus, wenn sie sie in Gebrauch nahm. Die blauen Tassen mit den ländlichen Motiven, die ich an einem Wintertag im Jahre 1943 zum ersten Mal sah, waren billige deutsche Tassen, die es bei ihrem Kaufmann gegeben hatte.

Christel Fenger soll später gesagt haben, ihre Fragen an Tania Blixen hätten zehn Minuten in Anspruch genommen, den Rest des Nachmittags habe Tania Blixen mit mir gesprochen. Das glaube ich zwar nicht so ganz, die Bekanntschaft mit Christel wurde ja weiterhin gepflegt, und Tania Blixen hielt große Stücke auf sie. Kurz bevor wir aufbrachen, fand zwischen den beiden ein Dialog statt, hinter dem mehr steckte, als mir damals bewußt war – darüber später mehr.

Fest steht jedenfalls, daß ich durch diesen Besuch sehr beeindruckt gewesen sein muß. Bald darauf schenkte ich nämlich Tania Blixen ein kleines Kruzifix aus Elfenbein, das zu meinen persönlichen Besitztümern zählte, hatte es doch meiner frühverstorbenen Mutter gehört. Es bekam seinen festen Platz auf dem Schreibpult in »Ewalds Stube«, wo es bis an Tania Blixens Lebensende gestanden hat und noch heute steht.

Nun waren ja zu jener Zeit alle Waren knapp und die Rationierung sehr streng. Tania Blixen hatte aus Prinzip überhaupt nichts gehamstert. Ich fing daher an, ihr ab und zu einige Sachen zu schicken. Von den regulär rationierten Waren, die es auf Marken gab, konnte man, wenn man wollte, durchaus einiges entbehren. Mit den Zigaretten war es schon schlechter.

Eine Nacht auf dem Blågårdsplatz wird mir stets in Erinnerung bleiben. Dort gab es einen Tabakhändler, der jeden Morgen die ganze Tagesration an diejenigen, die zuerst kamen, verkaufte. Die ganze Nacht mußte man Schlange stehen; es wurden Nummern ausgegeben, die alle Stunde aufgerufen wurden. Wer in der Nähe wohnte, ging zwischendurch nach Hause und schlief. Auf dem Platz gab es einen Würstchenwagen und ein Pissoir, infolgedessen konnten der »Spritter« und der arbeitslose Konditor »Ditter« und andere brave Leute unbegrenzt durchhalten. Als der Laden aufmachte, war die Tagesration schon alle, bevor ich an die Reihe kam. Ich radelte mit leeren Händen nach Hause, sann aber sogleich wieder über neue Möglichkeiten nach.

Die kleinen Hilfsaktionen in Form von Proviant und Rationierungsmarken waren ein Dank für die Fortsetzung eines Kontaktes, der mir viel bedeutete.

Im September 1962, als Tania Blixen gestorben und am Fuße der »Ewalds-Höhe« zur Ruhe gebettet und unsere kleine Welt auf Rungstedlund eingestürzt war, mußte ich mit dem Testamentsvollstrecker, Philip Ingerslev, einige sehr persönliche Schubfächer in »Ewalds Stube« durchsehen. Nicht, daß sie je verschlossen gewesen wären. Ich war damals viele Jahre hindurch Tania Blixens Sekretärin gewesen und hatte auch das eine oder andere Mal etwas in diesen Schubladen für sie suchen müssen, aber von diesen Malen abgesehen, wäre es mir (oder anderen im Hause) nie eingefallen, an diese Fächer zu gehen. Und das wußte Tania Blixen auch. Es lagen dort viele Briefe von Farah* und ihren anderen Leuten aus Afrika, Nekrologe auf Denys Finch Hatton,* einige seiner Briefe und das letzte Bild von ihm. Ich war merkwürdig berührt, auch ein paar Briefe von mir in dieser Schublade zu finden. Sie stammten aus dem Jahre 1943 und waren auf vergilbtem, schlechtem Kriegspapier geschrieben.

Einer dieser Briefe ist ein Dankeschön nach einem Besuch, geschrieben am 30. Mai 1943 in meiner gemütlichen winzigen Mansardenwohnung in der Hallinsgade – nahe den Kopenhagener Seen –, die ich, als es in meiner elterlichen Wohnung am

Strandboulevard zu eng wurde, 1939 für dreißig Kronen im Monat gemietet hatte. In einem Postscriptum hatte ich eine an den Haaren herbeigezogene Gelegenheit wahrgenommen, mich eine ganze Seite lang in katholischer Theologie zu ergehen. Unter anderem stand da: »Als ich einmal in den *Straßen um Pisa* las, daß die Wahrheit auf menschlichem Zusammenleben beruhe, daß es um einen einsamen Mann auf einer öden Insel herum keine Wahrheit geben kann und daß die Liebe die Nähe eines Wesens sein müsse, das in sich unser wahres Wesen widerspiegeln könne, erinnerte mich das plötzlich an das..., was ich über das gegenseitige Verhältnis der drei göttlichen Personen zueinander in dem Unterricht gelernt hatte, den ich besuchen mußte, um Katholikin werden zu können! Daß nämlich Christus in seiner Existenz vor seiner Inkarnation des Vaters personifizierter Gedanke und Spiegelbild ist und daß ihr gegenseitiges Erkennen die reine Wahrheit ist..., weshalb Johannes (irgendwo in der Einleitung zu seinem Evangelium) sagt, die Welt sei ›durch ihn gemacht‹*... die Christen werden ›Reben am Weinstock‹*, Zellen in ›Christi Leib, welcher ist die Kirche‹*«.

Beim Wiederlesen sehe ich, daß diese Gedanken ihre Spuren hinterlassen haben in den Erzählungen *Nächtliches Gespräch in Kopenhagen* und *Die dritte Erzählung des Kardinals.** Wir haben sie später oft erörtert. Da taucht in meiner Erinnerung eine Bemerkung Tania Blixens auf, die einmal gefallen sein muß, als ich mich offenbar bemüht habe, das Mysterium der Dreieinigkeit zu »verkaufen«: »Ich kann mir keine stinklangweiligere Herrengesellschaft vorstellen.« Dies paßt zu den bissigen Bemerkungen der Lady Flora gegenüber Pater Jacopo: »...ich bin selbst ein Baum, Pater Jacopo, und kein Ast... verschonen Sie mich mit ihren Gliedern und Leibern!«*

Ich wurde wieder nach Rungstedlund eingeladen, als die Erdbeeren reif waren und die Pfingstrosen blühten, und ich fuhr nach Hause mit so vielen Erdbeeren und Pfingstrosen, wie ich nur irgend auf dem Rad befördern konnte. Ich lud abends eine Studienkameradin zu mir ein, wir saßen an dem langen hellen

Abend am Mansardenfenster, verzehrten Riesenportionen von Erdbeeren, und die Pfingstrosensträuße dufteten betäubend.

An dieser Stelle muß ich unwillkürlich an das denken, was mir als »die andere Seite der Medaille« vor Augen steht – die verbreiteten Vorstellungen über Tania Blixen und die Reaktionen mancher Leute auf ihr Handeln, die mich im Laufe der Zeit immer wieder verblüfft und verstimmt haben und die die Kehrseite zu der oft so übertrieben geäußerten Huldigung und Bewunderung darstellten.

Für Tania Blixen gehörte es zu den natürlichsten Dingen der Welt, einen sehr großen Küchen- und Blumengarten zu unterhalten und unzähligen Menschen anzubieten, sie könnten sich daraus mitnehmen, was immer sie wollten. Unter den Leuten, die zum Erdbeerpflücken eingeladen wurden, war eine Kopenhagener Mutter mit ihrem kleinen Jungen. Als er in der Schule erzählte: »Ich bin gestern mit meiner Mutter in einem Garten gewesen, da wuchsen die Erdbeeren an der Erde, und man konnte sich so viele nehmen, wie man wollte«, da weigerten sich seine Klassenkameraden, ihm das zu glauben. Die betreffende Dame hatte irgendeine Arbeit für Tania Blixen erledigt. Es tat mir weh, viele Jahre später hören zu müssen, daß sie über die damalige Begegnung nur zu sagen wußte: »Sie war unwahrscheinlich geizig.« Offenbar war der Stundenlohn nicht hoch, dem Kind aber muß eine überaus erfreuliche Erweiterung seines Erfahrungshorizontes widerfahren sein, und das ist schließlich auch etwas. Tatsächlich hatte Tania Blixen zeit ihres Lebens sehr wenig Geld – schon als junges Mädchen, in Afrika und nach ihrer Rückkehr. Besonders schlimm war das während des Krieges, als ihre Honorare aus dem Ausland blockiert waren. Außerdem hatte der Verlust der Farm in Afrika ein Trauma bei ihr hinterlassen, das sie nie verwunden hat. Es saß tief: Jede Rechnung bezahlte sie so spät wie nur irgend möglich. Sie *konnte* wirklich keine hohen Löhne zahlen und nicht all den Bitten um Spenden und Beiträge nachkommen, denen sie als bekannte Persönlichkeit ausgesetzt war. Mit vielen anderen Dingen war sie aber sehr generös: mit ihrer Zeit, dem Wohnraum für die Hilfskräfte auf Rungstedlund, den Produkten ihres Gartens. Der

Haushalt auf Rungstedlund fußte mehr oder weniger auf dem Prinzip der Naturalienvergütung. Und Tania Blixen mühte sich selbst im Garten redlich ab mit Jäten und Hacken, ja, sie liebte diese Betätigung sogar.

Am Tage des »Ewaldfestes«* im Sommer 1943 – an dessen Planung Tania Blixen ursprünglich nicht beteiligt war, dann aber doch teilnehmen mußte, weil der Wunsch geäußert wurde, das Fest auf Rungstedlund stattfinden zu lassen – radelte ich mit einigen Studienkameraden hinaus. Als wir an dem Schild »Rungsted« vorbeikamen, das gut einen Kilometer südlich von Rungstedlund stand, stellten die anderen fest, daß mein Fahrrad nun schneller liefe, wie ein Pferd, das sich dem Stall nähere. Es wurde ein wunderschöner sonniger Nachmittag draußen auf der grünen Koppel am Fuße der Ewalds-Höhe. Tania Blixens Beitrag war ein Bericht über eine Nachtigall, die sie in Amanzimtoti in Südafrika hatte singen hören, und über Helge Christensens* Nachtigallen-Beringungsaktion auf Rungstedlund, bei der sich herausstellte, daß die erste Rückmeldung über eine beringte Nachtigall ausgerechnet aus Amanzimtoti* gekommen war. Sie erzählte – wie auf dem Basar im Jahr zuvor – »poetisch« und zugleich einfach und direkt. Der Chor einer Mädchenschule sang, den man aber kaum hören konnte, während Tania Blixens Stimme weit trug. Das entsprach dem, was ich sie später habe sagen hören, wenn sie sich über gar zu piepsige Töne, gleich welcher Art, ärgerte: »Man muß so drauflos singen, daß es auch die Galerie hört.«

Im gleichen Sommer geschah etwas Spannendes, das mich sehr aufmunterte: Tania Blixen lud mich zu einem Treffen in à Portas Straßenrestaurant ein, sie wollte mit mir einen besonderen Plan besprechen. Es handelte sich um den Roman *Die Rache der Engel**. Wir vereinbarten eine heimliche Absprache. Das Buch sollte unter einem neuen, bisher unbekannten Pseudonym erscheinen, und um noch eine zusätzliche Camouflage zu schaffen, sollte mein Name als Übersetzer genannt werden. Wir mußten vieles dazu erörtern, und Tania Blixen kam etliche Minuten zu spät zu ihrem Friseur Grantzau.

Im August fand die gemütliche Zeit in meiner Mansarde an den Seen nach fast fünf Jahren ein plötzliches Ende. Ich bekam eine Stelle am Abendgymnasium in Århus angewiesen und mußte sie wohl oder übel antreten. Die Århusianer können mir noch heute leid tun, daß ihnen ein Mensch geschickt wurde, der sich geradezu deportiert vorkam. Ich war über vieles traurig, unter anderem auch darüber, daß ich so weit von Rungstedlund entfernt war.

Jedesmal, wenn ich in jenem Schuljahr Ferien hatte, besuchte ich Tania Blixen.

Einer dieser Besuche verursachte ein Erdbeben in meinem Leben; es muß in den Herbstferien gewesen sein.

Ich weiß nicht, wie es kam, daß Tania Blixen so offen und voller Vertrauen mit mir sprach, obwohl sie erst wenige Male mit mir zusammengewesen war. Sie muß wohl gemerkt haben, daß ich ein ernster Mensch war, für den das Dasein buchstäblich eine Frage von Leben und Tod bedeutete. Schon früh hatte ich den Ernst meines Lebens begreifen gelernt, schon mit fünf Jahren, an dem Abend, als mein Vater von einem Besuch im Städtischen Krankenhaus nach Hause kam und am Fußende meines Bettes stehenblieb und mich wortlos ansah – meine Großmutter trat in die Tür und fragte: »Wie geht es ihr?« – und mein Vater antwortete: »Sie ist tot.« Gemeint war meine Mutter. Und ein zu früh geborener Junge lag in einem Brutkasten im Hospital. Aus den zwei Jahren, die vergingen, bis mein Vater wieder heiratete, hat sich mir auch ein Besuch im Kunstmuseum eingeprägt, wo wir vor Joakim Skovgaards* großem Gemälde »Christus im Reich der Toten« standen. Die späteren Aspekte der Tragödie, die erst nach und nach zum Vorschein kamen, meine religiöse Entwicklung, ein besonderes Geheimnis: daß mich Byron, der schon vor über hundert Jahren gestorben war, mehr faszinierte als irgendein lebender Mensch – all das erzählte ich Tania Blixen erst später, in der kühlen, selbstironisierenden Art, die manche Leute zum eigenen Schutz an den Tag legen. Aber, wie es in *Babettes Fest** heißt: »Die Schildkröte erwähnte sie nicht ausdrücklich; doch in ihrem Gesicht und Stimmklang war sie gegenwärtig.« Vielleicht war es so. Jedenfalls erzählte Tania Blixen, während wir am Kaminfeuer saßen, von sich selbst. Plötzlich erklärte sie: »Und dann geschah es, daß ich, nachdem ich nach Afrika gekommen war und geheiratet hatte, durch meinen Mann mit Syphilis infiziert wurde...«

Sie befand sich nun, im Jahre 1943, aller Wahrscheinlichkeit nach in einem Spätstadium der Krankheit und erwog die Aussichten, die sie noch hatte. Sie sah mich direkt an, und zum ersten Mal in meinem Leben durchfuhr mich der Gedanke, daß ein Mensch den Ausdruck eines Gekreuzigten in den Augen haben konnte. »Ich habe wohl das, was man Rückenmarksschwund nennt...« Über die entsetzlichen Schmerzanfälle, die Krämpfe und die Übelkeit sagte sie nichts, aber die habe ich dann später kennengelernt.

Ich war erschüttert. Jetzt sah ich das Gespräch zwischen Tania Blixen und Christel Fenger am Schluß unseres ersten Besuches in einem ganz neuen Licht. Christel hatte die Absicht, eine Zeitlang als Krankenschwester in Kenia zu arbeiten, weil sie dort Verwandte hatte. Tania Blixen fragte ganz beiläufig: »Was tun sie heutzutage gegen die Syphilis?«, und Christel antwortete mit einer Schilderung der zu der Zeit üblichen Behandlungsmethode. Ich dachte nur: »Na ja, diese Segnungen der Zivilisation gibt es natürlich da unten auch, dem mißt man weiter keine Bedeutung zu.« Ich hatte ja keine Ahnung gehabt, daß Tania Blixen selbst all dieses Elend in vollem Maße mit »ihren Leuten«, wie sie die Afrikaner zu Recht nannte, hatte teilen müssen.

Tania Blixen erlebte nur zu oft, daß Leute bei der Begegnung mit ihr aus der Fassung gerieten und nicht recht wußten, auf welchem Bein sie stehen sollten. Mir ging es auch so. Aber ich meinte es jedenfalls ehrlich, als ich ihr schrieb, daß, während meine Religion bisher in gar zu hohem Maße eine intellektuelle Angelegenheit gewesen sei, sich nun seit den Herbstferien alles geändert habe. Ich sei der Überzeugung, außerhalb der offiziellen katholischen Kirche einer heimlichen Märtyrerin begegnet zu sein. Ich führte eine mir sehr liebe Figur aus dem Heiligenkalender an, Sankt Adauctus — man weiß gar nicht, wer er eigentlich war, aber er hat einige Märtyrer auf dem Wege zur Hinrichtung gesehen und sich ihnen spontan angeschlossen und so den Namen Adauctus bekommen, was einfach »der Hinzugekommene«, »der, der hinzukam« bedeutet. Natürlich konnte ich es auch nicht lassen, auf Marcus Cocoza aus *Die Träumer* hinzuweisen, dem es am Ende seines Erdenlebens vollauf genügte, Pellegrina Leonis Freund gewesen zu sein. Praktisch lief alles darauf hinaus, daß ich um meiner selbst willen froh sein würde, wenn sich irgendwann einmal die Gelegenheit fände, Tania Blixen einen Gefallen zu tun. Eine solche Chance ergab sich ein halbes Jahr später.

Im übrigen bat ich auch von Århus aus um die Korrekturbögen von *Søster Barbara og Ngaia.** Es handelte sich dabei um jene Legende, die Tania Blixen auf dem Basar erzählt hatte. Man wollte sie gerne für das katholische Weihnachtsheft *Julekærten* von 1943 haben. Und dort erschien sie dann auch, obwohl das eine Unterbrechung der Arbeit an dem neuen Buch, dem Roman, bedeutete, der ausnahmsweise einer Stenographin diktiert wurde. Und so wurden bezahlte Stenographenstunden auf einen Beitrag verwendet, der vermutlich gratis oder zu einem sehr geringen Honorar geliefert wurde. So etwas kennen wohl viele Schriftsteller, und auch Tania Blixen konnte zu solchen Bitten im Laufe der Jahre nur schwer nein sagen.

1944

Die Arbeit in Århus war hart. Statt einer normalen Stundenzahl
innerhalb normaler Schulzeiten, die auf Haupt- und Nebenfä-
cher verteilt war, hatte ich eine Unzahl von Stunden zu geben,
alle in Nebenfächern, von morgens früh bis abends um 23.00
Uhr, und in den Stunden zwischen dem Tagesunterricht und der
Abendschule konnte ich nicht in meine Wohnung nach Risskov
fahren, weil wegen der Kriegszeiten nur wenige Züge verkehrten
und es unmöglich war, Reifen oder Schläuche fürs Fahrrad zu
bekommen. Ich war, ebenso mein Fahrrad, kurz davor, zusam-
menzubrechen, als ein Paket aus Rungstedlund kam: die Rein-
schrift des Manuskriptes von *Die Rache der Engel*. Ich hatte
einige Informationen für den Text geliefert, kannte aber die
Handlung nicht. Am Sonnabend hatten wir keinen Abendkur-
sus, ich ging nachmittags um 16.00 Uhr ins Bett, um das ganze
Wochenende zu schlafen. Nur ein Stündchen wollte ich vorher
noch lesen – las aber bis zum nächsten Morgen um vier.

Dann kamen die Osterferien. Die Brücke über den Kleinen
Belt war von Saboteuren gesprengt worden, es konnten keine
Züge auf ihr verkehren, man mußte den ganzen Weg hinüber zu
Fuß gehen. Der Koffer einer Dame ging auf, und ihre ganze
Osterration an Apfelsinen trudelte nach allen Seiten. Davon
habe ich offenbar in Rungstedlund erzählt, denn Tania Blixen
hatte auch von der Wanderung über die Brücke gehört: Ein
müder Passagier ging und ging. Auf halbem Wege traf er eine
Dame, die ihm entgegenkam, und er fragte: »Sagen Sie, wie lang
hin ist es denn noch?« Die Dame war schwanger und antwortete: »Drei Monate...« Noch nie sind so viele Anekdoten wie in
diesen fünf verdammten Besatzungsjahren im Umlauf gewesen,
und Tania Blixen schätzte sie wie kaum ein anderer.

Wohl im Frühjahr 1944 stellte sich heraus, daß die Haushälterin auf Rungstedlund, Fräulein Karen Hansen, nicht bleiben konnte. Sie litt an Asthma, und ihr Arzt sagte, das Wohnen in unmittelbarer Nähe des Strandes bekäme ihr nicht. Tania Blixen hielt große Stücke auf Fräulein Hansen, sie konnte fabelhaft kochen und war ein herzensguter Mensch, der allerdings auch seine merkwürdigen Seiten hatte und über wenig Ordnungssinn verfügte. Viele kleine Episoden wurden berichtet: Zu ihrer Zeit gab es noch kein Badezimmer auf Rungstedlund. Als einmal eine Kanne warmes Wasser in die altmodische »Viktoriabadewanne« geschüttet wurde, plumpste ein Stück Speck in Tania Blixens Badewasser. Aber über derlei Dinge lachte Tania Blixen nur, und sie nahm viel Rücksicht auf die Tatsache, daß Fräulein Hansen, die im Waisenhaus aufgewachsen war, schon beim kleinsten Tadel in aggressivem Protest aufbrauste. Wenn zum Beispiel aus einem unerfindlichen Grund überhaupt keine Teeblätter in den Teetopf gekommen waren, sagte Tania Blixen: »Fräulein Hansen, der Tee ist etwas zu dünn, Sie müssen ihn etwas stärker aufgießen.« So hatte sich alles sehr schön eingespielt, und Tania Blixen bewunderte Fräulein Hansen, wenn sie aus Liebe zu klassischer Musik nach Kopenhagen ins Königliche Theater fuhr zu *Figaros Hochzeit* – oder war es *Die Zauberflöte?* –, obwohl man nach dem Theater mit dem Zug nur noch bis Klampenborg kommen konnte und Fräulein Hansen in der Kälte der Winternacht zu Fuß von Klampenborg bis Rungsted gehen mußte. Nun mußte sie also Rungstedlund verlassen. Und deshalb bat Tania Blixen mich, ihr bei der Suche nach einer Nachfolgerin behilflich zu sein.

Während sie selbst in Kopenhagen annoncierte, sollte ich Anzeigen in den Zeitungen von Århus aufgeben. Treuherzig, wie wir waren, schrieben wir: »Alleinstehende, schwächliche Dame auf dem Lande sucht...« Wahrscheinlich hätten wir es gar nicht abschreckender formulieren können. Weder aus Kopenhagen noch aus Århus kam auch nur eine Antwort. Auch privates Umhören führte zu nichts.

Da kam ich plötzlich auf die Idee, ich könnte meine Stellung in Århus aufgeben und selbst versuchen, einzuspringen.

Damals kannte man den Ausdruck »aussteigen« noch nicht,

aber ich hatte tatsächlich schon sehr früh geahnt, daß ich, wenn ich meinem Gewissen folgen würde, wohl zu irgendeinem Zeitpunkt einen unkonventionellen Sprung von der Karriereleiter machen würde.

Ich schrieb voller Eifer und mit eindringlichen Worten an Tania Blixen, um sie für den Plan zu gewinnen. Natürlich hatte sie Bedenken. Unter anderem gefiel ihr die Vorstellung nicht – was ja auch einzusehen war –, daß sich jemand für sie opfern sollte. Schließlich gelang es mir doch, sie zu überzeugen. Mitentscheidend war auch einer ihrer Träume, in dem Denys und Farah und – merkwürdigerweise – auch ich vorgekommen sind. Ich kündigte termingerecht in Århus und verließ die Stellung erst, nachdem ich meine Kurse bis zum Abitur beziehungsweise zur Aufnahmeprüfung ins Gymnasium geführt hatte. Im Laufe des Sommers wollte ich mich nach einer Möglichkeit umsehen, etwas besser kochen zu lernen.

Meine Abreise von Århus ging Hals über Kopf vonstatten, es brauten sich Unruhen zusammen, und man fürchtete, die Verbindung zwischen den einzelnen Landesteilen könnte völlig unterbrochen werden.

Ehe ich als Hauswirtschaftslehrling aufs Land gehen sollte, fuhr ich für ein Wochenende nach Rungstedlund und zog in die neueingerichtete Gästewohnung ein, die aus einem Schlafzimmer nach Osten zum Sund und der »grünen Stube« zum Wäldchen hin bestand. Wegen des Volksstreiks* wurde aus dem Wochenende eine ganze Woche.

Wahrscheinlich stammt der elegante und anmutige Anblick von Tania Blixen, an den ich mich erinnere, aus jener Woche: In langen Hosen und mit einem großen Gartenhut auf dem Kopf sitzt sie mit hochgelegten Beinen auf dem Kaminsofa, deutlich dem Tischbein-Gemälde »Goethe in Italien« ähnlich. Genauso sahen die Leute oft Tania Blixen: eben elegant und anmutig. Aber bei dieser Gelegenheit erzählte sie mir, warum sie so oft lange Hosen trug: Wenn sie ihre Krämpfe bekam, mußte sie die Beine fest anwinkeln, und dann war es praktischer, lange Hosen anzuhaben und keinen Rock. Das wußten wohl nur die wenigsten.

Erst zu diesem Zeitpunkt wurden die letzten aus Afrika mitgebrachten Sachen aus den Kisten geholt, in denen sie 1931 von Nairobi aus verschickt worden waren. Jetzt war auch das Grammophon zum Vorschein gekommen; es stand, mitsamt allen Platten, in dem grünen Gästezimmer. Tania Blixen spielte für mich ein Streichquartett von Tschaikowsky. Ich habe es seither nie hören können, ohne an die Nachmittagssonne in der grünen Stube zu denken – und an Tania Blixens schmächtige Gestalt, auf dem Rücken am Boden liegend, die Beine in Krämpfen an den Leib gepreßt.

Ich packte die Kristallgläser von der Farm aus. Tania Blixen hatte dort unten alles selbst, nur mit Farahs Unterstützung, einpacken müssen. Die Gläser lagen in Sägemehl. Nicht eines war zerbrochen.

Während meiner Studienzeit hatte ich mich einmal vierzehn Tage auf einem Gut aufgehalten, um mit einem jungen Mädchen, der Tochter des Hauses, Englisch zu üben. Ich wurde zur Herrschaft gerechnet, während auf der anderen Seite der Trennungslinie eine Haushälterin, zwei Hauswirtschaftslehrlinge und zwei Zimmermädchen arbeiteten. Nun fragte ich an, ob ich für einige Monate als Hauswirtschaftslehrling arbeiten könnte. Es war mir seinerzeit nicht entgangen, daß es zwischen der Herrschaft und den Angestellten ziemlich üble Spannungen gab. Aber ich war der Meinung, daß ich als Hauswirtschaftslehrling eigentlich nichts mit der Herrschaft zu tun haben brauchte, sondern in der Küche arbeiten und alle möglichen Aufgaben unter der Anleitung einer erfahrenen Haushälterin bewältigen lernen sollte. Ich schrieb in meinem Brief: »Ich bin mir darüber völlig im klaren, daß meine Situation innerhalb des Hauses dieses Mal eine ganz andere ist.«

Als ich ankam, zeigte sich, daß *alle* Angestellten gegangen waren und nicht ein Mensch mehr in der Küche oder in den Zimmern übriggeblieben war. Die Dame des Hauses mußte selber die Mahlzeiten am Kohlenherd zubereiten, und ihr Mann, die Kinder und die Gäste standen mit Tellern Schlange und bekamen das Essen gleich aufgetan. Ich stellte nun das ganze

Personal dar. Dieser absolut unmögliche Zustand endete nach einem Monat.

Tania Blixen mußte sich den Sommer über mit ständig wechselnden Kräften behelfen. Fräulein Hansen verließ wegen ihres Asthmas auf Anweisung des Arztes das Haus. Ich erinnere mich an Tania Blixens Kommentar angesichts des Hab und Guts von Fräulein Hansen, das aufs Geratewohl in einen alten Koffer und ein paar Pappschachteln verpackt wurde: ein paar Kleidungsstücke, einige ausgetretene Schuhe und dann das Koffergrammophon mit klassischen Platten: »Und das ist alles in der Welt, was ein Mensch besitzt, nachdem er viele Jahre gearbeitet hat.«

Unter den Papieren aus der »Afrika-Schublade«, die wir nach Tania Blixens Tod durchsahen, war eine lange Liste mit Namen von Leuten auf der Farm in Afrika. Sie selbst war ruiniert von dort abgereist und hatte wieder ganz von vorne anfangen müssen. Als sie nach einigen Jahren und vielen Schwierigkeiten endlich wieder zu etwas Geld gekommen war, das sie mit den *Sieben phantastischen Geschichten* verdient hatte, verfaßte sie diese Liste als Teil ihres Testaments und übertrug ihrem Bruder Anders Dinesen die Aufgabe, dafür zu sorgen, daß die genannten Summen all diesen Menschen im fernen Kenia ausbezahlt würden. Seitauf, seitab stehen sie zu lesen: Farah Aden... Farahs Verwandte... Juma bin Muhammed, Massai. Von 1916–1931 in meinen Diensten. Jetzt im Massai-Reservat... Muhammed Juma, genannt Tumbo, Jumas Sohn. Auf meiner Farm geboren. Der Toto* meiner Mutter in Afrika... Kamante... Denys Finch Hattons Leute... Kamau. Viele Jahre lang Sais* für mein Pferd »Rouge«... Chotha. Mein blinder Gärtner... Wakamba Sais, hat mein Pferd »Poorbox« gepflegt – und so weiter und so weiter, und dann noch über hundert Namen alter »squatter«*. Außerdem gab es ein Verzeichnis über das, was jeder squatter besaß, zum Beispiel eine Kuh und mehrere Schafe. Dann folgte in der testamentarischen Liste:

»Sieben meiner squatter verfügen über keinerlei Eigentum. Da ich nicht möchte, daß jemand, der für mich gearbeitet hat, so schlecht dastehen soll, wünsche ich, daß jeder von ihnen 100 shillings bekommt. Diese Leute sind:...« – und dann folgen sieben Namen. Dies ist auch eine Seite der »feudalen« Lebensform, die ihre Kritiker vielleicht nicht immer vor Augen haben.

Nachdem mein erster Versuch, eine Hauswirtschaftslehre zu absolvieren, fehlgeschlagen war, mußte ich mich beeilen, eine andere Stelle zu finden, denn viel Zeit blieb mir nicht mehr. Als rettende Engel traten die Lioba-Schwestern auf den Plan, ein moderner Zweig des Benediktinerordens, die in einem Kloster am Fælledpark eine Kommunität und ein kleines Kollegium für junge Leute unterhielten, die in der Ausbildung waren. Ich wurde Hauswirtschaftslehrling in ihrer großen Küche, und sie zauberten mir auch ein Zimmer herbei. Zwei Abende in der Woche ging ich auf eine Hauswirtschaftsschule. Jeden zweiten Sonntag radelte ich nach Rungstedlund und setzte dort das Gelernte in die Praxis um, indem ich das Mittagessen zubereitete, wenn die Aushilfe ihren freien Tag hatte.

Ich erinnere mich an eine Heimfahrt im August, bei der es am Himmel Sternschnuppen regnete, »Tränen des heiligen Laurentius«. Ich hatte guten Grund, an den heiligen Laurentius auf dem glühenden Rost zu denken, denn ich kam gerade von einem Menschen, der ähnliches leiden mußte. Tania Blixen hatte an diesem Tag einen ihrer besonders schweren Schmerzanfälle, sie hatte sich ins Bett legen müssen, ihr Gesicht glich einer Wachsmaske.

Am 1. November 1944 zog ich bei strömendem Regen auf Rungstedlund ein. Fräulein Hansens Zimmer war für mich neu hergerichtet worden. Ein »Mädchenzimmer« bei Tania Blixen war etwas ganz anderes, als man sich üblicherweise unter diesem Begriff vorstellt. Ich bekam ein großes, tiefes Zimmer mit einer herrlichen Aussicht über die alten Rasenflächen. Mit seinen alten hübschen Eichenmöbeln und der pflaumenfarbenen Tapete glich es – wie Tania Blixen selber sagte – einem Gästezimmer in den sechziger Jahren des vorigen Jahrhunderts, zum Beispiel auf Katholm.* Einen roten Strauß hatte sie mir hingestellt, in Farbnuancen, von denen ich nie angenommen hätte, daß man sie so zusammenstellen dürfte, aber Tania Blixen konnte das. Während meines Wochenendes in der grünen Stube hatte ich eine vorsichtige Bemerkung riskiert: Ich hätte gelernt, man dürfe Gelbgrün und Blaugrün nicht zusammenstellen; gleich wurden mir Beispiele dieser Kombination auf Gebrauchsgegenständen orientalischer Herkunft, wie Porzellan und Teppichen, vorgeführt.

Probleme erwartete ich nicht, obwohl ich schon einen Schreck hinter mir hatte: Eines Tages, mitten in meiner kurzen Lehrzeit, schrieb mir Tania Blixen plötzlich, ich sollte den ganzen Plan aufgeben, ich sei zu ungeübt. An dem vorausgegangenen Sonntag hatte ich wirklich das Essen mit furchtbarer Verspätung serviert. Gerade als ich mich mit einem Auge auf der Uhr bemühte, kleine Beefsteaks rechtzeitig fertig zu haben, kam der Freiluftmensch Tania Blixen ganz kurz vor dem Mittagessen von einem Spaziergang heim und legte einen Berg herrlicher, frisch gepflückter wilder Champignons auf den Küchentisch und erklärte, die könnten wir statt der Zwiebeln zu den Beefsteaks essen. Noch nie im Leben hatte ich Champignons zubereitet.

Es stellte sich bald heraus, daß die alltäglichen Probleme in dem unpraktischen Haus immens waren. Gas war so streng rationiert, daß die abendliche Hauptmahlzeit auf dem Kohleherd zubereitet werden mußte, und genau zur gleichen Zeit mußte man rund ums Haus laufen und fünfzehn Fenster verdunkeln, dem Postboten und dem Mann mit der Milch vom benachbarten Bauernhof die Tür aufmachen und weite Wege durchs Haus zurücklegen, um nach den Kachelöfen zu sehen. Die Ersatzlebensmittel, zum Beispiel Gerstenschrot statt Reis, und das schwerere Mehl bildeten ein zusätzliches Handicap. Tania Blixen hatte gesagt, sie lebe ganz einfach, aber das Essen mußte möglichst nach Mrs. Beetons Kochbuch zubereitet werden, und das setzte viel manuelle Arbeit voraus. So war es undenkbar, das Fleisch schon gehackt zu kaufen, man durfte es vielleicht gerade mal durch den Wolf drehen, eigentlich mußte es aber mit dem Messer zerkleinert werden. Ich bekam das zweifelhafte Lob, ich wisse sehr wohl, wie die Dinge sein sollten, und könnte vielleicht eine gute Köchin werden, wenn ich ein Heer von Küchenjungen zu befehligen hätte.

Tatsächlich hatte ich ja die denkbar schlechtesten Voraussetzungen, und im Laufe weniger Monate stellte sich heraus, daß es so nicht ging, unter anderem, weil diese Arbeit de facto auch Frühstückseinladungen, Nachmittagstees und Abendessen für all die Gäste umfaßte, die Tania Blixen sich nur zu gern einlud, sobald ihre Kräfte das erlaubten. Die Anzeige, die wir vergeblich in die Kopenhagener und Århusianer Zeitungen gesetzt hatten – »Alleinstehende, schwächliche Dame auf dem Lande…« –, hatte vielleicht auch mich etwas in die Irre geführt.

Von Neujahr an mußten wir eine andere Regelung finden. Ich war zutiefst deprimiert. Zum ersten Mal in meinem Leben hatte ich eine mir selbst gestellte Aufgabe nicht bewältigen können.

1945

Anfang 1945 übernahm Frau Helene Landgren das Kochen. Frau Landgrens Familie mütterlicherseits war über mehrere Generationen mit Rungstedlund verknüpft gewesen. Sie selbst war nach zeitweiliger Abwesenheit als Frau des Gärtners Landgren dorthin zurückgekehrt, und als ihr Mann sehr früh verstarb und ein neuer Gärtner in das Gartenhaus einziehen mußte, richtete Tania Blixen für Frau Landgren eine kleine Wohnung im Hauptgebäude ein. Sie half jeden Morgen ein paar Stunden auf Rungstedlund und hatte außerdem verschiedene Arbeitsstellen in der Nachbarschaft. Nun übernahm sie den Posten der Haushälterin. Ich sollte mich als Stubenmädchen versuchen. Das machte mir nichts aus – das Problem war nur, daß gar kein Geld da war für eine derartige Erweiterung des Mitarbeiterstabes. Ich sollte deshalb nur halbe Tage zum halben Lohn arbeiten und mir dann durch Nebenarbeiten Geld hinzuverdienen. Ich gab Sprachunterricht, und später verschaffte mir meine gute Freundin Ellen Nielsen Übersetzerarbeiten beim Arne Sørensen Verlag. Dieses merkwürdige Arrangement setzte voraus, daß die Halbtagszeit eingehalten wurde, was sich jedoch als unmöglich erwies. Es kamen Hausgäste, Teegäste zum Nachmittag, wenn ich frei haben sollte – aber Geld für einen normalen Lohn war nicht da.

Nach einigen wenigen Jahren mit guten Einnahmen aus den beiden ersten Büchern war wieder eine Finanzmisere über Tania Blixen hereingebrochen, dieses Mal war der Krieg schuld, ihre Autorenhonorare aus dem Ausland konnten nicht nach Dänemark überwiesen werden.

Um Geld für die hohen Steuern zu beschaffen, die ich noch immer der Gemeinde Vejlby-Risskov zahlen mußte, obwohl ich längst von dort weggezogen war, mußte ich eines Tages einen kurzen Abstecher mit dem Zug nach Kopenhagen machen. Zweck dieses Unternehmens war es, meine kleine antike goldene Uhr zu verkaufen, die, als ich noch ein Kind war, für mich zur Armbanduhr umgearbeitet worden war – die erste Uhr meines Lebens. Noch lange danach sah ich vor meinem inneren Auge die niedliche kleine Uhr mit den ziselierten Blumengirlanden auseinandergenommen auf dem Ladentisch liegen, weil nur der Grammpreis für das wenige Gold zählte. Um bei meiner Rückkehr gleich zum Servieren des Mittagessens fertig zu sein, hatte ich schon vor der Fahrt das schwarze Zimmermädchenkleid angezogen, das Tania Blixen mir aus einem ihrer Kleider hatte machen lassen. Als ich nach Hause kam, empfing sie mich mit der Feststellung, das Kleid sei ausschließlich als Arbeitskleidung gedacht und dürfe nicht auf Fahrten nach Kopenhagen zerschlissen werden ... Ich konnte es nicht über mich bringen, zu erzählen, aus welchem Grund ich in der Stadt gewesen war, genausowenig wie ich es ertragen hätte, daß der Gerichtsvollzieher bei den Lioba-Schwestern oder auf Rungstedlund erschienen wäre.

Außer dem unpraktischen Haus, der Rationierung, den Geldsorgen und vor allem den Krankheitsplagen tauchte noch ein etwas subtileres Problem auf. Tania Blixen fragte mich, ob sie mich ihren Gästen vorstellen sollte oder ob ich lieber anonym bleiben wollte. Ich zog es vor, anonym zu bleiben, denn die Rolle, die ich vertretungsweise im Haushalt spielte, versetzte mich in eine Stellung, in der man normalerweise nicht »familiär« behandelt wurde. Im allgemeinen ging alles ganz glatt, das Essen zu servieren war ein Kinderspiel im Gegensatz zum Zubereiten, und niemand entdeckte etwas Besonderes an dem Zimmermädchen. Aber etwas peinlich wurde es, wenn jemand kam, der mich kannte. Daran hatte ich nicht gedacht. Als Tania Blixens Bruder Thomas Dinesen und ich das erste Mal einander vorgestellt wurden, faßte er die Situation ganz in meinem Sinne auf und bemerkte in höchst munterm Ton, sie gliche ja wohl jener in der Erzählung *Die unbezwingbaren Sklavenhalter*.* Aber Professor Hartvig Frisch* hatte angesichts meiner schwarzweißen Montur einen erstaunt-betrübten Ausdruck in den Augen, und mein Vater war über die ganze Entwicklung sehr traurig. Er war zeit seines Lebens verbittert über die ärmlichen Verhältnisse, in die seine Familie und die meiner Mutter während beider Kindheit unverschuldet geraten waren. Er hatte sich mit großer Energie eine Ausbildung und spätere Weiterbildung erkämpft, und während er zur See fuhr, hatte er zum Offizierskorps gehört und war ein verständnisvoller Vorgesetzter gewesen gegenüber verängstigten Jungen, die ständig in Erwartung ungerechtfertigter Ohrfeigen den Kopf einzogen. Für *meine* Ausbildung hatte er Opfer gebracht. Er konnte seine Enttäuschung über meine merkwürdigen Manöver nicht verbergen.

Doch es blieb bei dieser Regelung bis zum Beginn des Jahres 1946, als Tania Blixen ins Militärhospital eingeliefert und operiert werden mußte und auch Frau Landgren krank wurde und ins Krankenhaus kam.

Da stand ich wieder allein da, mit Pasop.

Pasop war der Sohn von Gärtner Nielsens prächtigem, grauem Schäferhund Musse. Tania Blixen hatte ihn im April 1945 zu ihrem sechzigsten Geburtstag geschenkt bekommen. Seine Welpenzeit fiel in den fröhlichen Sommer des Kapitulationsjahres, und dreizehn Jahre lang hat er uns allen auf Rungstedlund unendlich viel Freude gemacht.

Im Sommer 1945 lag Tania Blixen zur Beobachtung im Zentralkrankenhaus in Hillerød. Ihre Schmerzen waren unerträglich geworden. Man tippte auf ein Geschwür am Zwölffingerdarm. Aber die Hauptursache waren wohl gastritische Krisen, eine Art Darmkrämpfe, die vermutlich eine Folge der alten Erkrankung darstellten.

Einer der Ärzte, die Tania Blixen geholfen haben, war Professor Mogens Fog.* Sie erzählte mir, bei einer Konsultation bei Fog sei sie in dem Augenblick, als sie zur Tür hereinkam, vor Schmerzen ohnmächtig zusammengebrochen. Er hatte Tabletten verschrieben, Algospasmin, die sie regelmäßig nehmen sollte, was sie dann auch viele Jahre lang tat. Eines Tages gab es diese Tabletten nicht mehr. Daraufhin wurde ein Ersatzmedikament verordnet, ich glaube es war Largactil. Auch das war ein Gebiet, auf dem ich sehr bald die »Kehrseite der Medaille«

Clara Selborn und Pasop (1945; Foto: Johannes Øvereng).

kennenlernte, nämlich die sonderbaren Vorstellungen in den Köpfen völlig Außenstehender, die von den wahren Sachverhalten keine Ahnung hatten – etwas, womit ich mich nie habe abfinden können.

1960, während der lang andauernden Reparaturarbeiten auf Rungstedlund, wohnte Tania Blixen eine Zeitlang im Hotel d'Angleterre. Der Zeitpunkt kam, zu dem das normale Quantum der verschiedenen Medikamente besorgt werden mußte – unter anderem also das Largactil, vielleicht war es damals schon Butalgin, gegen Ende versuchte man es mit Pethidin, doch keines davon half so gut wie das alte Algospasmin; außerdem hat Tania Blixen einige Jahre lang etwa eineinhalb Tabletten Carbromal am Abend und eine Tablette Mecodrin am Morgen genommen, alles natürlich nach Absprache mit dem Arzt. Dann gab es noch Vitamine und andere harmlose Dinge, die viele Menschen einnehmen. Die Rechnungen der Apotheke in Hørsholm existieren übrigens alle noch. Vom d'Angleterre aus ging ich mit dem Rezept zu einer Apotheke in der Nähe. Als ich kam, um die Medikamente abzuholen, stellte ich fest, daß ein Posten fehlte, entweder das Medocrin oder eine andere kleine Packung mit etwas besonders Starkem. Ich reklamierte das sofort. Die Dame, die mich bediente, holte dann das Medikament und, statt ihr Versehen zu entschuldigen, bemerkte sie: »Ja, das ist ja wohl das Wichtigste.« Ich antwortete treuherzig: »Alles miteinander ist wichtig...« Erst einen Augenblick später ging mir auf, in welchem Tonfall das gesagt worden war und was für eine Unverschämtheit und Unterstellung dahinter gesteckt hatte. Mit gutem Recht hätte ich einige Fragen stellen können, warum gerade diese Medizin vergessen worden war. Und wenn ich den Irrtum nicht gleich entdeckt hätte und noch einmal hätte zurückkommen müssen, was wäre da für eine Lawine losgetreten worden – ein Versuch, die doppelte Menge zu ergattern etc.? Dabei denke ich daran, daß Tania Blixens Hausärztin, Vibeke Funch, die mir beigebracht hatte, die Vitaminspritze zu verabreichen, damit nicht jeden Tag eine Krankenschwester kommen mußte, in einer besonders schlimmen Zeit uns eine einzige Ampulle Morphin für den äußersten Notfall überlassen hatte. Tania Blixen verabscheute Morphin, die Ampulle wurde nie benutzt, und als sie mehrere Jahre alt war, gab ich sie Frau Dr. Funch zurück. Aber schon 1943 hatte einer meiner Kommilitonen zu mir gesagt: »Sie sieht aus, als nähme sie irgendeine Droge.« In all den Jahren habe ich mich immer wieder aufgeregt, wenn ich dem Klatsch und dem Neid und den Vorurteilen begegnete, denen ein berühmter Mensch anscheinend unweigerlich ausgesetzt ist.

Die Untersuchung im Zentralkrankenhaus ergab, daß eine Operation notwendig wurde, die aber noch einige Monate hinausgeschoben werden konnte. Mit dieser Operation konnten nur die Symptome bekämpft werden, zur Linderung der schlimmsten Schmerzen sollten bestimmte Nerven durchtrennt werden.

Zunächst mußte Tania Blixen eine Zeitlang zu Hause das Bett hüten. Sie nahm sich deshalb eine Arbeit vor, die sie auch unter diesen Umständen durchführen konnte: die Übersetzung von *Die Rache der Engel*. Ihre drei ersten Bücher hatte sie auf englisch verfaßt und später ins Dänische übertragen. *Die Rache der Engel* dagegen hatte sie in Wirklichkeit auf dänisch geschrieben, denn ein Manuskript ins Ausland zu schaffen, was ihr mit den *Wintergeschichten* noch geglückt war, war inzwischen völlig unmöglich geworden. Aber das Buch sollte nun einmal eine Übersetzung darstellen. Unsere kleine Verschwörung, die wir in dem Restaurant à Porta vereinbart hatten, lief, wie schon erwähnt, darauf hinaus, daß mein guter verläßlicher Name ausgeliehen werden sollte – »Dänisch von Clara Svendsen«* –, sonst hatte ich aber nur wenige wissenschaftliche Zulieferdienste während der Entstehung des Buches geleistet. Im übrigen stammen meine vielen Übersetzungen wirklich von mir selber, ich habe nie Ghostwriter benutzt. Diese eine, mehr als Scherz gedachte, Ausnahme war sozusagen ein umgekehrtes Ghostwriter-Arrangement. Später versprach mir Tania Blixen, wenn der Text für Lesungen im Radio oder anderswo verwendet würde, solle ich das Übersetzungshonorar bekommen, das mir zustand, weil mein Name in dem Buch als Übersetzer angegeben war. Aber dieses Versprechen war wohl in erster Linie als Vergütung für die nächste Etappe gedacht: die Übersetzung des Buches aus dem Dänischen ins Englische, die wir nun im Sommer 1945 mit vereinten Kräften in Angriff nahmen. Tania Blixen lag tagsüber im Bett des Gästezimmers im Erdgeschoß; sie diktierte, und ich schrieb auf der Maschine und schlug in den Wörterbüchern nach. Der Welpe Pasop lag auf dem Sofa und trug so zur Gemütlichkeit bei.

Ich konnte nun natürlich keinen Sprachunterricht mehr geben oder andere Übersetzungen annehmen, und da absolut kein Geld da war, mit dem ich hätte bezahlt werden können, wurde mir vorgeschlagen, diese Arbeit auf gut Glück zu machen. Wenn das Buch dann auf englisch erschiene, sollte ich einen Anteil von dem Honorar bekommen. Daran habe ich geglaubt und mich mit Freuden auf den Vorschlag eingelassen.

1946

Als Frau Landgren zu Beginn des Jahres 1946 ins Krankenhaus kam, stellte sich heraus, daß sie ihre Arbeit nie wieder würde aufnehmen können. Nun mußte ich ganz allein die Stellung halten, so allein wie noch nie zuvor.

Tania Blixen mußte allerdings für einige Wochen in das Militärhospital, wo Professor Busch den geplanten, recht gravierenden Eingriff vornahm. Er brachte eine ungeheure Erleichterung. In den nächsten sechs Jahren herrschte einigermaßen Ruhe. Die grauenvollen Schmerzanfälle mit Übelkeit, die selbst den, der nur zuschaute, mitnahmen, traten nicht mehr so heftig auf. Allerdings wurde sehr bald schon ein neuerlicher kurzer Krankenhausaufenthalt erforderlich, weil Tania Blixen nach der schweren Operation, bei der auch Rippen durchtrennt worden waren, viel zu früh wieder weite Touren mit dem Fahrrad unternahm und Eimer mit Pferdemist von der Koppel zu einem Spalierbaum schleppte, der einzugehen drohte. Der Baum wurde gerettet.

In der düsteren Saga meiner Kämpfe mit der Kochkunst gab es auch einen Lichtpunkt: Während Tania Blixen im Krankenhaus lag, glückte mir eines Tages in der höchsten Not, in dem launischen Kohlenherd ein Kaninchen mit Majoran aus meinem Kräutergarten zu braten, so daß ich der Patientin eine kleine stärkende Mahlzeit bringen konnte in der allerkleinsten Kupferkasserolle aus dem Satz Kupfertöpfe, den Farah Tania Blixen seinerzeit geschenkt hatte. Ich besitze auch einen launigen Brief mit dem Datum »Im Lazarett*, 19. 2. 1946«, in dem ich um Suppe gebeten wurde. Am Tag darauf sollte die Operation stattfinden, und ich bekam Order, Pasop einen großen Fleischknochen zu spendieren.

Mittlerweile mußten wir uns ja nach einer neuen Haushälterin umsehen. In den folgenden drei Jahren bekleideten vier verschiedene Damen diesen Posten. Zunächst sprangen zwei Aushilfen für je vierzehn Tage ein: Die praktische, robuste »Sonny« nahm Urlaub von ihrem eigenen Pensionat und entfaltete eine kolossale Energie; nach ihr kam die so liebenswürdige Frau Amsinck, die alles mit Ruhe und Gelassenheit bis zur Ankunft der Neuen regelte. Diese barmherzigen Samariterinnen waren uns von zwei Freundinnen des Hauses besorgt worden.

Tania Blixen stand auf dem Standpunkt, ein primitives Haus und diverse Leute, die sich um Brennholz kümmerten, die Öfen heizten und so weiter, seien ihr lieber als ein bequemes Haus mit Zentralheizung und lauter Haushaltsmaschinen. Sie wollte eben lieber von Menschen als von Maschinen umgeben sein. Für beide Partner hatte das auch seine guten Seiten. Obwohl die Leute in manchem Arbeitsverhältnis ausgenutzt wurden, boten die hauswirtschaftlichen Berufe doch dem Prozentsatz der Menschheit, der sich bei friedlicher untergeordneter Routinearbeit am wohlsten fühlt, in den großen Haushaltungen die besten Möglichkeiten. Aber in Dänemark verschwanden diese Berufe fast gänzlich, als die Besatzungsmacht den Arbeitsmarkt leerfegte. Nach dem Krieg suchten meist nur merkwürdige Außenseiter eine solche Stellung. So gab es auf Rungstedlund in diesen Jahren zeitweise eine Haushälterin, die an regelrechtem Verfolgungswahn litt und die Tür ihres Zimmers mit einem Fahrrad verbarrikadierte. Ihre Zwangsvorstellungen konzentrierten sich hauptsächlich darauf, ihre siamesische Katze werde verfolgt und mißhandelt, und schon nach kurzer Zeit kündigte sie mit der Begründung: »Meine Katze ist hier nicht glücklich.«

Immerhin meldete sich jetzt wenigstens wieder jemand, wenn man eine Anzeige aufgab. Da war es nicht mehr als recht und billig, daß mein Gastspiel im Haushalt ein Ende fand. Eines Tages tauchte ein erfahrenes, tüchtiges Zimmermädchen auf; sie und die verschiedenen Haushälterinnen brachten den erforderlichen Mut auf, Vereinfachungen auf Gebieten durchzusetzen, die Überbleibsel aus der Zeit mit reichlich Personal darstellten. Ich hatte vergebens versucht, Unmögliches zu bewältigen.

Ich beschloß, eine Zusatzausbildung zur Bibliothekarin zu machen. Das war eine Arbeit, die mir zusagte. Im Herbst 1947 sollte ich in der Kopenhagener Stadtbibliothek anfangen. Zuvor mußte ich noch Graham Greenes *Die Kraft und die Herrlichkeit* übersetzen. Weil es immer schwieriger wurde, eine Wohnung zu bekommen, mußte ich mich für einen Teil des Sommers in einem Zimmer im Obergeschoß von Rungstedlund einquartieren, aber ich aß auswärts. Der Haushalt stand noch auf schwachen Füßen und durfte nicht mit einem Dauergast belastet werden. Nach verschiedenen Zwischenlösungen sprangen die Lioba-Schwestern wieder als Retter ein: Ich bekam ein Zimmer in ihrem kleinen Kollegium.

An den Wochenenden war ich meist auf Rungstedlund. In der Regel wurde ich zum Aufnehmen von Diktaten gebraucht, und es gab nichts, was ich lieber getan hätte.

Tania Blixen hatte um diese Zeit bereits wieder eine Operation über sich ergehen lassen müssen. Wegen des Verdachts auf Eierstockzysten hatte sie sich zweimal untersuchen lassen, ohne daß ein Befund festgestellt wurde. Beim dritten Mal stellte sich heraus, daß sie umgehend operiert werden mußte.

Gerade damals begann die Parade der merkwürdigen Hausgeister, die von Mythomanie und anderen Wahnvorstellungen besessen waren. In dem Augenblick, in dem Tania Blixen aus dem Krankenhaus kam, verschwand die zu der Zeit »amtierende« Haushälterin nach nervenaufreibenden Episoden. Zuvor hatte sie noch das Zimmermädchen vertrieben. Kein Mensch war mehr im Hause, und die frischoperierte Patientin mußte sehen, wie sie unter großen Mühen allein zurechtkam.

Am 27. November steht in einem Brief an mich: »...ich irrte

im Wald umher, im Dunkeln, in tiefem Mißmut, worauf der Schäferhund und ich zum Abendessen im »Krug« landeten – dort bekam S. eine prächtige Mahlzeit und ich wieder einigen Mut, in mein tief heruntergewirtschaftetes Haus zurückzukehren... Rommy* gibt eine Pfote, die von Herzen kommt... De profundis, Deine KBF«

1948

Rungstedlund, 17. 2. 1948

Liebe Clara,

1000 Dank für die Weißbrotmarken und den Pumpernikkel!

Ich möchte Dir sagen, daß ich – die ich, wie hinlänglich bekannt, weniger umgänglich bin als Byron, sehr selten bereue, was ich tue – wirklich bereut habe, Dich am Sonntag ausgescholten zu haben. Du mußt mir verzeihen, nicht wegen meiner Krankheit und des Gefühls der Ohnmacht, angesichts der Aufgabe, *Anna** gut zu Ende zu schreiben, sondern aus ganz gewöhnlichem menschlichem Wohlwollen – von dem Lady B.* ruhig ein bißchen mehr hätte an den Tag legen können, auch ihrem umgänglichen Ehemann gegenüber. Aber das – im Augenblick – fundamentale Unglück in meinem Dasein: daß ich es nämlich nicht schaffe, meinen Haushalt reibungslos und selbständig laufen zu lassen, und er statt dessen dauernd auf meine Tätigkeit auf anderen Gebieten übergreift, macht sich eben auch hier bemerkbar. Du solltest gar nichts mit meinen Haushaltsschwierigkeiten zu tun haben, wir sollten uns auf die Prüfungen von Anna & Alessandro* konzentrieren können, dann ginge es uns ausgezeichnet. Aber wie läßt sich das vermeiden, wenn die Dinge nun mal so liegen? Es ist, als ob ein ganzer Schwarm winzig kleiner Moskitos um mich herum schwirrte, wo immer ich mich in der Welt niederlasse, um etwas zustande zu bringen; jeder einzelne ist wohl nur sehr klein, aber alle zusammen sind sie einfach unerträglich, und man kann – gerade wegen der Kleinheit jedes einzelnen – ihnen überhaupt nicht beikommen! Kann es denn nicht *einmal* besser werden!

Was den Kontoristen Enoch* betrifft, so werfe ich ihm ja
nicht vor, daß er noch mehr Kinder haben möchte – weshalb man ihm ja an sich nur Respekt zollen kann – oder daß
er aus seiner und Deiner Kirche Sicht diese Aufgabe als ihm
durch Gottes Willen auferlegt ansieht und ihre Nichterfül-
lung als Sünde betrachtet. Mich stört, daß er meint, die
Gesellschaft oder die Aktionäre seiner Firma müßten ihn
dafür bezahlen – oder jedenfalls dafür schadlos halten –,
daß er Gottes Willen tut. Ob es einmal eine Zeit geben wird,
in der die Gesellschaft sich auf so etwas einstellt – ja, die
Kommunisten zum Beispiel meinen das wohl, auf ihre Art
, kann ich nicht beurteilen, und ich weiß noch nicht einmal, ob damit irgend etwas gewonnen wäre. Bisher hat sie
es jedenfalls nicht getan – seit den Anfängen des Christentums bis heute nicht. Und eine solche Forderung – auch
in einem einzigen Fall – würde eine fundamentale Verände-
rung aller gesellschaftlichen Verhältnisse, mit denen wir
jetzt rechnen, mit sich bringen.
Ich will zur Verdeutlichung dessen, was ich meine, Gauguin
als Beispiel anführen. Er hatte eine ausgezeichnete Stellung
in einer Bank (glaube ich) in Frankreich, meinte aber, es sei
ihm durch Gottes Willen auferlegt – ja, er war wohl Heide,
aber man kann es trotzdem ruhig so umschreiben –, daß er
malen müsse. Er verlor seine Einnahmen, seine Frau verließ
ihn und nahm ihre Kinder mit, und er hat niemals, solange
er lebte, seine Bilder auch nur zu einem einigermaßen ange-
messenen Preis verkaufen können – erst später haben wir
gesehen, daß er recht getan hat. Er konnte gegenüber seiner
Frau und deren Familie, die sich über sein Verhalten moralisch aufs höchste entrüstet zeigten, behaupten, er handele
richtig und befolge Gottes Willen. Aber mit welcher Begründung hätte er von der Gesellschaft verlangen können,
sie solle ihm sein früheres Gehalt oder seine Tantiemen
bezahlen? – Gott weiß, ob er, wenn sie es getan hätte, auch
der Künstler geworden wäre, der er war. Die Gesellschaft
war ja, damals, in Wirklichkeit überhaupt nicht daran interessiert, daß seine Bilder gemalt würden, der gewöhnliche

43

Bürger dieser Gesellschaft wollte sie keineswegs an seinen Wänden hängen sehen.

Etwas ganz anderes ist natürlich, daß Enoch, oder der Kontorist, behaupten kann, die Gesellschaft habe wirklich ein Interesse daran, daß so viele Kinder wie möglich geboren werden und daß deshalb jeder Bürger, auch die, die nur sehr widerwillig ihre Kinder in die Welt setzen, aus gesellschaftlichen Gründen pro Kind eine gewisse Unterstützung erhalten müßte. Aller Wahrscheinlichkeit nach wird es wohl dazu kommen, und das innerhalb kurzer Zeit. Würde dann aber nicht trotzdem ein gewisses absurdes, fast lächerliches Licht auf den Bürger fallen, der behauptet, daß er diesen Beitrag schon früher bekommen müßte oder vor den anderen, wegen seines in dieser Angelegenheit besonderen Verhältnisses zu Gott?

Ja, dieses in aller Eile. Deshalb nur viele Grüße, Küsse von Rommy. Deine KBF.

Hotel Palais d'Orsay
9 Quai Anatole France
Paris
9. 5. 1948

Liebe Clara.

Dank für Deinen Brief, es hat mich sehr gefreut, zu hören, daß zu Hause alles in Ordnung ist, und ich bin noch immer froh, zu wissen, daß Du behutsam über alles wachst. – Gib nun zuallererst Pasop einen großen Kuß auf die flache Partie seines Gesichtes neben der Nase. – Dann grüße alle, auch die Troglodyten.* – Danke Ib* vielmals, weil er sich freundlicherweise die Mühe mit dem Lack und dem Firnis gemacht hat. – Ich will Dir genau Bescheid geben, wie beides verwendet werden soll, aber das kann bis zum nächsten Mal warten. – Mein Flug hierher war schön, und ich kam gut im Hotel an, das ich allerdings nicht mag, denn es ist zu groß und im höchsten Maße zweitklassig, was man bei einem kleinen Hotel besser ertragen kann. – Es war kalt,

*Picknick im »Storchenwald«, Tania Blixen und der Bruder der
Autorin, Ib Svendsen (1952; Foto: C. Selborn).*

als ich ankam, aber jetzt ist die Luft wunderbar, und überall
blühen die Kastanien. Ich habe eine herrliche Aussicht auf
die Seine – in Richtung Westen –, und es ist wunderbar,
über die Brücken und dann hinunter an den Kais entlangzu-
gehen. – Trotzdem war mir die beiden ersten Tage von
Herzen wehmütig zumute – ich glaube nicht so sehr wegen
der Veränderungen, die Paris erfahren hat, seit ich das letzte
Mal hier war, als vielmehr wegen der Veränderungen, die
inzwischen bei mir selbst ihre Spuren hinterlassen haben:
Ich bin nicht mehr jung. – Es wäre sicher sinnvoller gewesen, Du wärst hierher gereist! – Inzwischen habe ich mich
allerdings der Stadt meiner Jugend angepaßt, wir sind gute
Freunde, auch so wie es nun mal ist. – Am ersten Morgen
bin ich in die Notre-Dame gegangen, und das war herrlich,
dann hinaus, um Henri IV. an der Pont Neuf zu begrüßen,

45

und jetzt verlasse ich mich darauf, daß beide eine schützende Hand über mich halten werden, damit ich bereichert aus Paris nach Hause komme. – Freitag war ich in der Stadt – Bank etc. Gestern haben Marquis und Marquise de Talleyrand mich im Auto mit nach Versailles genommen, eine wunderschöne Tour. Man zeigte uns verschiedene Besonderheiten und ließ uns auch oben auf das Dach, von dort aus begreift man erst die ganze Anlage. Dann bin ich im »Tartuffe« in der Comédie Fr. gewesen – der sehr gut gespielt wurde. Heute kommt einer der Freunde von Erik Clemmesen* und holt mich zum Ausgehen ab. –
Nun kommt etwas sehr Wichtiges.
Hier ist es jetzt warm, und es wird sicher noch wärmer werden, und ich bin zu einigen Teegesellschaften etc. eingeladen und ärgere mich deshalb ganz *entsetzlich* darüber, daß ich mein Kleid mit dem Cape, den lackierten Knöpfen auf dem Rücken (von denen einer fehlt) und dem Lackgürtel nicht mitgenommen habe – Gott weiß, was in mich gefahren ist, als ich es im letzten Augenblick wieder ausgepackt habe. Es hat keine Ärmel und ist wunderbar kühl. Würdest Du Dich deshalb wohl *sofort* mit Frau Landgren in Verbindung setzen und dafür sorgen, daß es so leicht und gut wie möglich verpackt wird, mit *beiden* Gürteln und allem, was ich an weißen waschledernen Handschuhen besitze. (– So ein Paar kostet 2000,00 frcs!) Ich schreibe mit gleicher Post an Petri* und beschwöre ihn, daß er irgend jemanden ausfindig macht, der nach Paris fährt, oder sonst das Außenministerium veranlaßt, es mir zu schicken, aber er muß es ja schnellstens haben. – *Tu, was Du kannst, damit es klappt.* Ich schreibe bald wieder, laß es Dir gutgehen, grüß alle. –   Deine K. B. F.

Liebe Clara.

Entschuldige den Bleistift, aber ich habe keine Tinte mehr in meinem Füller. –

Ich habe gerade mit Petri gesprochen, der mit seiner Mutter nach hier gekommen ist, aber so weit weg wohnt, daß ich ihn wohl kaum sehen werde. Ich bin Dir und ihm *sehr* dankbar für all die Mühe, die Ihr meinetwegen gehabt habt, und ich freue mich darauf, nach Hause zu kommen in das *reine* Haus – sowohl materiell als auch geistig gesehen. – Ob wohl Frl. Andersen* darauf vorbereitet ist, daß ich komme? – Ich muß ja nach Hause einmal wegen der PEN-Konferenz, und dann muß ich einigermaßen rechtzeitig dasein, bevor Haas* kommt, deshalb beabsichtige ich am Freitag, d. 28., gemeinsam mit Petri zurückzufliegen. – Du mußt also Frl. A. entsprechend vorwarnen, damit sie nicht kündigt, weil sie auch Essen kochen muß. Wir können uns das Kochen ja ganz einfach machen, aber sein muß es ja, und ich bin nicht gewillt, in puncto Geld oder Kräfte allzuviel zu spendieren, nur damit sie mich los wird. Sie bekommt ja 23 Tage fürs Reinemachen, und ich habe die Absicht, 2 Tage nach meiner Rückkehr im Bett zu bleiben, dann mache ich ihr auch nicht viel Umstände. Aber ich bitte Dich, es ihr so schonend wie möglich beizubringen. –

Es könnte mir hier gar nicht besser gehen als im Augenblick (nur etwas weniger anstrengend dürfte es sein), besonders weil alle Leute so unglaublich freundlich zu mir sind. – Ich glaube fast, das, was mir fehlt, ist weder Ruhe noch Bequemlichkeit – sondern etwas mehr *Freundlichkeit*! Warum sind die Leute in Dänemark so wenig freundlich?

Ich war heute wieder im Louvre, und da habe ich darüber nachgedacht, daß ich durch Dich auf viel vertrauterem Fuß mit der Jungfrau Maria und den verschiedenen Heiligen stehe, und auch mit den Hirten und den Heiligen Drei Königen. – Aber die »Siegesgöttin von Samothrake« grüße ich doch mit dem allergrößten Entzücken und dem Gefühl der Verwandtschaft.

Gestern war ich mit dem Auto in Chantilly zum Lunch bei Duff Coopers.* Es waren auch noch andere Leute da – von der englischen Botschaft –, auch die waren so freundlich und nett zu mir. –

Ich freue mich darauf, nach Hause zu kommen zu dem freundlichen kleinen Rommy und der freundlichen (?) Clara und Frl. A. – und zu dem Garten und dem Sund. Wir wollen es uns richtig schön machen diesen Sommer. – Nimm Rommy fest in den Arm und küß ihn wie gewohnt. Grüß Petersen und die Troglodyten. – Viele Grüße an Dich selbst und Ib. – Ich muß jetzt zu einer Cocktailparty in so einer Art literarischem »Salon«. Laß es Dir gutgehen, bis wir uns wiedersehen. –   Deine KBF.

Im Sommer 1948 wurden Tania Blixen und ich uns einig, es sei besser, wenn ich zurück nach Rungstedlund ziehen würde. Es fiel immer mehr Sekretariatsarbeit an. Aber ich fuhr jeden Tag nach Kopenhagen hinein und setzte die Bibliothekarinnenausbildung fort, Sekretärin war ich in meiner Freizeit.

In diesem Jahr wurden die *Briefe aus einem Land im Krieg** in der neuen Zeitschrift HERETICA* veröffentlicht. Es muß vor dem Erscheinen des Heftes ein Treffen in Vedbæk gegeben haben. Als Tania Blixen nach Hause kam, sagte sie, unter den Redakteuren sei ein junger Dichter gewesen, der hätte wie ein jüngerer, schöner Hedtoft* ausgesehen und habe etwas Besonderes an sich. Es war Thorkild Bjørnvig.*

1949

Aus diesem Jahr habe ich meine Taschenkalender aufgehoben: Sie enthalten eine Mischung aus Notizen, was geschehen soll und was geschehen ist.

Sonntag, den 20. Februar: »Graf Bernstorff und Pater Roos zum Essen.« Jeden Winter einmal, während Tania Blixens Verwandter, Lehnsgraf Erich Bernstorff-Gyldensteen*, im Sanatorium Skodsborg kurte, pflegte er mit irgendeinem Menschen aus einer ganz anderen Sphäre zusammen zum Essen auf Rungstedlund eingeladen zu werden. Das eine Mal war es zum Beispiel Poul Henningsen*, ein anderes Mal Professor Christian Elling.* Im Winter 1949 war es also ein katholischer Priester. Tania Blixen hatte ihn durch mich kennengelernt. Auf Rungstedlund, wo es zwar wenig Geld, dafür aber reichlich Platz gab, konnte ich ohne weiteres in meiner spärlichen Freizeit Freunde und Bekannte empfangen, ohne daß Tania Blixen von ihrer Anwesenheit Notiz nehmen mußte. Etliche von ihnen lernte sie aber auf eigenen Wunsch hin kennen und begrüßte sie mit Freude und Interesse. Am Sonntag, dem 11. September, notierte ich: »Pastor Schindler* zum Essen.« Ich habe auch des öfteren vermerkt, daß ich Gäste zum Übernachten hatte. Das Hauspersonal und ich durften über das Gästezimmer verfügen.

Fast jeden Sonntag ist »Messe« eingetragen, entweder in Hørsholm oder in Mikkelborg, und oft ist hinzugefügt »mit Pasop« oder »mit Rommy« – Rommy war einer von Pasops vielen Kosenamen, der aber nur von Tania Blixen und mir benutzt wurde. Er stammte von Tania Blixens Großnichte, die als ganz kleines Kind Pasop so genannt hatte. Mit der Zeit erübrigte es sich, festzuhalten, daß er mit dabei war, denn er lief immer neben mir her, wenn ich mit dem Fahrrad zur Messe fuhr. Wenn die Straße auf dem Heimweg von Hørsholm steil bergab ging und das Rad schneller fuhr, ging Pasop zum Galopp über. Nachdem ich ein- oder zweimal in dem Augenblick, in dem ich wußte, er würde galoppieren, »Galopp« kommandiert hatte, stellte er die Assoziation her und konnte auf Kommando galoppieren, wann immer man wollte. Ich erntete viel Anerkennung dafür, ihm dieses »Kunststück« beigebracht zu haben. Er lernte phantastisch leicht, und sein Repertoire an ulkigen Hundekunststücken wurde immer umfangreicher. Eines davon war besonders praktisch: Man konnte ihn für den letzten kurzen Spaziergang am Abend hinausschicken, ohne daß man selbst mitgehen mußte. Man brauchte ihm nur die Haustür aufzumachen und »rund ums Haus« zu kommandieren, dann lief er links herum um beide Flügel und kam von der entgegengesetzten Seite über den Hof wieder zur Haustür gesaust.

Erst 1960 wurde das weitläufige Haus so weit modernisiert, daß man auch innerhalb des Hauses telefonieren konnte, unter anderem von Tania Blixens Schlafzimmer im Ostgiebel aus mit meiner Wohnung am äußersten Ende des anderen Flügels. Aber zu Pasops Lebzeiten konnte ich jederzeit herbeigerufen werden, indem man zu Pasop sagte: »Geh und hol Clara!« Dann flitzte er durch das Labyrinth von alten Dachböden über den Flur, donnerte gegen die Tür, daß sie aufsprang, landete mit einem Hechtsprung in meinem Zimmer, und ich wußte Bescheid. Weil er mit solcher Freude und Begeisterung jede Order befolgte, haben wir irgendwann einmal beschlossen, er solle, wenn er nicht mehr am Leben sei, einen kleinen Grabstein bekommen mit der Inschrift: »Viam mandatorum tuorum cucurri« – das ist Vulgata-Latein: »Ich bin den Weg deiner Gebote gelaufen.« Der Plan wurde aber dann doch aufgegeben. Sein gutmütiges und fröhliches Wesen hat zweifellos Tania Blixen immer wieder aufgemuntert, besonders, wenn die Menschen um sie her unleidlich oder schlechter Stimmung waren oder sie enttäuscht hatten. »Dem treuen Pasop« war die letzte Grabschrift, die wir für ihn ausgesucht haben, und die hat er noch immer gut.

Ich erinnere mich an einen Abend, als wir in der offenen Tür standen und auf seine Rückkehr von der Tour »rund ums Haus« warteten; der Sirius stand am Südhimmel, und ich sagte: »Da ist der Hundestern«, im gleichen Augenblick tauchte Pasop auf, und Tania Blixen antwortete: »Und da ist der Sternenhund.« Das war typisch für den harmlosen Nonsens, der zum täglichen Bestandteil der Atmosphäre auf Rungstedlund gehörte.

In meinem Kalender steht sehr oft »B.«, »Bar.« und »Die Baronesse«. Von 1942 bis 1944 redete ich Tania Blixen mündlich und schriftlich einfach mit »Sie« an, aber von einem bestimmten Zeitpunkt an, der in etwa mit dem meiner endgültigen Übersiedlung nach Rungstedlund zusammenfiel, ging ich auf ihre Bitte hin zu der Anrede »Baronesse« über. Das fiel mir nicht sonderlich schwer. Zu meinen Eltern sagte ich Vater und Mutter, nicht du, und zu meinen Professoren hatte ich »Herr Professor« und nicht »Sie« gesagt. Auf Grund ihrer verwandtschaftlichen Beziehungen nach Schweden war Tania Blixen gewohnt, in der dritten Person angeredet zu werden. Ihr Mann und seine Brüder, sagte sie, redeten ihre weiblichen Verwandten, selbst ihre Schwestern, in der dritten Person an: »Will Märta...?« Ich kannte das: Als Fünfzehnjährige hatte ich schwedische Freunde meiner Eltern durch Kopenhagen geführt und war durch die Frage »Ist Clara nicht müde?« verblüfft worden. Mir kam das vor, als sprächen sie mit einem dreijährigen Kind. Tania Blixen fand, »Sie« sei simpel, gelte so viel wie damals »ni« im Schwedischen. Gegen Ende ihres Lebens forderte sie mich auf, »Tanne« zu ihr zu sagen. Ich ging aber davon aus, daß sie noch immer in der dritten Person angesprochen werden wollte und daß der Name »Tanne« vorwiegend im Kreise der Familie verwendet werden sollte, zu Hause auf Rungstedlund benutzte ich ihn fast nie. Dort sagte ich schon viele Jahre lang »Khamar«, ein kleiner Scherz, über den ich später berichten werde. Im Schatten des Todes war die Anrede in der dritten Person dann allerdings doch unsinnig und der Kommunikation nicht förderlich. Ich glaube auch, daß Tania Blixen selber darunter litt, in die alten Konventionen eingezwängt zu sein und nicht so unbefangen wie ihre etwas derbe Verwandte Tove Hvass* selbst zu sehr viel jüngeren Menschen gleich sagen zu können: »Laß uns doch einfach du sagen.« Bei jungen Leuten, die in die Familie einheirateten, machte sie allerdings eine Ausnahme. Sie schrieb einmal aus Gyldensteen an mich nach Hause in einem Brief mit der Anrede »Liebe Clara und lieber Pasop«: »... und dann ist es so angenehm, unter Menschen zu sein, mit denen man auf du und du steht und schon immer gestanden hat – es ist fast wie bei den Eingeborenen.« Der Brief ist unterschrieben: »Eure gute Freundin, TBF.« Ich denke mit Freuden daran, wie Erling Schroeder*, einer der besten Freunde in ihren letzten Jahren, einfach gegen alle Konvention die Initiative ergriff und ihr vorschlug, sie sollten sich duzen, und sagte, er beabsichtige, sie Karen* zu nennen. Das war ein wahrer Freund. Ich erinnere mich sonst nur noch an zwei Menschen, die ihren richtigen Namen Karen benutzten: Ingeborg Andersen* und Bo Setterlind*, vermutlich weil sie es nicht besser wußten. Die Familie nannte sie Tanne, Freunde aus dem Ausland Tania, die Angestellten des Hauses redeten sie mit Baronesse an. Hartvig Frisch sagte »Sie« und »Frau Blixen«, während viele andere »Sie« und »Baronesse« oder »Baronesse Blixen« verwendeten. »Frau Baronesse« kam auch vor und »Baronesse Blixen-Finecke« – denn man muß ja die Interna etwas kennen, um zu wissen, welcher Teil eines adeligen Doppelnamens im allgemeinen weggelassen wird. Tania Blixen stellte einmal sehr traurig fest: »Ich habe eigentlich gar keinen Namen...« Zu den verschiedenen Vornamen kamen außerdem noch ihre Pseudonyme, und es war deshalb kein Wunder, daß sie manchmal, bevor sie einen Brief oder einen Vertrag unterschrieb, fragen mußte: »Wie heiße ich denn hier?«

Karfreitag 1949 habe ich notiert: »Nachmittags Helge Christensen, gerade aus Kenia zurückgekehrt.« Helge Christensen brachte Grüße mit für die Baronesse – und einen weiteren Namen: Grüße für Memsahib von Kamante und Juma. Es war der erste Kontakt nach dem Kriege, ein Freudentag.

26. Mai: Emma Scavenius gestorben. R. I. P.

Emma Scavenius war, ebenso wie Tania Blixen, Urenkelin des Großkaufmanns A. N. Hansen. Tania Blixen schätzte diese ältere Verwandte sehr, die in ihren letzten Jahren in einem gemütlichen kleinen Haus in Vedbæk wohnte. Emma Scavenius war eine große Tierliebhaberin, voller Nachsicht, wenn Pasop und ihr eigener altenglischer Schäferhund August durch die Zimmer tobten und alles durcheinanderbrachten. Tania Blixen besuchte sie auch in ihren allerletzten Tagen und erwähnte mir gegenüber, daß es in der Familie der Emma Scavenius Tradition sei, Agnostiker zu sein und nicht an ein Leben nach dem Tode zu glauben. Dies passe eigentlich gar nicht zu ihr und entspreche vielleicht auch gar nicht ihrer wirklichen Überzeugung. Tania Blixen ließ deshalb eine große Fotografie von Valdemar Irmingers* Gemälde »Die Tiere an der Pforte des Paradieses« anfertigen – die Vorlage muß sie von Verwandten oder Freunden entliehen haben –; das Bild wurde eingerahmt und am Fußende von Emma Scavenius' Bett aufgehängt. »Emma«, sagte sie, »du mußt zugeben, daß es jedenfalls für die Tiere ein Paradies geben muß.«

Tante Bess, Mary Westenholz*, soll von kleinen Dankschreiben, die sie von Leuten bekam, denen sie geholfen hatte, gesagt haben, es seien ihre »Eintrittskarten für den Himmel«. Ich kann mir nicht vorstellen, daß Tania Blixen jemals einen solchen Ausdruck in Verbindung mit Handreichungen für andere Menschen verwendet hat, aber ich möchte behaupten, wenn man schon von solchen Eintrittskarten redet, dann hat sie gleich ein ganzes Abonnement verdient, allein für ihre Art und Weise, mit Sterbenden umzugehen. Sie dachte nur an eines: ihnen Freude zu machen, mal mit einem Geschenk, zum Beispiel einer kleinen Replik von Thorvaldsens »Christus«*, mal durch Besuche. Über viele Monate hinweg hatte sie einen Freund, der erblindet war, treu besucht und ihm vorgelesen. Ich habe Tante Bess noch kennengelernt. Sie war eine echte Viktorianerin, puritanisch und unitarisch gesonnen, ein imponierendes Bindeglied zur Vergangenheit. Sie hatte noch mit einem unitarischen Geistlichen korrespondiert, der ein Freund und Berater der Lady Byron gewesen war. Tante Bess und Lady Byron waren Schwestern im Geiste, einander sehr ähnlich. Trotzdem es in Tannes Jugend tiefgehende Meinungsverschiedenheiten zwischen ihr und Tante Bess gegeben hatte, kümmerte sich Tania Blixen rührend um die alte Tante Bess, besuchte sie regelmäßig auf Folehave* und wachte schließlich an ihrem Sterbebett.

53

Ich finde in meinem Kalender etliche Notizen über Tania Blixens damalige Arbeiten, die ich als Diktat aufnehmen oder ins reine schreiben mußte. Zu der Zeit handelte es sich vorwiegend um kurzfristige Projekte, die Geld einbringen sollten. Es entstanden Erzählungen, die für amerikanische Wochen- und Monatsmagazine gedacht waren. Der englische Ethnologe Geoffrey Gorer besuchte Tania Blixen und sprach mit ihr über seine Beobachtungen in Amerika, die in seinem Buch *The Americans* ihren Niederschlag gefunden haben. Sie erwähnte ihm gegenüber ihre eigenen Pläne. Er meinte aber, es würde für sie sehr schwierig sein, für die *Saturday Evening Post* zu schreiben: Ihr schriftstellerisches Niveau läge zu hoch, und er hielte es für bedenklich, etwas zu schreiben, was direkt auf Popularität abziele. Nach seinem Besuch kennzeichnete er in einem Brief solche Bemühungen als Schreiben »with your tongue in your cheek«: Man halte das Publikum ein wenig zum Narren, indem man weniger gut schriebe als man es könne. Tania Blixen war enttäuscht, hatte sie sich doch mit diesen populär angelegten Dingen gerade besondere Mühe gegeben – weit mehr als mit der *Rache der Engel*, bei der sie einfach drauflosgeschrieben hatte. Sie bewies Geoffrey Gorer und sich selbst, daß sie sehr wohl eine Erzählung bei der *Saturday Evening Post* unterbringen konnte, denn die Redaktion nahm *Onkel Seneca** an. Daß man von drei oder vier eingesandten Erzählungen gerade diese ausgewählt hatte, ließ Tania Blixen noch unsicherer werden, was von der Redaktion eigentlich gewünscht wurde. Sie gab daraufhin die *Saturday Evening Post* auf. Von Gorer hatte sie gehört, daß die Amerikaner sehr am Essen interessiert seien. Das gab den Anstoß zu *Babettes Fest*. Über die Arbeit an dieser Erzählung stehen sehr viele Notizen in meinem Kalender von 1949. Ich erinnere mich auch an Situationen, in denen die Arbeit völlig festgefahren war und Tania Blixen in die finsterste Stimmung verfiel und alles schlecht fand, was sie schrieb. Als die Erzählung fertig war, entschied sie sich, sie an *Good Housekeeping* zu schicken, eine Zeitschrift, die sie bei ihrer Schwägerin, Jonna Dinesen*, gesehen hatte. Am 22. August habe ich notiert: »Schlechte Nachricht von *Good Housekeeping*.«

Man schrieb, der Brief von Isak Dinesen* sei eine wahre Sensation in der Redaktion gewesen, man fühle sich geehrt – aber solche Speisen, wie die in *Babettes Fest* geschilderten, könnten nur Menschen aus den allerhöchsten Einkommensstufen interessieren. Deshalb könne die Zeitschrift *Babettes Fest* leider nicht drucken.

»Schlechte Nachricht« habe ich also notiert. Genausogut hätte »katastrophale Nachricht« dastehen können. Es mußte unbedingt Geld her. Ganz gewiß im Augenblick nicht für mich persönlich, ich konnte mich mit meinem minimalen Lehrlingslohn von der Bibliothek über Wasser halten, aber für alles andere fehlte Geld, nicht zuletzt für das verfallene Haus. Tania Blixens Mutter hatte offensichtlich gerade noch dafür sorgen können, daß alles für die Dauer ihres Lebens instand gehalten wurde. Für Außenstehende mag es sich kurios angehört haben, daß man nun plötzlich durch die Fußbodenbretter des Bodens hindurchtreten konnte, daß mehrere Quadratmeter des Ziegeldaches sich während eines Sturms selbständig machten oder die Decke im Eßzimmer herunterkam, aber für die Bewohner lösten solche Ereignisse eine Kette schwerwiegender ökonomischer Probleme aus.

Die schönen großen Einnahmen von den *Wintergeschichten**, die nach dem Kriege eintreffen sollten, waren von der Steuer verschlungen worden. 1942 hatte es Tania Blixen große Anstrengungen gekostet, dieses Manuskript nach England und Amerika zu befördern. Später wurde behauptet, es sei »hinausgeschmuggelt« worden, was nicht stimmte, aber schwierig genug war das Unternehmen. Tania Blixens Absicht war es gewesen, das Manuskript nach Stockholm zu schaffen und zu versuchen, es von dort aus durch die englische und amerikanische Botschaft weiterbefördern zu lassen. Es war zu der Zeit noch möglich und am sichersten, die Sache legal zu regeln. Sie wandte sich an das Dagmarhus*, in der Hoffnung, eine Genehmigung zu bekommen – ob nun für das Versenden des Manuskriptes oder für eine Reise nach Stockholm, weiß ich nicht mehr. Die Kühnheit, »ein Manuskript auf englisch«* verschicken zu wollen, verblüffte die Deutschen. Sie mußte von einem Kontor zum anderen wandern, wie der Soldat in *Feuerzeug**, erzählte sie, zu

Hunden mit immer größeren Augen. Um sich selber Mut zu machen, habe sie immer wieder zu sich selbst gesagt: »Ich setze ihn einfach auf meine blaukarierte Schürze.«

Es gelang ihr, die Manuskripte nach London und New York zu schaffen. In Amerika wurde der Band *Wintergeschichten* zum »Buch des Monats« gewählt. Ein amerikanischer Offizier besuchte sie kurz nach dem Kriege und brachte persönliche Grüße von dem amerikanischen Verleger, Robert K. Haas. Er überreichte ihr einige Exemplare einer Taschenbuchausgabe*, die speziell für Soldaten an den verschiedensten Fronten der Welt gedruckt worden war. Sie bekam Briefe von Leuten, denen gerade diese Ausgabe besonders viel bedeutet hatte. Aber die amerikanischen und dänischen Steuern zehrten die beträchtliche Summe, die die amerikanische Ausgabe erbracht hatte, fast völlig auf. Selbst die dänische »Einmalbesteuerung«, die eigentlich die Kriegsgewinnler treffen sollte, holte sich ihren Teil von dem sauer verdienten Geld, für das viele Jahre hart und ehrlich gearbeitet worden war.

Rettung brachte die Übersetzung der *Rache der Engel*, an der wir gearbeitet hatten, bevor sich die Verbindungen zum Ausland wieder normalisierten. Sie war in England und Amerika angenommen und veröffentlicht worden. Auch diese Ausgabe wurde »Buch des Monats«, allerdings zusammen mit einem Buch von Halldór Laxness. Das bedeutete ja für mich, daß die von mir »auf Spekulationsbasis« geleistete Arbeit wider alles Erwarten von großem Erfolg gekrönt war. Aber zunächst einmal machte mir Tania Blixen klar, daß sie es sich nicht leisten könne, mir die versprochenen Prozente auszuzahlen, sie käme sonst selbst nicht über die Runden. Das war eine herbe Enttäuschung. Später wurde ich dann doch entschädigt — teilweise und häppchenweise.

Schon am Tag nach meiner Notiz »Schlechte Nachricht von *Good Housekeeping*« steht da: »Am Vormittag Brief an *Ladies' Home Journal*.« Als seinerzeit die ersten Nachrichten über die Erfolge der *Wintergeschichten* eingetroffen waren, war auch ein Bündel Blätter angekommen, die aus dem *Ladies' Home Journal* herausgerissen waren. Das Magazin hatte mit Genehmigung des

Verlages Random House die Erzählung *Leidacker** abgedruckt. Diese Zeitschrift schien also der Meinung zu sein, ihre Leser könnten Isak Dinesen kapieren. Am 26. November steht in meinem Notizkalender: »Guter Brief von *L. H. J.*«

In der folgenden Zeit sollten noch viele gute Briefe vom *Ladies' Home Journal* kommen. Aber man konnte seiner Sache nie sicher sein. Als die Redakteure Beatrice und Bruce Gould Tania Blixen einmal besuchten, erzählten sie von einem Autor, von dem in der *Saturday Evening Post*, die wie das *Ladies' Home Journal* bei der Curtis Publishing Company erschien, neunundneunzig Novellen abgedruckt worden waren. Als er die hundertste eingesandt hatte, lud er zu einem Fest ein. Aber Nummer hundert wurde nicht angenommen. Diese großen Blätter, die so gut bezahlten, nahmen zu jedem einzelnen Manuskript Stellung und beurteilten es einzig und allein auf Grund seiner Qualität.

Am 3. Dezember steht zu lesen: »Verleihung der Holberg-Medaille«. Trotz der relativen Besserung des Gesundheitszustandes nach der Operation im Jahre 1946 gab es doch noch immer schlechte Perioden, und um die Zeit der Verleihung der Medaille sah es gar nicht gut aus. Ein Pressefotograf erntete deshalb viele böse Blicke, als er sich während der Dankesrede zweimal nach vorne schlich, knipste und beim zweiten Mal die Blitzbirne mit einem Riesenkrach genau vor Tania Blixens Kopf explodierte. Sie selbst ließ sich überhaupt nichts anmerken. Hinterher sagte einer der Anwesenden zu ihr: »Da sieht man mal, daß wir es hier mit einer Nachfahrin der ›Batterie Dinesen‹* zu tun haben.« Tania Blixen behauptete mit Recht von sich, sie sei »ein gutes Arbeitstier«, und sie war in der Lage, einen imponierenden Grad an Konzentration aufzubringen.

In meinem Kalender vom Jahre 1949 steht allerdings auch immer wieder: »Zu spät zum Zug. Wagen bis Klampenborg.« – »Kam zum 11.26 zu spät (Uhr nicht in Ordnung).« – »Zu spät zum 7.53, Taxi ab Østerport.« – »Zu spät zum 9.00. Fahrrad bis Vedbæak, Bus bis Klampenborg.« – »Um 5 aufgestanden, um wegen der Korrekturen usw. zu schreiben. Wagen zum Bahnhof.« – »Blumen gepflückt, beinah zu spät zum Zug gekommen, der hatte aber Verspätung.« – »Von einem netten Schaffner in den Zug geschubst, als der schon fuhr.« – »Zug eine halbe Stunde verspätet.« – »Zug fast eine Stunde verspätet.« – Und: »Zug zu früh abgefahren!« – Was hatten wir für eine Wut an dem Morgen, wir waren ein ganzes Auto voll, die sich hatten zusammentun müssen, um im Taxi nach Klampenborg zu kommen.

So konnte es einfach nicht weitergehen. Volle Arbeitszeit in Kopenhagen und immer mehr Arbeit auf Rungstedlund, ein nervenaufreibendes Dasein ohne jeden Freiraum. Ich war jedoch fest entschlossen, das Jahr an der Bibliotheksschule zu absolvieren und auch mein Examen zu machen.

24. April: »13.47 Frau Carlsen* vom Bahnhof geholt.« Das war die fünfte Haushälterin seit Frau Landgren. Nachdem die drei Problemfälle überstanden waren, hatte ein überaus angenehmes Fräulein Mårtensson den Posten innegehabt. Aber Tania Blixen sah, daß sie rein physisch der Versorgung des primitiven Hauses nicht gewachsen war. Sie hatte keine Kraftreserven mehr, um auch noch Gäste zu betreuen. Und ein Haus ohne Gäste war für Tania Blixen kein Heim. Sie meinte, es läge in beiderseitigem Interesse, wenn Fräulein Mårtensson sich eine leichtere Stellung suche. Am 1. Juni steht zu lesen: »Frau Carlsen zieht auf Rungstedlund ein.« Und die blieb.

3. Juli: »Segelfahrt mit Ebbe Hamerik* nach Hveen.« Der elfjährige Hans Dinesen war auf Ferienbesuch, und Gäste mußten unterhalten werden, die Tour nach Hveen mit Ebbe Hameriks großem Segelboot *Stout* war deshalb sehr willkommen.

13. September: »(Vergeblich) zur *Stout* geschwommen, um Tassen abzuliefern.« Auf der Rückfahrt von Hveen hatte ich Erlaubnis bekommen, das Ruder für eine Weile zu übernehmen. Mir war durchaus klar, wo Steuerbord und Backbord liegen, nur hatte ich wenig Ahnung, wie ein Ruder funktioniert, und machte daher einige Fehler. Das fand ich angesichts meiner seefahrenden Vorväter sehr beschämend. Ich habe das offenbar nicht verwinden können, zumal ich am 13. September demonstrieren wollte, daß ich, wenn auch nicht am Ruder, so doch auf andere Art seetüchtig war. Ich hatte die Absicht, mich für die Tour mit einigen englischen Fayence-Tassen für die Bordküche zu bedanken (noch lange nach Ende des Krieges herrschte Mangel an Porzellan und Fayencen und manchen anderen Waren), also band ich mir einen Stoffbeutel um die Taille und schwamm zur *Stout* hinaus, die draußen auf Reede lag. Leider konnte ich weder den nassen Knoten aufbinden noch an Bord klettern und mußte unverrichteter Dinge zurückschwimmen. Der Rückweg kam mir etwas lang vor. In der Zwischenzeit hatte die Fama von meinem idiotischen Vorhaben Rungstedlund erreicht, und als ich an Land watete, stand Tania Blixen mit einem Fischer am Hafen: Sie hatten Ausschau gehalten, ob ich vielleicht Hilfe brauchte. Merkwürdigerweise habe ich selten etwas unternommen, das Tania Blixen mehr Spaß gemacht hätte. So etwas mochte sie. In Afrika, sagte sie, hätten die Dänen einen freien Tag mit Essen und Trinken verbracht, während die Engländer nach allen möglichen verrückten sportlichen Glanzleistungen gelb und blau und völlig verschrammt gewesen wären. Das gefiel ihr besser, und sie sagte ganz offen, daß ihr damals wie heute unter ihren Freunden die Menschen mit guter körperlicher Konstitution und scharfen Sinnesorganen die liebsten seien.

Einige Zeit später geschah etwas Furchtbares mit der *Stout*. Ebbe Hamerik, der mit großer Intensität an einer Oper nach der Erzählung *Die Träumer* gearbeitet hatte, machte mit seinem Boot einen letzten Einmann-Törn, bevor es zum Familienboot werden sollte. Auf dem Rückweg von Norwegen verschwanden Mann und Boot während eines Sturms im Kattegat. Die *Stout* trieb leer an der schwedischen Küste an Land. Der Tag, an dem wir diese Nachricht bekamen, fand in einer von Tania Blixens Erzählungen seinen Niederschlag. Ich sprach damals aus, was mir durch den Kopf ging: »Was mag er gedacht haben, als er da draußen im Wasser lag?« – und der Seemann in der *Unsterblichen Geschichte** sagt während seines nächtlichen Gesprächs mit Virginie: »Aber überlegt hab' ich mir oft, woran mein Vater wohl gedacht hat, als die See ihn schließlich doch ganz zu sich holte.« Vielleicht schwingt darin auch eine Erinnerung an den Tod von Tania Blixens geliebtem Vater mit, der ja ein Freitod war.

Gegen Ende des Jahres starb Tania Blixens Jugendfreundin Meta, die Prinzessin Aage, deren Basar sieben Jahre zuvor der Anlaß für meine erste Begegnung mit Tania Blixen gewesen war. Wir gingen gemeinsam zur Seelenmesse in der Sankt-Ansgars-Kirche.

1950

In dem Jahr erfüllte ich mein feierliches Gelübde, eine Pilgerfahrt nach Rom zu unternehmen. Unser lieber Pasop war schuld daran, daß ich dieses Gelübde abgelegt hatte.

In dem Haus mit den vielen offenen Türen war es fast unmöglich, den großen Kerl im Hause zu halten, wenn er auf Freiersfüßen nach draußen strebte. Es reichte nicht einmal, ihn hinter verschlossenen Türen an die Kette zu legen, er sprengte die Kette und sprang durch die Fenster. Im allgemeinen wußten wir, wo wir nach ihm suchen mußten. Aber dieses Mal war er schon zwei Tage lang ausgeblieben. Allmählich machten wir uns Sorgen, er könnte überfahren worden sein – irgendwo halbtot herumliegen. Das war zu der Zeit, in der Tania Blixen die Gästewohnung bewohnte, weil es fast unmöglich war, die großen Zimmer in den Wintermonaten warm zu bekommen. Wir saßen in dem grünen Zimmer, wurden angesichts von Rommys Ausbleiben immer unruhiger und betrübter. Schließlich schlug ich vor, jeder von uns beiden sollte etwas geloben, was er zum Dank dafür tun wolle, wenn Pasop wieder nach Hause käme. Es sollte ein Gelübde an Franz von Assisi sein. Den liebte Tania Blixen besonders. Unter anderem mochte sie seine Ermahnung zur Höflichkeit so gern: »Ihr sollt höflich sein, denn Gott ist höflich. Aus Höflichkeit läßt er es sowohl auf die Bösen als auch auf die Guten regnen.« Sie legte nun das Gelübde ab, den Vögeln im Winter Futter hinzulegen. Ich selbst erinnerte mich daran, daß Franz von Assisi nicht nur ein Freund der Tiere war, den Vögeln gepredigt und den Wolf von Gubbio zur Vernunft gebracht, sondern sich auch dem Papst in Rom gegenüber sehr loyal verhalten hatte. Und ich legte das Gelübde ab, im »Jubiläumsjahr«* eine Pilgerreise nach Rom zu unternehmen.

Kurz darauf hörte man draußen ein Gepolter, die Gartentür wurde mit Getöse aufgestemmt, danach die Zimmertür mit dem gleichen Donnergetöse, und herein wälzte sich ein von oben bis unten unheimlich verdreckter Pasop.

Tania Blixen erfüllte ihr Versprechen im Übermaß, als sie einige Jahre darauf – gemeinsam mit ihren Geschwistern – Rungstedlund und ihre Honorareinnahmen einer gemeinnützigen Stiftung schenkte mit der Auflage, das Vogelreservat im Park müsse stets an erster Stelle aus dem Stiftungsvermögen versorgt werden.

Mir verursachte mein Gelübde einige Probleme. Der Krieg war immer noch so nah, daß man für Italien ein Visum brauchte, und es war schwierig, Devisen zu bekommen. Noch schlimmer war: Ich hatte kein Geld für eine solche Reise. Als eine skandinavische Pilgerreise zustande kam, lösten sich die Probleme um Visum und Devisen, und das Geld schickte der Himmel – auf merkwürdigen Wegen.

Der New Yorker Verlag Random House hatte Extragelder für Nebenrechte an der *Rache der Engel* kassiert, 900 Dollar konnten ausbezahlt werden. Die sollte ich nun als Anzahlung auf meinen Anteil an dem Unternehmen bekommen. Dollars waren etwas ganz Besonderes, die konnte man als gewöhnlicher Mensch nicht einfach am Bankschalter kaufen. Besitzer von neunhundert Dollar zu sein, das war wie im Märchen. Nur um des Witzes willen ließ ich sie eine Weile beim Verlag liegen, bevor ich sie abrief – und genoß derweilen die Vorstellung, daß sie mir gehörten. Dann wurde plötzlich die dänische Krone abgewertet. Meine Dollar waren über Nacht 1500 Kronen mehr wert, und genausoviel kostete die Pilgerreise.

Tania Blixen hatte nach dem Kriege schon einige kurze Auslandsreisen unternommen, eine nach England, um ihre alten Freunde und ihren Verleger wiederzusehen, eine in ihr geliebtes Paris und eine kleine Reise nach Norditalien. Auf diesen Reisen begleitete sie gelegentlich ihr Verwandter, der Lehnsgraf Julius Wedell*, den sie wegen seines exquisiten Geschmacks häufig Petronius nannte nach Petronius Arbiter.*

Als nun die Reihe an mich kam, auf Reisen zu gehen, nahm

Tania Blixen großen Anteil an den Vorbereitungen. Wir sollten in Padua einige Stunden Aufenthalt haben. Dort hatte sie im Jahr zuvor mit Petronius zusammen Giottos Fresken in der kleinen Arena-Kapelle bewundert. Die Notiz »Life« in meinem Kalender bedeutet, daß Tania Blixen zwei Exemplare der Zeitschrift *Life* kaufte, die Farbaufnahmen aller Fresken in einer technischen Qualität brachten, die für die damalige Zeit erstaunlich war. Mit Hilfe ihres guten Freundes, des Malers und Graphikers Erik Clemmesen, ließ sie diese Bilder auf einen Wandschirm übertragen, den sie Petronius als Dank für seine Reisebegleitung schenkte. Jetzt riet sie mir dringend, ja die Fresken in Padua zu besichtigen, was mir dann auch gelang. In Rom wurden wir skandinavischen Pilger zusammen mit ebenso vielen Spaniern in einer großen Pilgerherberge untergebracht, die aus Anlaß des Jubiläumsjahres im Palazzo Salviati hergerichtet war. Als später ein Eigenname für die *Dritte Erzählung des Kardinals* – die vor der *Ersten Erzählung** geschrieben worden ist – gesucht wurde, fiel die Wahl auf »Salviati« – nach meiner Herberge in Rom.

Rungstedlund, 3. 5. 1950.

Liebe Clara,

ich vermisse Dich so sehr. Jeden Abend, wenn die Baronesse nach oben geht, laufe ich zu Deiner Tür, um zu sehen, ob Du nicht doch da bist, aber bis jetzt warst Du es noch nicht. Sie sagen hier, Du würdest nicht so lange fortbleiben, aber ich finde, es ist schon lange!

Sonst geht es uns allen gut, das Wetter ist sehr schön geworden, heute wird der Wald ausschlagen. (Die Baronesse sagt, daß Du in einer Stadt* bist, wo man als Hund nach einem Stock direkt aus dem Fenster ins Wasser springen kann – stimmt das?) Das Wetter wurde gerade zu Petersens Jubiläum* so schön, es war ein richtiger Festtag. Als die Schnitten geschmiert wurden, fiel ein ganzes Teil für mich ab, aber für Aal interessiere ich mich nicht sonderlich. Frau Carlsen hatte den Tisch mit großen Mooskissen geschmückt, in die sie alle möglichen Frühlingsblumen gesteckt hat. Elf Leute

Tania Blixen auf der Brücke, die über den Teich im Garten von Rungstedlund führt (ca. 1948).

haben um den Tisch herum gesessen: Petersen, seine Schwester, Frau Carlsen, Fräulein Andersen, Anna aus Folehave und Jens aus Hillerød, Frau Landgren, Nielsen & Frau Nielsen, Tove und Orla. Nils und Inge* haben an einem kleinen Tisch gegessen, und ich habe mal an dem einen, mal an dem andern Tisch gehockt, und alle waren nett zu mir. Ich habe Petersen eine Kiste Zigarren geschenkt, die ich auch fein abgeliefert habe. Anne und ihr Verlobter kamen abends zu Kaffee und Likör. Petersen hat ganz viele Telegramme bekommen und einen sehr hübschen Blumenkorb aus Gyldensteen. Alle waren mit dem Fest sehr zufrieden. Die Baronesse ist zu Trofast* gefahren und fand, das sei eine herrliche Art der Einladung, alles fertigzumachen und dann, kurz bevor die Gäste kamen, wegzufahren. Sie hat bis nachts um zwei mit Trofast rumgealbert.

Gestern Abend ist der Gutsbesitzer* gekommen, er geht netterweise jeden Morgen mit mir spazieren.

Die Baronesse sagt, sie sei gestern um 14.37 Uhr so froh gewesen bei dem Gedanken, daß Du nun aus dem Zug aussteigen konntest. Sie bittet mich, Dir zu sagen, daß Du alles ganz, ganz, ganz richtig genießen sollst, was Du erleben wirst. Sie sagt, das sei schöner als der größte Fleischknochen und ein Waldspaziergang zum Høje Sandbjerg! Sie sagt auch, daß ich Dir wieder postlagernd, Innsbruck, schreiben soll.

Nun wirst Du sicher keine Ahnung haben, welcher Hund diesen Brief an Dich geschrieben hat. Aber

es

ist

Pasop,

Es ist der kleine Pasop.   Pfote!

Rungstedlund, 8. 5. 1950.

Liebe winzigkleine Clara,

Dank für Deine Karte aus Venedig, über die ich mich sehr gefreut habe. Ja, es ist furchtbar schade, daß ich nicht bei Dir bin! Ich glaube, wir hätten viel Spaß miteinander. Meinst Du, Du dürftest mich zum Papst mitnehmen, damit er mich streicheln kann? – Das würde er doch sicher tun, wenn ich ihm artig die Pfote gäbe!

Ich fange nämlich leider an, etwas ungezogen zu werden, weil ich nicht zur Messe gegangen bin. Gestern bin ich wie wild auf einen weißen Hund losgegangen! Aber die Baronesse sagt, Du hättest sicher in Assisi an mich gedacht und dort ein bißchen Ablaß für mich erbeten – na ja, Du sagst ja, Hunde bräuchten keinen Ablaß, kann ich mich denn darauf auch verlassen?

Ich gehe jeden Abend, manchmal auch am Morgen, über den Boden zu Deiner Tür, denn ich vermisse Dich sehr, und gestern, als die Baronesse mit einem Brief zum Postamt gegangen ist und da gerade ein Zug ankam, bin ich zu meinem Platz an der Ecke gelaufen und habe mit ganz spitzen Ohren alle Leute angeguckt, die über die Brücke kamen – aber Du warst gar nicht dabei, und da kriegte ich eine mordsschlechte Laune! (Das war da, wo ich den weißen Hund gebissen habe, und warum sollte er es besser haben als ich?)

Du glaubst gar nicht, wie schön es jetzt hier ist! Der Wald ist schon ganz grün, und die Glyzinie an der Mauer ist kurz vorm Aufgehen, und viele Tulpen gibt es auch.

Die Baronesse ist noch ganz erschöpft, weil sie am Sonnabend zu der Hochzeit in Hillerød* war. Sie war sehr traurig, warum, weiß ich nicht so recht, aber das will sie Dir selbst erklären.

Unser neues Zimmermädchen, das Else heißt, ist sehr nett und behandelt mich gut.

Heute hat die Baronesse einen Brief von Herrn Kai Friis Møller* bekommen, und in dem Brief lag – der Brief von der kleinen Pussy* an die Baronesse! Herr F-M schreibt, er hätte ihn in einem Buch von André Gide gefunden, das er sich gekauft habe, und nun wolle er »die hübsche testamentarische Epistel an ihren Dichter zurücksenden«, und »ich kann gar nicht sagen, wie sehr sie mich gerührt hat!«. Haha!

Die Baronesse ist für den 20. Mai zu einem Abendessen mit André Maurois in die französische Botschaft eingeladen. Sie sagt, sie sei froh, daß Du vorher wiederkommst, damit Du ihr erzählen kannst, was der so geschrieben hat. Sie wird auch vorher ein paarmal in die Stadt fahren, um einige Französischstunden zu nehmen, das will sie dann den Sommer über fortsetzen, denn es tut ihr leid, daß sie soviel von der Sprache vergessen hat. Sie will versuchen, ihn zu einem Besuch nach hier einzuladen, dann mußt Du ihr ja auch helfen.

Nun hoffe ich sehr, daß Du meinen Brief, den ich nach Rom geschickt habe, bekommen hast, damit Du auch weißt, daß Du diesen Brief in Innsbruck abholen mußt, sonst erfährst Du ja gar nicht, wie es mir geht. Gleich am ersten Morgen,

wenn Du wieder zu Hause bist, komme ich bestimmt und
springe auf Dein Bett und lecke Dich ab. Alle Menschen hier
und Pussy schicken 1000 Grüße, die meisten kommen aber
von
Deinem kleinen Count Maddalo –
genannt Pfotenhund –
Pussehund etc.
Je sadde odde!*

An einem Tag im Jahre 1950 habe ich notiert: »Frau Carlsen
frei. ›Skelette‹ im Omnibus!« – Tania Blixen spielte für ihr Leben
gern mit den Kindern ihrer Umgebung, so auch vom ersten Tag
an mit Frau Carlsens Sohn Nils, der drei Jahre alt war, als er nach
Rungstedlund kam. Tanne und ihre Schwester hatten als Kinder
unentwegt gereimt, kurze Merkverse und lange Gedichte geba-
stelt. Als sie noch ganz klein waren, hatte man sie ermahnt, nicht
zuviel Blätterteig zu essen, der sei so schwer verdaulich, daß man
ihn noch »in den Mägen« von Skeletten wiederfinden würde.
Daraufhin deklamierten sie: »Man öffnet die Tür – siehst du das
auch? Drei Skelette mit Blätterteig im Bauch!« Diesen ergreifen-
den Vers hatte Nils gelernt. An dem Tag hatte er sich im Bus nach
Klampenborg auf seinem Lieblingsplatz neben dem Fahrer po-
stiert. Als noch einige Fahrgäste zusteigen wollten und der Fahrer sagte: »Jetzt müssen wir die Tür öffnen«, wurden die Neuan-
kömmlinge mit der in haarsträubendem Ton vorgetragenen De-
klamation besagten Verses über die Skelette begrüßt, worauf sie
einigermaßen verwirrt reagiert haben sollen.
    Über viele Monate war Nils Lieblingsspiel, ein Hund wie
Pasop zu sein. Er saß in dem großen Hundekorb und wollte
möglichst auch noch angebunden werden, oder er lag auf der
Hundematte. Im Vorbeigehen fragte ich ihn einmal, ob er ein
Zehn-Øre-Stück haben wolle. »Nein, ich bin doch ein Wau-
Hund!« antwortete er empört. Nicht nur in den Augen des
Dreijährigen, sondern für uns alle auf Rungstedlund, hatten
Tiere eine besondere Aura. Viele Freunde wurden über kürzere
oder längere Zeit mit Tiernamen belegt. Einer von ihnen war

wohl etwas enttäuscht, als er wissen wollte, mit was für einem Tier er verglichen werde, und hören mußte, daß er, weil er im engbebauten Zentrum der Stadt wohnte, »Ratte« genannt wurde, ganz ohne bösen Hintersinn, aber natürlich ziemlich gedankenlos.

Im Spätsommer wurde beschlossen, daß Thorkild Bjørnvig, der eine Gehirnerschütterung erlitten hatte, zur Nacherholung auf Rungstedlund wohnen sollte. Aus irgendeinem unerfindlichen Grund wurde er während der Vorbereitungen zu diesem Besuch von Tania Blixen und mir mit dem gemütlichen Hundenamen »Alter Karo« belegt. Am 19. September trug ich ins Notizbuch ein: »Einkäufe für A. K.« Es handelte sich um Bleistifte, Radiergummi und ähnliches für den Schreibtisch im grünen Zimmer.

23. September: »Ankunft A. K.« Dieser Name kehrt dann allerdings nicht wieder. Am Tage seines Eintreffens wurde beschlossen, daß Thorkild von nun an »der Magister« zu heißen habe. Es war ja im Hause schon lange üblich, daß Familienmitglieder und Gäste vor den Angestellten nur mit ihren Titeln bezeichnet wurden. Thorkild meinte, das sei ja wohl das erste Mal, daß von seinem akademischen Grad Gebrauch gemacht werde. Der Titel war »mundgerecht« und bequem, und Tania Blixen und ich benutzten ihn jedesmal, wenn wir auf Thorkild Bjørnvig zu sprechen kamen. Bald fand ich es allerdings natürlicher, mich mit einem gleichaltrigen Fachkollegen, der im selben Hause wie ich lebte, zu duzen. Nur eine einzige Person auf Rungstedlund konnte sich überhaupt nicht dazu bequemen, ihn irgendwie zu benennen. Wenn es gar nicht mehr zu umgehen war, bahnten sich die Worte »der da drinnen« mühsam ihren Weg über die widerstrebenden Sprechwerkzeuge. Das war der alte Kutscher Alfred Petersen. Es paßte ihm nicht, daß Thorkild gelegentlich das Auto benutzte.

Liebe Clara & Pasop.

Würdet Ihr, bitte, meine Briefe von hier aufheben, sie können mir als eine Art Tagebuch dienen, ich habe entsetzlich
wenig Zeit, kann also hier keins führen.

Es geht mir unwahrscheinlich gut in Stratford, wohl so
ähnlich wie Dir (Clara) in Rom, wie auf einer Wallfahrt,
umgeben von Mitpilgern. – Es ist geradezu rührend oder
ergreifend, daß mitten in dieser verrückten politischen Welt
eine ganze Stadt voll von Menschen aller Art sich in An-
dacht und Entzücken um einen Mann und seine Gaben an
die Menschheit versammelt. – Gestern morgen ging ich zum
Fluß hinunter, bei dem häßlichen Theater – über und über
voller Schwäne –, die Leute standen ½ Meile lang Schlange,
Gielgud* sagt, daß sie die ganze Nacht dort stehen oder
sitzen. Man sagt hier, es habe noch nie eine so gute Saison
mit soviel Publikumszuspruch gegeben wie in diesem Jahr.

Ich habe das Gefühl, in Stratford geboren zu sein, man
wird hier so schnell heimisch – viele hübsche alte Häuser
(auch viele häßliche), die Kirche, wo Shakespeare liegt, sehr
schön, mit einer Lindenallee und einem der merkwürdigen
alten englischen Friedhöfe, nur Gras und Steine. – Gestern
holte Gielgud mich im Auto ab zum Lunch bei sich zu
Hause, 12 Meilen von hier, in einem ganz besonders hübschen Cotswold-Dorf, Chipping Campden, er selbst meint,
eines der hübschesten in England. – Wir waren zum Lunch
allein – und es war so gemütlich, ich habe das Gefühl, daß
Gielgud und ich wirklich gute Freunde sind, unverändert
nach 11 Jahren. – Wir sprachen natürlich meist über Shakespeare, er erzählte mir viele interessante Dinge, u. a. daß er
glaube, Cordelia und der Narr seien zu Shakespeares Zeiten
von dem gleichen (Jungen) gespielt worden, und das hätte
den Zuschauern ein besonderes Verständnis für den Narren
und König Lears Verhältnis zu ihm vermittelt. – Gielgud

69

fuhr mich zurück – eine wunderschöne Tour durch eine richtig englische Landschaft. Am Abend *Much Ado* wirklich eine herrliche Vorstellung, unter Mitwirkung eines Spaniers inszeniert, mit so eigenartigen Farben und Bühneneffekten. – Gielgud war Benedikt. – Darüber muß ich Dir mehr erzählen, wenn ich nach Hause komme. – Nach der Vorstellung war ich in G.'s Garderobe zu Cocktails, lernte eine Menge Leute kennen, u. a. Cecil Beaton* – (den Filmmann) – und Benjamin Britten. – Heute abend gehe ich in den *King Lear* – Morgen gibt Gielgud hier einen großen Lunch mit u. a. Clemence Dane*. Ich kann mich doch nicht erinnern, ob sie es war, die das Buch *Will Shakespeare – a fantasy* geschrieben hat. – Ich muß zusehen, daß ich das noch in Erfahrung bringe. – Ich hoffe, ich komme lebend wieder nach Hause, aber anstrengend ist es hier, ich wollte, einer von Euch wäre hier mit dabei! – Macht es nun beide gut und gebt acht auf Haus und Hof. – Ein bißchen habe ich das Gefühl, als befände ich mich außerhalb der Zeit und der meisten gewohnten Verhältnisse – alle Leute sind so unglaublich freundlich! – Aber ich *freue* mich, Euch wiederzusehen. Grüß alle und ruf die an, die es interessiert, wie es mir geht. – Küß Pasop! –   M.*

Shakespeare Hotel
Stratford-on-Avon
Warwickshire
8. 9. 1950

Liebe Clara & Pasop,

Dank für zwei Briefe, es ist schön, zu hören, daß es Euch gutgeht und Ihr Mais an Trofast geschickt habt. – Clara soll sich nicht von ihrem Widerwillen gegen die Bibliotheksschule unterkriegen lassen, nicht gleich zu Anfang, es kann doch besser werden, als sie denkt.

Hier geht es mir *fabelhaft*. Gestern ging es mir besonders gut, John Gielgud nahm mich mit zu einem sehr interessanten Lunch im Arden Hotel hier in Stratford. Wir waren 12,

aber wie die Leute hießen, weiß ich nicht mehr, manche
waren Schauspieler, andere Schriftsteller oder Regisseure.
Alle so nett – wenn ich in Dänemark bin, habe ich oft das
Gefühl, so wie ich bin, sollte ich nicht sein – sobald ich
außer Landes bin, scheint es so, als ob ich sagen und tun
könnte, was ich wollte, es ist doch richtig gut. – Und dann
bin ich tief beeindruckt, wie gut alle meine Bücher kennen.
– Clemence Dane war da, auch Cecil Beaton, mit dem ich
mich sehr angefreundet habe. – Nach dem Lunch haben wir
eine herrliche Fahrt zur Besichtigung eines alten Parks gemacht – der jetzt vom Staat übernommen wurde – mit
wundervollen in Buxbaum geschnittenen Figuren. Überhaupt, was haben die Engländer nicht alles an Blumen und
blühenden Büschen, die wir gar nicht kennen! Und dann
das unvergleichliche Gras. – Von da zum Tee in Gielguds
Haus in Chipping Camden, einer hübschen kleinen Stadt.
Am Abend »Measure for Measure«, das war die beste von
den Vorstellungen, die ich gesehen habe. – Vielleicht weil
ich noch nie eine Aufführung dieses Stückes gesehen und es
auch weiter nicht besonders geschätzt habe. – Die ganze
Inszenierung und die Beleuchtung waren fabelhaft, und das
Spiel von den größten bis zu den kleinsten Rollen wirklich
fast vollkommen. Gielgud war Angelo, eine sehr schöne
Performance. – Er vertritt die Theorie, dieses Stück stelle in
Wirklichkeit – in der Form eines Lustspiels – das gleiche dar
wie *King Lear*: die Vorstellung von der Vergeltung im
Leben!

King Lear hatte ich ja am Abend zuvor gesehen, auch
sehr schön, aber es machte merkwürdigerweise keinen so
großen Eindruck auf mich. Und doch: Als ich vom Theater
nach Hause ging, goß es in Strömen, und der Wind heulte
entsetzlich – ich fand das ganz natürlich, den ganzen Abend
hatte man ja gehört, daß das Wetter so war! Erst als ich im
Hotel ankam und sich jemand über das Wetter beklagte
und mich bedauerte, ging mir auf, daß es ja in Wirklichkeit
so schlimm nun auch nicht hätte sein müssen. –
Stratford ist eine kleine Welt für sich, in gewisser Weise sind

wir alle hier Shakespeares Gäste und müssen uns, so gut wir irgend können, entsprechend aufführen. – Ich habe Dir etwas völlig Verrücktes* zur Erinnerung an hier gekauft, ich glaube, Du wirst es nicht mögen, aber mein Dämon hat mir gesagt, so müßte es nun mal sein. –

Heute abend gibt es *Julius Caesar*, morgen *Henry VIII*. – Ich weiß nicht, ob ich mich entschlossen hätte, das anzusehen, wenn ich gewußt hätte, daß Gielgud dort gar nicht spielt. – Aber man kann ja verstehen, daß er zwischendurch auch einmal einen Tag frei haben muß. Heute nachmittag gehe ich zum Tee mit einigen Schauspielern. Dann fahre ich am Sonntagnachmittag zurück nach London – eigentlich hätte ich am Sonntagabend mit Margaretta Winchilsea* zu Abend essen sollen, aber ich habe eingesehen, daß ich dazu nicht in der Lage bin, und ihr das geschrieben. –

Ich weiß nicht genau, wie lange ich in London bleibe, ich habe eine Idee bekommen, die, wenn sie sich überhaupt verwirklichen läßt, einige Zeit in Anspruch nehmen wird – ich will dazu nichts Näheres schreiben, da ich weiß, Du würdest, auf Deine gräßliche Art und Weise, darüber vor Zorn und Kummer versteinern. – Ihr schreibt gar nicht, wie es Else geht, sie ist aber hoffentlich all right. Grüße sie und Petersen etc. Ich sehne mich oft nach Euch. Einen Kuß für den *lieben* P. Eure   M.

7. *Oktober:* »Petersen 80 Jahre.« Alfred Petersen war als Kutscher nach Rungstedlund gekommen, als Tania Blixen zehn Jahre alt war, und er blieb dort bis an sein Lebensende. Als ich Rungstedlund kennenlernte, bezog er schon längst seine Altersrente, erledigte aber freiwillig noch viele kleine Arbeiten, war Chauffeur, wenn man ihn brauchte, pflegte den Vorgarten, trug Brennholz herein und half auch sonst, wo immer er konnte. In meinem ersten Jahr auf Rungstedlund hat mich Alfred einmal sehr gekränkt. Ich fragte ihn am ersten Ostertag, ob denn die Fahne nicht aufgezogen werden sollte. Ich hatte beobachtet, daß er alle Flaggentage peinlich genau beachtete. Aber an dem Tag

gab er zur Antwort: »Zu der Sekte gehören wir hier auf dem Hof nicht.« Zur Zeit von Tania Blixens Mutter, so wurde mir klar, ist zu Ostern nicht geflaggt worden, weil Frau Ingeborg Dinesen und ihre Schwester Mary Westenholz Unitarier waren. Und mit diesem Brauch wollte Alfred nicht brechen. Seiner großen Loyalität gegenüber der Familie Dinesen ist es auch zuzuschreiben, daß er sich von Herzen freute, wenn die jungen Leute der Familie, besonders Thomas Dinesens Töchter, den Wagen fuhren, ihn sich ausliehen oder Tante Tanne chauffierten, während er es dagegen nicht ertragen konnte, wenn Thorkild Bjørnvig am Steuer saß. Weil ich mir über seine Einstellung im klaren war, wagte ich damals nicht, den Führerschein zu machen. Ich habe ihn erst sehr viel später erworben. Damals hatte ich einfach nicht den Mut, mir auch nur vorzustellen, was sich zwischen Alfred und mir abspielen könnte, wenn ich »Henry« eine Beule beibringen würde. Mit der Zeit wurden wir aber gute Freunde. Schon im Februar 1946 müssen wir gut miteinander gestanden haben, denn da hat er mir zu meinem dreißigsten Geburtstag eine bunt bemalte gedrechselte Pfefferdose in Form einer »Pebermø«, einer alten Jungfer, geschenkt.

Als das Jahr 1950 zu Ende ging – im November, dem »Todesmonat« –, wurde Tania Blixen mit einem tragischen Todesfall konfrontiert.

Am 20. November habe ich notiert: »Karen Neergaard krank.« Das war die Tochter von Tania Blixens ältester Schwester Ea. Sie war eine verheiratete Sveinbjørnsson, wurde aber unter uns nur mit ihrem Mädchennamen bezeichnet. Karen hatte mit fünf Jahren ihre Mutter verloren. Wenn Tania Blixen meine Ansichten gelegentlich gar zu konträr fand, pflegte sie zu sagen, ich hätte in mancher Hinsicht Ähnlichkeit mit Karen, was sicher daran läge, daß wir beide im gleichen Alter unsere Mutter verloren und später ähnliche Probleme gehabt hätten. Von 1944 bis 1950 war es Karen schlecht ergangen. Sie mußte zwei kleine Mädchen allein versorgen und war nun gerade froh, eine Anstellung am Seruminstitut bekommen zu haben.

23. November: »Messe in Hørsholm für Karen.« Ihre plötzliche Erkrankung erwies sich als sehr ernst. Sie hatte Meningitis, möglicherweise hatte sie sich an ihrem Arbeitsplatz infiziert.

25. November: »Die Baronesse im Hospital, ich fuhr mit ihr nach Hause« – d. h. von Kopenhagen aus, ich ging inzwischen auf die Bibliotheksschule. Und später am gleichen Tag: »Am Abend im Hospital: Die Baronesse und Lizzie Wanscher* und ich.« Da war alle Hoffnung geschwunden. Karens Kopf mit seinem feinen Knochenbau und dem üppigen rotblonden Haar lag reglos auf dem Kissen, erinnerte an einen Puppenkopf.

26. November: »Karen Christence Neergaard R. I. P.«

Am 30. November wurde Karen, wie ihre Mutter, auf dem Friedhof von Hørsholm beerdigt. Tania Blixen schmückte eigenhändig den Sarg ihrer Nichte, er war ganz und gar mit einem Teppich aus hellem Grün und zartfarbenen Blüten bedeckt.

An dem Abend, es kann auch am Abend des Todestages gewesen sein, saßen wir in dem grünen Zimmer – wo man sonst den Magister nicht stören durfte – und spielten auf dem Grammophon von der afrikanischen Farm Schuberts *Der Tod und das Mädchen.*

9. Januar: »Abreise nach Århus. Aufenthalt auf Wedellsborg.«
Tania Blixen hatte durch Ole Wivel* Knud W. Jensen* kennengelernt; schon 1950 hate ich des öfteren notiert: »Mit Manu-
skripten bei Knud Jensen« – oder ähnliches. Tania Blixen pflegte
ihre Arbeiten im Manuskriptstadium einem auserwählten Kreis
zugänglich zu machen, in erster Linie ihrer Schwester und ihren
Brüdern, dann Freunden, also gar nicht so wenigen Menschen.
Jetzt wollte Knud mit seinem schönen großen Wagen zu einem
Treffen der Handelskammer nach Århus fahren, und er nahm
uns mit. Tania Blixen konnte so auf bequeme Art und Weise ihre
Verwandten auf Wedellsborg besuchen. Wir wurden dort alle
drei zum Essen eingeladen und übernachteten auch dort. Ich
erlebte so zum ersten Mal das herrliche Wedellsborg, mit dem
mich später so viele schöne Erinnerungen verbinden sollten. Mit
Knud fuhr ich weiter nach Århus, um gute Freunde zu besuchen.
Auf dem Rückweg sang ich einen von den verrückten Versen
über Rungstedlunds Menschen und Tiere, wie wir sie Nils zu
Ehren (oder jedenfalls unter diesem Vorwand) fabrizierten und
mit den merkwürdigsten Begleitinstrumenten vortrugen. Ein altes Silberarmband, gegen die große abessinische Silberschale
geklatscht, ergab eine fabelhafte rhythmische Untermalung.
Topfdeckel waren auch gut, ein Kamm geradezu herrlich, nur
konnte, wer auf dem Kamm blies, ja den Text nicht mitsingen.

Während der Fahrt sang ich einen Vers vor mich hin, den wir
gedichtet hatten, als Pasop einmal in Knuds Garten ein Glas
Wermut ausgeschlabbert hatte. Zu meiner Überraschung sagte
Knud, er habe einen Nonsensvers mit dem gleichen Anfang, nur
einer anderen Fortsetzung, schon einmal gedruckt gesehen. Vielleicht ist ja etwas von unserem Liedgut nach draußen gedrungen

und hat andere inspiriert. Mir ist dann tatsächlich in einer Tageszeitung eine Reimerei wiederbegegnet, von der ich fest angenommen hätte, daß sie kein Mensch außerhalb von Rungstedlund kennen könnte; es war ein sehr eigentümlicher, kindlich-ungezogener Vers. Aber wir konnten es uns leisten, über so etwas großzügig hinwegzusehen. Lieder, Limericks, Reime und Merkverse blühten bei uns das ganze Jahr über.

Auf Wedellsborg stieß Tania Blixen wieder zu uns, um mit uns zusammen nach Hause zu fahren. Knud sagte, daß er einen kleinen Umweg über ... machen wollte; »Nairobi« hatte Tania Blixen verstanden, gemeint war aber Nørre Åby. Dort hatte er ein riesiges Käselager. Es stellte sich heraus, daß er ebenso viele Kilometer Regale mit Käse hatte wie Wedellsborg an Strandkilometern besaß. Das amüsierte Tania Blixen, und sie bemerkte: »Man stelle sich vor, daß ich nicht nur jemanden kenne, der fünfzig Kilometer Strand sein eigen nennt, sondern auch jemanden, der den ganzen Strand entlang einen Käse neben den anderen legen kann.« Ich bin nie einem Menschen begegnet, der weniger neidisch war als Tania Blixen; es freute und beglückte sie, wenn andere etwas besaßen, konnten oder darstellten.

In Nørre Åby stieg Knud aus, weil er mit einem Herrn etwas besprechen mußte. Die Baronesse zündete sich inzwischen eine Zigarette an. Ehe sie sie zu Ende geraucht hatte, war Knud schon wieder zurück: »Jetzt habe ich ein Haus gekauft.« (Ich glaube, als Wohnung für den Verwalter.) Diese kolossale, für Knud typische Tatkraft erweckte Tania Blixens Respekt und Bewunderung, sie fand sie aber auch gelegentlich etwas beängstigend und verglich solche Aktivitäten mit der Kraft eines Motors, der zu vielem zu gebrauchen sei, aber im Gegensatz zu der langsamen organischen Kraftentfaltung stehe, die aus der Eichel einen Eichbaum werden läßt.

Auf der Fahrt über Fünen, in der Nähe von Nyborg, kamen wir an einer Dorfschmiede vorbei, die Tretautos für Kinder anbot. Knud kaufte spontan ein prächtiges Fahrzeug für Nils daheim auf Rungstedlund, nicht allein zur großen Begeisterung von Nils, auch Tania Blixen freute sich immer sehr, wenn jemand an ihre Leute dachte.

Nils bekam nicht nur zu so elementaren Vergnügen wie dem, mit dem Tretauto durch die Gegend zu sausen, Zugang, sondern auch zu durchaus subtileren Genüssen. In *Afrika – dunkel lok-kende Welt* erzählte Tania Blixen, wie sie einmal für einige ihrer afrikanischen Zuhörer ganz einfache Reime bastelte, und die zu ihr sagten: »Sprich noch einmal, sprich wie Regen.« Da Regen das begehrteste aller guten Dinge war, sah sie darin einen Beweis, daß sie die Reime schön fanden. Bei einer bestimmten Gelegenheit kam mir diese Begebenheit wieder in den Sinn. Die Baronesse und ich saßen beim zweiten Frühstück, und Nils, damals vier oder fünf Jahre alt, hatte schon gegessen und guckte zu. Ich machte darauf aufmerksam, daß noch etwas Lachs da sei, und die Baronesse sagte: »Ein Lachs – der kommt stracks«, und ich antwortete: »Ein Stör – der braucht 'nen Chauffeur.« Über das Gesicht des kleinen Jungen ging ein Leuchten, wie man es vielleicht bei einem Erwachsenen erleben könnte, der gerade erfährt, daß er eine Million gewonnen hat. Wer weiß, was in dem kleinen Kerl vorgegangen ist.

Das Examen an der Bibliotheksschule zog sich vom März bis in den Juni hin. Dieses zusätzliche Schuljahr in einem etwas späten Alter war mir ohnehin ziemlich lang vorgekommen und hatte den größten Teil meines Geldes, das ich mit *Die Rache der Engel* verdiente, verschlungen. Aber es war für die eventuelle spätere Arbeit in diesem Fach unumgänglich. Einiges von dem Stoff war auch wirklich neu; die verschiedenen Katalogisierungssysteme zum Beispiel interessierten und amüsierten Tania Blixen, und sie ließ sich gern über diese Materie berichten.

Schon als ich bei der Kopenhagener Stadtbibliothek arbeitete, war Tania Blixen einer Aufforderung nachgekommen, in der Vereinigung der Bibliothekare zu sprechen. Bei der Gelegenheit erzählte sie über Farah. Jørgen Claudi*, ursprünglich Bibliothekar und später Leiter der Hörspiel- und Kulturabteilung beim Hörfunk, war auch anwesend. Er war damals gerade zum Funk übergewechselt und veranlaßte nun, daß dieser Vortrag im Radio wiederholt wurde. Das war der Anfang einer langen, guten Zusammenarbeit.

20. März: »Inge Hvid-Møller*, Claudi, Pade* und *Onkel Se-*

neca.« Inge Hvid-Møller sollte *Onkel Seneca* im Radio lesen – die Geschichte von dem Mörder Jack the Ripper, die in der *Saturday Evening Post* gestanden hatte –, und sie wollte einige Einzelheiten mit Tania Blixen besprechen, möglichst ohne Zuhörer. Leider war das Wohnzimmer der einzig warme Raum im Haus. Bis 1960 herrschten schlimme Zustände auf Rungstedlund; im Winter hatten wir oft Frostgrade auf den Gängen und Treppen und in den bewohnten Zimmern. Jørgen Claudi und Henning Pade mußten deshalb ihre Mäntel anziehen und derweil draußen im Schnee spazierengehen. Gerade als Inge Hvid-Møller eine sehr unheimliche Passage beendet hatte, hörte man jemanden draußen auf dem Flur gehen. Tania Blixen meinte, das müßten die Herren sein, die offenbar die Kälte nicht mehr aushielten, und sie ging zur Tür, um ihnen zu sagen, daß sie wieder hereinkommen könnten. Aber auf der Türschwelle stand sie plötzlich Auge in Auge einem Mann gegenüber, der einen Sack überm Rücken trug. Er war schäbig gekleidet und hatte einen Stoppelbart. »Wohnen hier Menschen?« murmelte er mit hohler Stimme. »Ja, *viele*«, antwortete sie wahrheitsgemäß. Sie fischte eine Krone aus ihrer Jackentasche und gab sie ihm, und er verschwand ohne Leiche im Şack.

Unter den Gästen in dieser Zeit wird auch Roger Lubbock erwähnt, der Nachfolger von Constant Huntington als Direktor von Putnam. Er logierte einige Tage auf Rungstedlund, und eines Abends lud Knud W. Jensen uns alle zum Essen ein. Anschließend fuhr er uns ins Königliche Theater zu *Orpheus und Eurydike* und *Petruschka*.* Tania Blixen war damals sehr begeistert von dem neuen Verleger, von dem sie später in mancher Hinsicht ziemlich enttäuscht wurde.

Der Sommer 1951 mußte in bezug auf mein Verhältnis zu Rungstedlund eine Entscheidung bringen. Ich hatte die Zusatzausbildung zur Bibliothekarin bis zum bitteren Ende durchgestanden, jetzt konnte ich, wenn ich mich darum bewarb, eine vollbezahlte Stellung bekommen. Tania Blixen aber erklärte, sie wolle gerne, daß ich ganztägig auf Rungstedlund arbeite. Sie fragte mich, ob ich die Bibliotheksarbeit auch später einmal wieder aufnehmen könnte.

Ich kann mich an ein Gespräch erinnern, das ich zu der Zeit auf dem hinteren Perron einer Straßenbahn mit einem meiner Freunde, Olav Rørdam Bonnevie, geführt habe. Er wußte aus eigener, teuer erkaufter Erfahrung, was es bedeutete, eine fest vorgezeichnete Karriere abzubrechen: Er war Pastor in der Volkskirche gewesen und hatte sein sicheres Auskommen zugunsten seiner Überzeugung aufgegeben, als er Katholik wurde. Er riet mir inständig, die letzte Chance – ich war jetzt 35 – zu ergreifen und zu versuchen, an einer wissenschaftlichen Bibliothek angestellt zu werden, wo ich meine beiden Ausbildungen verwerten könnte.

Ich war hin- und hergerissen. Aber »die Berufung« siegte, ich hatte ja ein für allemal beschlossen, Tania Blixen zur Verfügung zu stehen.

Es fand jedoch ein kurzes schwieriges Gespräch zwischen uns statt. Ich sei, sagte ich, fest davon überzeugt, daß es richtig sei, die Bibliotheksarbeit aufzugeben, aber nur dann, wenn wirklich von einem neuen Buch die Rede sei, und nicht etwa bloß von Geschichten für den Augenblick, die zur Veröffentlichung in Magazinen geschrieben würden. So etwas zu äußern, meinte Tania Blixen, stünde mir nicht zu.

In der *Sintflut von Norderney** stürzt für den jungen Jonathan Maersk die Welt zusammen, als seine Stimme Schaden nimmt und er entdeckt, daß die Zuhörer ebenso begeistert applaudieren wie in der Zeit, als er noch eine schöne Stimme hatte. *Babette** sagt: »Für einen Künstler ... ist es schrecklich und unerträglich, wenn er ... ermutigt wird, nur sein Nächstbestes zu geben, und dafür noch Beifall bekommt.«

Und Tania Blixen hatte Seelenqualen gelitten, als *Die Rache der Engel*, das sie als Scherz und zum Geldverdienen geschrieben hatte, ebenso »Buch des Monats« wurde wie die *Sieben phantastischen Geschichten, Afrika – dunkel lockende Welt* und die *Wintergeschichten*. Sie konnte unmöglich froh darüber sein, daß alles, was sie schrieb, in gleichem Maße gelobt wurde. Es wurde aber problematisch, wenn diejenige, die nach Diktat schrieb, eigene Wertvorstellungen hatte. Ich vermied es deshalb im allgemeinen auch, solche während der Arbeit zu erkennen zu geben.

Aber an einer Wegscheide wie dieser hielt ich es für notwendig, ehrlich meine Meinung zu äußern.

Jedenfalls wurde das neue Arrangement vereinbart. Ich sollte »ganztägig« auf Rungstedlund arbeiten und mußte nun nicht mehr jeden Tag nach Kopenhagen fahren. Wie bisher hatte ich in erster Linie Tania Blixen die rein physische Anstrengung des Maschineschreibens abzunehmen. Ohne Rücksicht darauf, wie gebrechlich, von Schmerzen geplagt und schwach sie auch seit ihrer Rückkehr aus Afrika gewesen war, hatte sie mit eigener Hand – und mehr als einmal – die ganzen *Sieben phantastischen Geschichten, Afrika – dunkel lockende Welt* und die *Wintergeschichten* sowie die entsprechenden dänischen Versionen auf einer kleinen altmodischen Maschine geschrieben, die sie vor vielen Jahren für ihre Geschäftskorrespondenz auf der Farm angeschafft hatte. Erst mit der *Rache der Engel* begann sie zu diktieren, diesen Thriller sogar durchgehend, weil sie ihn nicht so ernst nahm; dagegen schrieb sie von den »richtigen« Büchern noch recht viel selber. Das konnte ich verstehen, dagegen kaum begreifen, wie man überhaupt schöpferische literarische Arbeit per Diktat leisten konnte. Aber Tania Blixens Fähigkeit, sich auf das Wesentliche zu konzentrieren, kam ihr dabei sehr zustatten. »First things first« war eine Grundregel, die sie mir oft vorhielt, und sie konnte sich über große Schwierigkeiten hinwegsetzen, wenn es galt, etwas Bestimmtes zu Ende zu bringen.

Wann die verschiedenen Erzählungen entstanden sind, kann ich nur schwer beantworten. Einige wurden schnell geschrieben, an anderen wurde mit Unterbrechungen viele Jahre lang gearbeitet. Tania Blixen markierte die Entwürfe nur selten mit Datum und Jahreszahl. Gelegentlich gaben mir zufällige Assoziationen einen Hinweis auf die Entstehungszeit, so zum Beispiel bei der *Geschichte vom Lande**. Zu Beginn wird beschrieben, wie der junge Mann und die junge Frau miteinander einen Waldweg entlanggehen, und es heißt dort: »Die Frau ließ ihre dunklen Augen unter langen Wimpern zärtlich und glücklich über die Waldesheimlichkeit schweifen wie eine junge Hausfrau, die durch ihr Haus geht und sieht, es ist alles in Ordnung.« Das war gerade zu einem Zeitpunkt, wo sich eine Krise im Haushalt anbahnte, aber Tania Blixen war sich dessen nicht bewußt. Das Unwetter braute sich zunächst hinter den Kulissen zusammen. Da sie nie irgendwelche Kontrolle ausübte, ihren Leuten ihr volles Vertrauen schenkte, wurde sie leicht ein Opfer der Augendienerei. Ich dachte bei mir: Auch sie glaubt, es ist »alles in Ordnung« – ein Jammer ist das. Ich selbst konnte zu diesem Zeitpunkt in der Angelegenheit nicht viel bewirken. Es muß 1946 oder 1947 gewesen sein.

Ein anderes Detail: Wenn da steht, daß das lange Kleid leicht auf dem Boden schleifte und eine der vorjährigen Bucheckern mitnahm wie eine Welle, die mit den Kieseln am Strande spielt, erinnere ich mich, daß ich aus Versehen »beachnut« statt »beechnut« schrieb, vermutlich, weil ich an den folgenden »beach« dachte – es muß also auf englisch diktiert worden sein. Ich weiß auch noch einigermaßen, welche Sachen erst ganz auf Englisch und dann auf Dänisch geschrieben wurden – zur Zeit der ersten Bücher war das das Normale –, ebenso, welche Dinge ausnahmsweise erst auf Dänisch geschrieben wurden. Sehr oft wurde aber auch an beiden Versionen gleichzeitig geschrieben.

Neben dem Schreiben nach Diktat wurde mir immer mehr die Arbeit des Herbeischaffens von allen möglichen Informationen übertragen. Im kleinen hatte das schon 1943 bei der *Rache der Engel* begonnen und natürlich größere Ausmaße angenommen, als ich dann in den Kopenhagener Stadtbibliotheken arbeitete, wo ich ja einen riesigen Buchbestand zur Verfügung hatte. Auf diesem Gebiet löste ich Thomas Dinesen ab, der früher wohl oft derartige Hilfestellungen geleistet hatte.

»Was man nicht am Vormittag erledigt hat, erledigt man überhaupt nicht«, sagte Tania Blixen über ihr Arbeitsprogramm und fing gleich nach dem Frühstück an zu schreiben. Die Werkzeuge mußten in Ordnung sein. Zum Beispiel schien es ihr Freude und Vergnügen zu bereiten, eine ganze Reihe Bleistifte anzuspitzen und griffbereit hinzulegen, bevor sie anfing Korrekturen anzubringen. Dergleichen manuelle Vorarbeiten hätten eigentlich von mir erledigt werden müssen, aber sie liebte und genoß sie.

Es war überhaupt offensichtlich, daß sie nicht nur sehr ge-

Tania Blixen arbeitet, Pasop schaut zu
(1956; Foto: C. Selborn).

schickt war, sondern auch gerne Dinge berührte und selber herstellte: Nähen und Stricken, Sticken, Jäten, Kuchenteig rühren, den Hund striegeln, den Kachelofen anheizen oder das Kaminfeuer anzünden. Ich muß sie unwillkürlich mit einem Freund vergleichen, einem berühmten Konzertpianisten, der außer den Klaviertasten alle anderen Dinge auf eine Weise berührt, als ob er sie hasse. Tania Blixens Berühren der Dinge hatte etwas Liebevolles an sich. Ich habe sie im Laufe der Jahre des öfteren nur deshalb nach der Größe eines Tieres oder eines bestimmten Gegenstandes gefragt, um den Anblick der eleganten Bewegung genießen zu können, mit der sie die Größe andeutete.

Wenn sie selbst mit der Maschine schrieb, dann ging das in einem rasenden Tempo vor sich, obwohl die Maschine altmodisch und unpraktisch war und Tania Blixen nie ein bestimmtes System erlernt hatte. Es war ihr einfach angeboren, alles, was sie tat, so gut wie irgend möglich zu machen. Sie erledigte eine Arbeit nie als lästige Pflicht, sondern aus Freude an der Sache, in der Art wie sie später in der *Saison in Kopenhagen** die Begeisterung der Familie Angels für jede einzelne Verrichtung des täglichen Lebens beschrieben hat.

In den Perioden, in denen die Arbeit gut vorankam, wurde den ganzen Vormittag bis zum zweiten Frühstück um halb eins geschrieben.

Am Nachmittag wurde es dann Zeit, nach draußen zu kommen, spazierenzugehen oder mit dem Rad zu fahren. Tania Blixen konnte sich einfach nicht vorstellen, freiwillig einen ganzen Tag im Hause zu bleiben. Nach Möglichkeit besuchte sie irgend jemanden unterwegs, war aber auf der anderen Seite gelegentlich in Sorge, der einen oder anderen befreundeten Familie in ihrer Gegend »auf die Nerven« gegangen zu sein.

Die Hauptmahlzeit des Tages wurde um sechs Uhr eingenommen, damit die häuslichen Helfer nicht zu spät mit ihrer Arbeit fertig wurden. Wenn Tania Blixen sich aber bei Freunden festgeplaudert hatte, mußte »Madame Carlsen« schon mal zu ihrem »Wartestrickzeug« greifen.

Am Abend wurde oft wieder diktiert. Ich sorgte bald dafür, daß ein kleiner transportabler Schreibmaschinentisch angeschafft wurde, denn während die Vormittagsarbeit über lange Zeit in der »Ewalds-Stube« vor sich ging, blieben wir abends gern am Kamin sitzen, und es war ja nicht gerade praktisch, auf dem Sofa sitzend mit der Maschine auf dem Schoß oder auf dem Kacheltisch schreiben zu müssen. An einem anderen Sofa stand ein etwas hochbeinigerer Tisch; an dem pflegte Tania Blixen, wenn sie sich entspannen wollte, Patiencen zu legen.

Natürlich verliefen etliche Tage anders, teils aus positiven Gründen – es kamen Gäste, oder Tania Blixen selber war eingeladen –, teils aus negativen Gründen wie Krankheit, oder weil die Arbeit nicht recht vorwärtsgehen wollte.

Im April schrieb Tania Blixen einen Beitrag zu einer Diskussion in Århus über Tierversuche, und Thorkild Bjørnvig nahm am 23. April an dem Treffen teil und las den Beitrag vor. Dieses Thema lag Tania Blixen sehr am Herzen, und sie scheute keine

Anstrengung, wenn es galt, für die Ansichten, die ihr ihr Gewissen vorschrieb, zu kämpfen.

Am 3. Mai reiste Tania Blixen nach Athen und Rom auf Einladung von Knud W. Jensen.

Hotel Miranda
Ægina. Sonntag 6. 5. 1951

Liebe Clara & Pasop.
Es ist hier unvergleichlich schön, ganz merkwürdig und sonderbar, all das zu sehen, wovon man seit frühester Kindheit gehört und gelesen hat! Und doch – ein Alptraum, wie ich es befürchtet hatte – (und schlimmer!) – und die kleine Meerjungfrau, die auf Messern ging, kann nicht mehr gelitten haben als ich. – Es ist mein voller Ernst, wenn ich sage, daß ich nicht lebend nach Hause komme. – Wie bin ich immer dumm, dumm – anzunehmen, ich hätte die Kräfte, zu verreisen und von morgens bis abends bei allem mitzuhalten. Ich weiß doch, daß ich es nicht schaffe. – Und von meinem herzensguten Gastgeber* kann man überhaupt nichts erwarten, denn er begreift das nicht. Man macht sich ja unmöglich, wenn man immerzu sagt, dies oder das kann ich nicht leisten. – Der Flug war sehr anstrengend, die Akropolis auch, jetzt sind wir ganz früh am Morgen hierher nach Ægina übergesetzt, wo alles sehr primitiv ist, mehr so in Richtung Kandestederne* – und es sind große Pläne mit einer Bergbesteigung zu einem Tempel etc. vorgesehen. – Wenn wir übermorgen zum Festland zurückkehren, soll uns ein Auto am Anleger abholen und uns innerhalb von drei Stunden nach Delphi fahren – zu einem hübschen, ganz primitiven kleinen Hotel, wo wir übernachten, und dann Wanderungen rund um Delphi. – Wenn es nur irgend ginge, würde ich sagen, ich müßte morgen direkt nach Hause fliegen – aber das würde zur Folge haben, daß Benedicte* sich verpflichtet fühlte, mich zu begleiten. – Das Traurigste ist, daß Benedicte es Knud nie verzeihen würde, wenn er mich ermordete, denn sie hat etwas mehr Verständnis als er.

Aber selbst sie kommt nicht dagegen an, denn gegen einen solchen geistigen Dickhäuter ist man machtlos! – Nein, es liegt an mir, ich bin einfach *zu* dumm – den Preis dafür muß ich nun bezahlen. – Ich hoffe, es geht Euch allen gut – gäbe Gott, ich wäre bei Euch! –, daß das Großreinemachen und das Examen gut verlaufen und Pasop jemanden hat, der gut zu ihm ist. Du muß ihn erschießen lassen, gleich wenn Du die telegraphische Nachricht von meinem Tod bekommst. – Viele Grüße an Euch alle. KBF.

Angesichts ihres schlechten Gesundheitszustandes hatte ich eine günstige Gelegenheit wahrgenommen und eine Marien-Medaille als Schlüsselanhänger an einem der Koffer befestigt, eine ziemlich alte Medaille, die sich merkwürdigerweise auf dem Dachboden von Rungstedlund angefunden hatte. Tania Blixens Mutter hatte sie mit einem Blumenstrauß geschenkt bekommen, während sie als junges Mädchen mit ihrer Mutter in Rom war. Die Medaille war unter Papst Pius IX. geprägt worden aus Anlaß der Verkündigung des Dogmas von der »Immaculata Conceptio« 1854. Marias Sündenlosigkeit, von dem Augenblick an, da sie empfangen wurde, wird fast immer mißverstanden. Tania Blixen hat verschiedene Male mit großer Geduld dem einen oder anderen erklärt, was es bedeutet und was es nicht bedeutet, und dann auch ein wenig darüber gelacht, daß sie so eine »tüchtige katholische Theologin« geworden sei. Da nun die drei Reisenden aus Dänemark – Knud, seine Frau und Tania Blixen – Grüße an meinen priesterlichen Freund Peter Schindler auszurichten hatten, erwirkte er ihnen eine Privataudienz bei Papst Pius XII. Seine ernste Erscheinung machte einen ebenso großen Eindruck auf Tania Blixen, wie sie es im Jahre zuvor auf mich gemacht hatte. Tania Blixen erzählte mir, daß eine der wenigen Anwesenden, eine Französin, offenbar unter der Last großen Kummers geweint und gesagt hatte: »J'ai tellement besoin de votre bénédiction.« – »Ich brauche dringend Ihren Segen.« Und der Papst antwortete liebevoll und mitfühlend: »De tout mon cœur, mon enfant.« – »Von ganzem Herzen, mein Kind.« Zu Tania Blixen sagte der Papst einige Worte des Inhalts, daß alle große Kunst Gottes Ehre diene. Sie hatte die alte Marien-Medaille mitgenommen und sagte dem Papst, ihre Mutter habe sie in Rom bekommen, als sein Vorgänger das Dogma von der »*Immaculata Conceptio*« verkündet habe, und wenn Ihre Heiligkeit, die vor kurzem das Dogma von Marias Aufnahme in den Himmel verkündet habe, sie nun auch noch segnen würde, werde die Medaille einen um so größeren Wert für ihre Besitzerin bekommen. Dieser kleine Auftritt war ein Beweis für das Geschick Tania Blixens, im richtigen Augenblick das Richtige zu tun. Als sie in Afrika eine junge Somali-Braut besuchte, mit der sie kein Wort reden konnte, unterhielt sie sich pantomimisch aufs beste mit ihr, indem sie all ihren Schmuck anprobierte und seine Wirkung in ihrem Handspiegel bewunderte.

Die Medaille bekam ihren festen Platz auf einer kleinen Stutzuhr aus Alabaster mit Bronzeornamenten, die auf dem Kaminsims in Rungstedlund stand. Zwischen den Ornamenten fiel sie gar nicht auf und wurde in der Regel auch von niemandem bemerkt – mit einer eigenartigen Ausnahme. Eines Tages hatte Tania Blixen eine alte Freundin der Familie zum Tee eingeladen, Fräulein Lisbeth Jerichau, die Schwester des Malers Jens Adolf Jerichau.* Als er jung starb, fühlte seine Schwester sich eine Weile gleichsam von ihm besessen und malte eine Reihe Bilder unter seiner Inspiration, wie sie meinte. Lisbeth Jerichau hatte immer noch gewisse parapsychische Fähigkeiten. Als sie am Teetisch vor dem Kamin saß, sagte sie plötzlich: »Zwei Dinge hier im Raum sind etwas Besonderes ... ich fühle mich von ihnen angezogen ...« Sie sah sich suchend um. »Das eine ist der wunderbare Strauß dort drüben ...« – es war eines der zahllosen floristischen Meisterwerke Tania Blixens in einer Terrine auf der messingbeschlagenen Truhe, einem Geschenk Farahs, neben dem großen Eisenofen. »Das andere ...«, sie sah sich wieder um, »das ist ein kleines Ding dort auf der Uhr. Was ist das überhaupt?« Lisbeth Jerichau hatte die fast unsichtbare, geweihte Medaille erspürt.

Vermutlich sollte es eine Geste der Höflichkeit und des freundlichen Dankes sein, als Tania Blixen bei einem der Besuche Peter Schindlers in Dänemark an einem frühen Sonntagmorgen mit mir bis nach Brønshøj hinausfuhr, um ihn in der winzig kleinen Sankt-Antoni-Kirche predigen zu hören. Ich weiß nicht mehr, was sie von gerade dieser Predigt gehalten hat, aber sie hatte etwas gegen Predigten im allgemeinen: daß die Gemeinde gezwungen sei, sich passiv zu verhalten – daß man nicht das Wort ergreifen und etwas aus der Predigt zur Diskussion stellen könne. Und außerdem fällt mir ihre Wiedergabe eines Gesprächs mit einer alten Frau aus der Gegend von Leerbæk ein. Nach der Bischofsvisitation sagte sie: »Ja, der ist bestimmt nicht umsonst Bischof – dieselbe Sache hat er *achtmal* gesagt.« »So, und was war das denn, was er achtmal gesagt hat, Jensine?« »Ja, wie soll ich das denn wohl behalten können?«

Am 19. Mai habe ich notiert: »Magister nach Bonn gereist.« Die Glocke der Assoziationen läutet: Das Wort *shauri* taucht auf. Mit diesem afrikanischen Wort bezeichnete Tania Blixen zeit ihres Lebens beschwerliche, verzwickte Angelegenheiten. Welche Probleme zwischen Thorkild Bjørnvig und Tania Blixen aufgetaucht waren, weiß ich nicht, aber in meinen Augen war es ein *shauri*.

In einem Brief aus dem Hotel Hassler in Rom vom 16. Mai an die »Liebe Clara und Pasop« steht: »Ach, Clara, wie konntest Du dazu beitragen, daß der Magister nach Bonn gereist ist und den Sommer nicht auf Rungstedlund verbringt? – Wußtest Du nicht – sagte ich es nicht –, daß das das einzige sei, was ich mir auf Erden wünsche, daß er in den Sommermonaten dort wäre? Ich bin heute abend so betrübt, wie ich es viele Jahre nicht gewesen bin – und ich habe auch gar keine Lust, nach Hause zu kommen. – Warum hast Du für mich hier nichts getan? – Grüße alle auf Rungstedlund, Pasop am meisten. KBF.«

An die Details der Situation kann ich mich überhaupt nicht erinnern. Auf jeden Fall hatte es aber Schwierigkeiten in Thorkilds Familie und innerhalb seines engsten Freundeskreises gegeben, weil er schon soviel Zeit auf Rungstedlund verbracht hatte. Mir hatte meine Auslandsreise im Jahr zuvor entschieden frische Kräfte gegeben, deshalb meinte ich, auch ihm könnte es guttun, einmal auf Reisen zu gehen, zumal ihm gerade ein Studienaufenthalt in Bonn angeboten worden war. In einem Gespräch am Frühstückstisch, bei dem er wohl noch Zweifel äußerte, habe ich mich für Bonn ausgesprochen.

Im Sommer 1951 mußte ich zum ersten Mal seit vielen Jahren nicht mehr zum Zug hetzen, müde nach Hause kommen und nur nach Feierabend an dem arbeiten, was mich trotz allem am meisten interessierte. Ich war ja aufgefordert worden, mich nicht um eine Bibliothekarinnenstelle zu bewerben, jetzt sollte an dem nächsten Buch geschrieben werden, darauf hatte ich mich gefreut.

Aber der ganze Sommer verlief traurig, und das nicht nur wegen Tania Blixens Enttäuschung über Thorkilds Abreise nach Bonn. Eines Tages kam das Zimmermädchen Else den Flur zu meinen Zimmern entlanggelaufen, und man konnte zunächst nicht feststellen, ob sie weinte oder lachte. Sie weinte. Nils und der Junge vom Gärtner Lund Jensen, Helge, waren von einem Auto überfahren worden, direkt vor Rungstedlund. Ich rannte nach unten. Der Menschenauflauf hatte sich noch nicht verzogen, als Tania Blixen mit dem Fahrrad vom Einkaufen nach Hause kam. Bei den Worten: »Beide Jungen sind überfahren worden, ein Krankenwagen hat sie eben weggebracht«, sank sie über der Lenkstange ihres Rades zusammen und konnte nur noch mit Mühe, fast kriechend, die Einfahrt zum Haus erreichen. Das Unglück überschattete mehrere Monate lang das ganze Haus.

Nils Verletzungen waren schlimm, hätten aber noch weit schlimmer sein können. Als er aus dem Krankenhaus nach Hause kam, stand ein Geschenk für ihn parat: ein »Tam-Tam«. Er saß im Bett und trommelte und sang, ich sekundierte ihm. Nach etlichen Nummern schlug er »ein Gotteslied« vor, und wir sangen ein Kirchenlied, wie es anscheinend im Krankenhaus üblich gewesen war. Schließlich schlug er vor: »Wollen wir nicht an Gott einen Brief schreiben, weil er so nett gewesen ist?« Unter großen Anstrengungen setzten wir ihn gemeinsam auf. Nils zögerte, als es an die Adresse ging, entschied dann aber: »Ach, ich

*Tania Blixen mit Pasop vor einer Buchhandlung in Rungsted
(1956; Foto: C. Selborn).*

schreibe: Gott im Himmel.« – Wir versprachen, den Brief abzuschicken, und es wäre uns nicht im Traum eingefallen zu mogeln.
Er wurde im höchstgelegenen Ofen, oben im Schlafzimmer der
Baronesse, verbrannt, damit der Rauch den Adressaten auf dem
schnellsten Wege erreichen konnte.

Erst Ende Juli habe ich wieder etwas notiert.

24. Juli: »Baronesse nach Wedellsborg gereist.« Julius Wedell
feierte seinen siebzigsten Geburtstag. Schon am 25. Juli schreibt
Tania Blixen einen langen frohen Brief nach Hause. Die Fahrt
war gut verlaufen, »Anne ist eine tüchtige Chauffeuse« – es folgt
eine Liste über alle dort logierenden Gäste und die Planungen für
das Fest. »Nun wünsche ich mir: 1. daß es mit Nils weiter
bergauf geht. – 2. daß Pasop *extra* gut versorgt wird. 3. daß es
Rungstedlunds Gästen gutgeht und sie es gemütlich miteinander
haben und die Bewohner des Hauses in wahrhaft christlichem

Geist alles, was sie nur können, für sie und für einander tun. – Laßt nichts im Garten verkommen, sondern versucht, jemanden ausfindig zu machen, der die Blumen etc. gerne haben möchte. – Die allerbesten Grüße an Euch alle, einen Kuß direkt auf die Schnauze für Nils und L.-L.« Dieses Mal keine Unterschrift in Worten, sondern das Zeichen für den Neumond*. »L.-L.« = Lauerlöwe Langpfote = Pasop. Ein norwegischer Journalist hatte Aufnahmen gemacht und eine davon mit dem Satz »Der Schäferhund Pasop schleicht durch die Gänge des Gartens« untertitelt, weil man ihn gerade um die Ecke kommen sah. Die rechte Vorderpfote, die dem Apparat am nächsten war, erschien besonders lang – daher eine weitere Bezeichnung in der langen Reihe seiner Kosenamen.

»Daß es Rungstedlunds Gästen gutgeht und sie es gemütlich miteinander haben...« Höchstwahrscheinlich haben alle Hausbewohner Besuch gehabt, während die Baronesse weg war. Es geschah im Sommer oft, daß alle auf einmal Gäste hatten: die Baronesse, die Sekretärin, die Haushälterin, das Zimmermädchen, Alfred Petersen und die Gärtnersfamilie oben im Gartenhaus. In diesen verkehrsmäßig friedlichen Jahren der ersten Nachkriegszeit, in denen dem Bus noch keine festen Haltestellen aufgezwungen wurden, man ihn vielmehr anhalten konnte, wo man wollte, war es kein ungewöhnlicher Anblick, daß beide Strandvejsbusse – der, der nach Norden fuhr, und der, der in südlicher Richtung unterwegs war – gleichzeitig vor Rungstedlund hielten.

Es muß um die Zeit herum gewesen sein, als zu meiner Freude meine Eltern einige Tage bei mir auf Rungstedlund zu Besuch waren. Wir luden Alfred Petersen ein, bei uns zu essen, denn Frau Carlsen hatte Ferien – sie hatte sicher zur gleichen Zeit ihre Familie bei sich wohnen. Ein Brief von Tania Blixen vom 28. Juli beginnt: »Dank für Euren Brief. – Die größte Freude für mich ist, daß Claras Vater sich so gut mit Petersen verträgt, daran denke ich mehrmals am Tage.« Dann folgt eine lange Beschreibung des herrlichen Geburtstagsfestes und der Pläne, auch andere Verwandte in der näheren Umgebung zu besuchen. »...und ich fühle mich so wohl unter Menschen meines eigenen Schlages –

bin keiner Kritik ausgesetzt, muß nicht auf der Hut vor Betrüge-
reien sein. – Ja, ich wünschte, der Magister wäre im Venusberg
gefangen, das wäre für ihn noch das Allerbeste! – Die anderen
Alternativen: daß er tot sein könnte oder so unhöflich, nicht auf
meine Einladung vom 5. 7. zu antworten, sind zu traurig.« Und
dann die Anweisung, ich solle herausfinden, wo der Magister ist,
und die Einladung wiederholen.

8. September in meinem Kalender: »Drachen an P. H. schicken.«
Es handelte sich um eine Karte, auf der ein Drachen abgebildet
war, mit Glückwünschen zu Poul Henningsens Geburtstag am
9. September, dem chinesischen »Drachentag«. Wir hatten ihn
in Usserød besucht und zugesehen, wie er einen wunderschönen
Drachen steigen ließ und eine Brunnenanlage zur Züchtung von
Brunnenkresse vorführte. Ich mußte in der Stadt roten Lack
besorgen, und der Drachen wurde von einem echten chinesischen Drachen abgepaust.

24. Oktober: »Erik hat gepflügt.« Es handelt sich um Erik Kopp,
der in meinem Kalender am 8. Januar 1950 zum ersten Mal
erwähnt wird: »Anne auf Rungstedlund mit ihrem Verlobten« –
die erste Vorstellung. Einige Jahre später richteten Anne und
Erik sich Folehave als ganzjähriges Domizil her, und Erik sollte
nicht nur einer von Tannes nützlichsten Freunden werden, sondern auch einer der besten und verläßlichsten.

Kurz vor Weihnachten stand ich wieder einmal mit Tania Blixen
an dem Krankenlager eines ihrer nächsten Angehörigen. Doch
so ernst es auch aussah, dieses Mal ging es gut. Anders Dinesen
war sehr schwer erkrankt und hatte ins Krankenhaus nach Vejle
gebracht werden müssen. Schon während unserer Hals über
Kopf angetretenen Reise dorthin hatte der Patient die Krise
überwunden. Dieses war mein erster Besuch auf Leerbæk.* Ich
fuhr wieder zurück nach Hause, und Tania Blixen verbrachte
das Weihnachtsfest auf Wedellsborg.

Liebe Clara.

Frohe Weihnacht an alle auf Rungstedlund. Ich habe viel an Euch gedacht und hoffe, Ihr habt einen schönen Weihnachtsabend in der grünen Stube gefeiert. Besondere Weihnachtsgrüße an Pasop und Nils. –

Am 23. bin ich hierhergefahren, nachdem ich zuvor Anders im Krankenhaus besucht habe. – Es geht ihm tatsächlich besser, aber er ist sehr schwach. Er ist auf dem besten Wege, wieder der Alte zu werden, hat klare Augen und nicht mehr die Fieberhitze im Gesicht wie damals, als ich in Vejle ankam. Stimmung und Stimme sind gut und ausgeglichen. Tido* hat mich in Fredericia abgeholt. Hier waren schon alle Räume für Weihnachten geschmückt, herrlich mit der freien Weite nach allen Seiten hin – all den großen Räumen, den Feldern und dem Strand. – An Gästen sind – außer Tido und mir – nur zwei, Danneskiolder* und Ella Bille Brahe*, hier. – Ein ausnehmend schöner Weihnachtsabend, erst in der Kirche, dann hier zu Hause, mit dem Weihnachtsbaum im Gartensaal und einer wunderhübsch geschmückten Tafel mit Champagner, bei der wir selbst bedienten, dann nach unten zur Weihnachtsfeier in die Gesindestube. – Die Exemplare *Afrika – dunkel lockende Welt** haben als Weihnachtsgeschenke großen Anklang gefunden. – Aber ich muß Dich bitten, mir so schnell wie möglich noch ein Exemplar von *Afrika* und von den *Wintergeschichten* zu schicken, weil ich sie auch noch anderen schenken möchte. Ich selbst habe so feine Geschenke bekommen. –

Daß Bitter* nicht herüberkommen kann, ist eine große Enttäuschung, das kleine Würmchen liegt ja mit Angina in Hillerød im Krankenhaus. – Ich hatte sonst alles so schön mit Gyldensteen, Glorup und Juelsberg eingefädelt – nun kann ich dieses Mal die Partie mit Carl-Johan nicht in Gang setzen!! –

Ich muß jetzt ja auch mit dem Zug nach Hause fahren, aber das wird sich wohl regeln lassen. – Die Bibliothek in Odense habe ich nicht erreichen können – hast Du etwas von

Birthe* gehört? – wie soll ich mich denn verhalten? Da ich kein Auto habe, ist es jetzt für mich nicht ganz einfach, dorthin zu kommen. –

Ich habe mit Leerbæk telefoniert, es geht immer weiter etwas bergauf. –

Ob Ihr wohl zur Mitternachtsmesse gekommen seid? – Und ob wohl Nils mit war?

Ich schreibe noch einmal vor Neujahr und werde an Euch denken und Euch allen für das alte Jahr danken – wenn Ihr auch zuzeiten ein paar schlimme Hauskreuze gewesen seid –, the Blameless Fool* ausgenommen. –

In diesem Jahr ist es mit dem Neujahrsmond ganz eigenartig. Es *könnte* sein, daß man den Neumond schon am 31sten sehen kann – und dann bekommen wir ja einen sehr späten Neujahrsmond. Vielleicht kann man ihn aber erst am ersten sehen, und dann würde er ja in Wahrheit seinem Namen Ehre machen.

Das Ärgste von all den Kümmernissen, die ich gegen Ende des alten Jahres habe durchmachen müssen, war, daß ich den Kardinal nicht gekauft habe. Das war die schiere Mutlosigkeit und das reine Mißtrauen gegenüber den Ewigen Mächten. Jetzt kann ich ganz deutlich erkennen, daß er in Wirklichkeit ein kleiner Wink und ein Zeichen der Freundschaft vom Papst selbst war! – Nun trauere ich ihm nach. Laßt es Euch allen gutgehen. Ich war froh, daß Du nach Leerbæk mitgekommen bist. – Grüße überall. – Gib Pasop und Petersen jedem einen großen Kuß mitten auf die Schnauze! – Und Nils einen etwas kleineren.   KBF.

Wenn Du *Die unsterbliche Geschichte* vom English House* zurückbekommst, könntest Du sie dann mit einem Neujahrsgruß von mir an Knud und Benedicte* in Kandestederne schicken. – Sie haben mir Bücher nach hier geschickt, und ich habe ihnen gar nichts geschenkt. Aber ich muß sie wiederhaben – von ihnen.

Ich stelle mir vor, wie zukünftige Literaturforscher darüber grübeln, was jener Satz mit der Geschichte des Kardinals in den *Letzten Erzählungen* zu tun haben könnte. Aber »der Kardinal« war ein unbeschreiblich eleganter Abendmantel, kardinalrot, den wir in dem Modellsalon vom Magasin* gesehen hatten. Er war nur eine von den vielen Schönheitsoffenbarungen der Kleiderwelt, auf die ich sie im Laufe der Jahre habe verzichten sehen, weil sie sie sich nicht leisten konnte. Beim »Kardinal« habe ich trotz allem versucht, ihr zuzureden, aber es blieb beim Ansehen und Anprobieren. Das bereute sie nun: »Es war die schiere Mutlosigkeit und mangelndes Vertrauen auf die Ewigen Mächte.«

Wenn ich gelegentlich einmal gefragt wurde: »Welche meiner Geschichten magst du am liebsten?« pflegte ich drei zu benennen: *Die Träumer, Leidacker* und *Die unsterbliche Geschichte.* Die letztgenannte Erzählung war einige Jahre früher angefangen und 1951 wieder in Angriff genommen und beendet worden. Ihren Kern, die kleine Seemannsanekdote, kannte Tania Blixen aus Karl Larsens* Erzählungen. Sie schätzte Larsens beschauliche Berichte aus dem alten Kopenhagen sehr. Mir hatten die Recherchen für diese Erzählung viel Spaß gemacht. Ich mußte Material über kleine dänische Schiffe des vorigen Jahrhunderts herbeischaffen und durfte auch entscheiden, was für ein Schiff der Seemann sich wünschen sollte. Davon einmal abgesehen, machte mir die Arbeit an dieser Erzählung besonders viel Freude, weil ich meinte, an ihr eine Aufwärtsbewegung bei Tania Blixen feststellen zu können, eine Rückkehr zur Inspiration im Gegensatz zu der Zeit, als die Nahrungssorge Hauptantriebskraft für ihre Arbeit war.

Und mit der *Dritten Erzählung des Kardinals*, der ersten der *Albondocani*-Erzählungen, hatte Tania Blixen meines Erachtens wieder ihr eigentliches Niveau erreicht.

Weshalb Tania Blixen den Namen *Albondocani* gewählt hat, habe ich leider vollkommen vergessen, wenn ich es denn jemals gewußt habe. In einer Schauergeschichte von Balzac, *La Grande Bretêche*, heißt es: »Ich nahm mich zusammen und sagte zu mir selbst: ›Il bondo cani...!‹« Vielleicht ist das die Erklärung.*

94

Um diese Zeit sorgte Tania Blixen dafür, daß ich aus der kleinen
Kammer, die ich in der Zwischenzeit bewohnte, nach oben in den
Flügel ziehen konnte, der parallel zum Strandvej verläuft. Ich
bekam zwei Zimmer, eines nach Osten, das andere nach Westen.
Die Gästewohnung, die Wohnung der Haushälterin und Alfred
Petersens Zimmer lagen genauso. Die beiden Zimmer wurden
miteinander verbunden, indem man das letzte Stück eines langen
Flures kappte. Es wurde mir überlassen, Handwerker zu bestellen
und alles nach meinen Wünschen herrichten zu lassen, unter der
ausdrücklichen Bedingung, daß die Kosten vorher feststehen
mußten. Zu dem damaligen Zeitpunkt konnte man das Ganze
noch für 1500 Kronen gemacht bekommen. Das westliche Zimmer war bis dahin eine Art Rumpelkammer gewesen. Diese
winzigen Räume, die in einem Teil der alten Landwirtschaftsge-
bäude eingerichtet worden waren, hatten wohl ursprünglich als
Zimmer für die Hausangestellten gedient, aber das so stark
reduzierte Personal wohnte jetzt in anderen, größeren Zimmern.
Ich hatte immer schon eine besondere Vorliebe für das westliche
Zimmer gehabt wegen der Westsonne und der Aussicht über das
Wäldchen und wegen der alten ramponierten terracottafarbenen
Leimfarbe an den Wänden. Einen Teil des Sommers 1947, als ich
keine Bleibe hatte, hatte ich hier oben gesessen und an meiner
Übersetzung von Graham Greenes *Die Kraft und die Herrlichkeit*
geschrieben und die »rosa Stube« weiter unten auf dem Flur als
Nachtquartier genutzt. Die Lage des Raumes am äußersten Ende
des Hauses, seine Atmosphäre, die Mischung aus Vergessenem
und Versteck, das warme Nachmittagslicht... all das verband
sich zu einem Zauber, dem ich nicht widerstehen konnte. Einige
Jahre später, als ich Lampedusas *Der Leopard* übersetzte, entdeckte ich in dem Roman eine ganz ähnliche Atmosphäre. Ich
hatte schon früh begonnen, hier oben ein Archiv und eine Sammlung dänischer und ausländischer Ausgaben von Tania Blixens
Büchern anzulegen. Nur konnte der Raum überhaupt nicht beheizt werden, im Winter sank die Temperatur dort unter Null. –
Ich weiß noch, daß Knud W. Jensen sehr erstaunt war, als wir
sagten, das Heraussuchen von bestimmtem Material müsse warten, bis die Temperatur im Archiv etwas milder sei.

Rungstedlund vom Garten aus gesehen
(1952; Foto: C. Selborn).

Die wenigsten ahnten, wie primitiv man auf Rungstedlund lebte. Gäste, die über Nacht blieben und an Zentralheizung gewöhnt waren, froren oft ganz scheußlich. Ich entdeckte jetzt in meiner neuen Wohnung eine Möglichkeit, ein Ofenrohr an den Schornstein von Alfreds Heuboden anzuschließen, daraufhin wurde auch dort einer der großen Eisenöfen aufgestellt, mit denen die meisten Zimmer des Hauses beheizt wurden.

Ich wollte im Westzimmer die rotbraunen Wände behalten, während das Ostzimmer ganz weiß werden und und das Licht vom Meer widerspiegeln sollte. Wegen des Westzimmers gab es einige Diskussionen mit Tania Blixen. Sie fand, es müsse genauso grün werden wie das westliche Zimmer der Gästewohnung, »die grüne Stube«, die ganz in Grün gehalten war, damit sie eine Einheit mit den grünen Rasenflächen und Bäumen draußen bildete. Tania Blixen mit ihren offenen Sinnen liebte Häuser, die sich zur Natur hin öffneten. Von Nordseelands Schlössern gefiel ihr nur Fredensborg als Wohngebäude, weil es einen leichten Zugang zum Garten hat, seine Bewohner seien jedenfalls nicht so hinter Wallgräben eingesperrt. Ich dagegen legte Wert darauf, den Unterschied zwischen drinnen und draußen zu markieren. Im Laufe dieser Diskussion muß Tania Blixen eines ihrer Lieblingsthemen berührt haben: Man soll sich nicht in Details vertiefen und das Gesamtbild aus dem Auge verlieren – denn sie sagte etwas in der Richtung, daß man nicht so vorgehen dürfe: erst Blatt für Blatt zu zeichnen, sondern man solle von Anfang an einen Baum malen. Als meine Wohnung, die sie »Newstead Abbey« nannte, nach Byrons Gut in Nottinghamshire, fast fertig war, meinte sie eines Tages zu meiner großen Freude: »Ja, nun fange ich wohl an zu begreifen, was du vorhast. Es ist tatsächlich doch ein *winzig kleiner* Baum.«

An einem Tag Ende November habe ich, mitten zwischen den lakonischen Notizen in meinem Taschenkalender, plötzlich geschrieben: »Ein ›Bakschische‹: glühend roter Abendhimmel, die roten Wände leben, der Teich rot. *Eine kleine Nachtmusik* und Mendelssohns *Nocturne* im Radio.«

Das Wort *bakshish(e)*, das im mittleren Osten meist einfach Trinkgeld bedeutet, verwendete Tania Blixen für eine unerwartete Gabe vom Schicksal. Das, was man über das hinaus, was einem zusteht, bekommt. Daß auch ihr ab und zu so etwas zustieß, hat sie wohl am allermeisten gefreut.

1952

Ich habe Tania Blixen oft sagen hören: »Es muß etwas von außen kommen – ich kann nicht wie eine Spinne im Netz hängen und alles aus mir selbst heraus spinnen.« Wenn im Jahre 1951 wieder »richtig« geschrieben wurde, nicht nur auf kurze Sicht, so hing das zweifellos damit zusammen, daß etwas von außen gekommen war, der Kontakt zu Thorkild Bjørnvig und anderen jungen Dichtern. Das reingeschriebene Manuskript von der *Dritten Geschichte des Kardinals* erhielt übrigens zuerst die Widmung »Für Clara und Thorkild Bjørnvig – die sicher sagen werden, es sei ein starkes Stück.« Da ich fand, das hörte sich an, als ob wir ein Ehepaar seien, schlug ich vor, mich zu streichen. Aber ich mochte die Erzählung sehr gern. France Gleizal, die sie auf eigene Rechnung und eigenes Risiko ins Französische über-setzte, ging es ebenso. Sie sagte bei einem Besuch auf Rungsted-lund: »C'est très catholique.« Was Mademoiselle Gleizal genau damit gemeint hat, kann ich nicht sagen, jedenfalls gab es hier, wie in anderen Fällen, für Tania Blixen keinen Grund anzuneh-men, daß ich als Katholikin verärgert sein sollte, wenn sie Züge der katholischen Religion in ihren Geschichten verwandte. Das offene, freundliche, wenn auch nicht unkritische Interesse, das sie meiner Religion erwies, entsprach zweifellos ihrer Haltung in Afrika gegenüber den verschiedenen Religionen der eingebore-nen Afrikaner. Ihr eigenes »Evangelium-in-einer-Nußschale« formulierte sie folgendermaßen: »So sehr hat Gott die Welt geliebt, daß er sie erschaffen hat.«

5. Januar: »Besuch bei Pater Otto.« Das bedeutet, daß Pater Heinrich Roos nun fort war und Pater Otto die »Stella Matu-tina« in Mikkelborg, vier km nördlich von Rungstedlund, be-treute. Der leichte Job, dort Pfarrer zu sein, wurde zeitweise von

Leuten ausgeübt, die Zeit und Ruhe für wissenschaftliche Arbeiten brauchten. Pater Roos hatte dort an seiner Doktorarbeit über den mittelalterlichen dänischen Philosophen Martinus de Dacia gearbeitet. Zu der Zeit, als in Ungarn der unheimliche Prozeß gegen Kardinal Mindszenty in den Zeitungen beschrieben wurde, fuhr Tania Blixen zu Pater Roos und bekundete ihm als dem ihr am nächsten wohnenden katholischen Geistlichen ihre Sympathie. Er saß in seinem Arbeitszimmer, umgeben von Fotokopien mittelalterlicher Manuskripte – sie fand, das sei, als träte man bei Saxo Grammaticus persönlich ein. Pater Otto begegneten wir einmal in langen Anglerstiefeln und mit Fischgarn über dem Arm. Solche »poetischen« Situationen stimmten Tania Blixen immer freundlich gegenüber einem Menschen, aber nur wenn es sich um »echte« Situationen handelte. Etwas gewollt Poetisches, Idyllisches, Gemütliches oder Süßes war ihr zuwider.

Im Frühjahr wurde fleißig gearbeitet, und ich habe nichts Besonderes notiert, abgesehen an einem Tag im April, an dem Pasop in die Jauchegrube auf Folehave gefallen ist. Glücklicherweise war die Grube gerade kurz zuvor geleert worden. Aber es war keine schöne Aufgabe, ihn da herauszuziehen und nach Rungstedlund zu befördern – dies fiel Thomas Dinesen zu. Mein Anteil, ihn zu waschen, war sehr viel leichter zu bewältigen. Ich ging mit ihm an den Strand und warf mehrmals einen Stock ins Wasser, den er immer wieder mit Freuden herbeiholte.

Im Mai ging ich auf eine Reise, auf die ich mich längst nicht so freute wie auf die Pilgerreise zwei Jahre zuvor. Das hing mit Problemen zusammen, die im Zusammenhang mit der Arbeit fast unausweichlich auftauchen mußten.

Tania Blixen fand, ich sollte Urlaub nehmen und verreisen, sie wollte mir das Reisegeld leihen. Ich hatte gar nicht vor, mich auf Reisen zu begeben, ohne selbst das dafür nötige Geld zu haben, aber sie bestand darauf. Der Grund war: Die Arbeit an der Erzählung *Ehrengard** bereitete Schwierigkeiten. Es war mir offenbar nicht gelungen, zu verbergen, daß mir an der Geschichte irgend etwas nicht gefiel – obwohl die Idee als solche gut war: eine spaßige Version des Tagebuchs eines Verführers, bei der nicht das Mädchen unglücklich gemacht wird, wie die Cordelia bei Kierkegaard, sondern der Verführer beschämt zurückbleibt.

Zum ersten und letzten Mal in meinem Leben begab ich mich auf eine »Gruppenreise«. Sie führte unter anderem nach Pisa und auf die Straßen um Pisa*, in die südostfranzösischen Berge und nach Paris. Ein Brief von zu Hause, der mich in der Mitte der Reise erreichte, war freundlich und ohne Groll:

Rungstedlund, 8. 5. 1952.

Liebe kleine Clara,

wir denken viel an Dich und hoffen, daß Deine Reise schön ist. Dank für die Karte aus Basel und die Karte an Nils. – Schade, daß Dein Pastor S. nicht dabei ist, mit ihm wäre die Tour für Dich sicher inhaltsreicher geworden, aber ich hoffe, daß es auch andere gute Menschen in der Groupe Joergensen gibt.

Wir haben ein paarmal unter Deinem Fenster gebellt, als aber keine Antwort kam, taten wir so, als beschäftigten wir uns mit einem Maurer auf der Leiter. Wir versuchen, uns jetzt ein wenig über die Leere, die Du hinterlassen hast, hinwegzutrösten, indem wir jeden Morgen Muggi bei Frau Wanscher* abholen und mit ihm auf unserem Rasen spielen, er bewundert uns sehr. Im Augenblick herrscht hier ein schwer erträgliches Durcheinander, und wir sind ziemlich desorientiert. Die Eckverbindung ist gesperrt, so daß man genaugenommen weder rein noch raus kann, heute war es besonders schwierig, weil Frau Carlsen frei hatte und wir ihre Tür nicht aufschließen konnten, da mußten wir erst hinauf, dann wieder hinunter und über den Boden, um von der grünen Stube – wohin wir uns noch immer zurückziehen, um möglichst unerreichbar zu sein – ins Wohnzimmer zu kommen. Dieser Belagerungszustand soll noch vier Tage lang andauern. Morgen kommt Frau Dahl*, leider auch Claudi.

Das Wetter war einfach himmlisch, das erste Frühlingsgrün der Bäume und Büsche so wunderbar, wie wir es noch nie erlebt haben. Wir haben herrliche Spaziergänge durch den Wald unternommen.

Gestern sind hier 21 Fliegeroffiziere erschienen mit einem Literaturhistoriker*, der ihnen etwas über Ewald erzählen sollte. Sie waren jedenfalls eine Nummer besser als Kreners Jungen.* Erst wurden ihnen Sherry und Käsestangen gereicht, und dann sind sie nach oben auf die Koppel gegangen, Nils hat ein Fliegerabzeichen bekommen, und sie haben versprochen, am Sonnabend mit einem Helikopter wiederzukommen und eine Tüte Pfefferminzbruch abzuwerfen, zwischen vier und fünf, das wird ja sehr spannend werden. Nach dem Mittagessen – sehr formvollendet und mit Erdbeeren zum Dessert – sind Nils und ich durch den Wald nach Folehave gefahren, wo Anne und Erik so lieb zu Nils waren und ihm eine Treckerfahrt spendierten – so daß der Tag für ihn wirklich herrlich war.

Der norwegische Journalist kam am Sonntag um vier Uhr und blieb bis sieben, es war anstrengend, aber sonst war er nett.

Durch all die Handwerker und die anderen Störungen bleibt mir nicht soviel Zeit zum Arbeiten, wie ich es gern hätte. Trotzdem macht mir *Ehrengard* in mancher Hinsicht Spaß.

Wir werden Dich schon nicht vergessen, wenn wir Dir auch wünschen, daß Du uns im Augenblick völlig vergessen und Deine winzig kleine papistische Seele mit neuen Eindrücken von ungeahnter Schönheit füllen kannst. Wir selbst finden, daß es herrlich ist, am Leben zu sein. Jedenfalls um diese Jahreszeit.

Alle lassen vielmals grüßen und schicken die allerbesten Wünsche.   M & P.

Was »M« hier bedeutet, weiß ich nicht mehr, vielleicht habe ich selbst eine Karte nach Hause geschickt, auf der ich etwas von »Memsahib« geschrieben habe. Das mit der »winzigkleinen« Seele bezieht sich auf ein Kinderlied von einem »winzigkleinen isländischen Pferd«, in dem alles winzigklein war und nach dem wir natürlich unweigerlich ein langes Lied über einen »winzigkleinen Schäferhund« gedichtet hatten. Darin kam auch etwas über Pasops Lauftouren zur Messe in Hørsholm, Nivå oder Høsterkøb vor und deren wohltuende Wirkung auf seine »winzigkleine Hundeseele«.

Einige Wochen nach meiner Rückkehr ereignete sich wieder einmal einer jener ökonomischen Erdrutsche, von denen mein Dasein ständig bedroht war: Mein Gehalt sollte ja einem Bibliothekarsgehalt entsprechen – daran hatte ich genaugenommen nie richtig geglaubt –, nun wurde es plötzlich von einem Tag auf den anderen stark gekürzt. Daraufhin war ich gezwungen, zu erklären, ich sei außerstande, den Rest des geliehenen Reisegeldes zurückzuzahlen – und damit basta. In dem Punkte war ich von Jugend an abgehärtet: In meinem Elternhaus war immer weit sparsamer als nötig mit dem Geld umgegangen worden; bei Tania Blixen war Geldmangel manchmal echt, manchmal eingebildet, ein Nachklang der Katastrophe in Afrika. Freunden gegenüber soll sie geäußert haben, Liebeskummer sei schlimmer als Nahrungssorgen; zu mir hat sie jedenfalls einmal das Gegenteil gesagt, Nahrungssorgen seien das Schlimmste, weil sie das Dasein verunstalteten und verkrüppelten – nicht wörtlich hat sie das so gesagt, aber sinngemäß.

Den Sommer über: viel Besuch von Verwandten und Freunden, aber Tania Blixen war auch recht viel krank und zog sich bei einem Sturz von der langen Treppe im Eckflur schwere Verletzungen zu.

Ein englischsprechender Gast meldete sich unter dem Namen »Billy«. Er war Tania Blixen das erste Mal begegnet, als er sechs Jahre alt war. Mit seinen Eltern machte er während des Ersten Weltkrieges eine Reise von Europa nach Afrika. Damals mußte man wegen der Sperrung des Suez-Kanals den langen Weg südlich um das Kap nehmen, um nach Mombasa zu gelangen. Sie hatte an Bord mit ihm so gespielt, wie sie jetzt mit Nils spielte.

Die beiden hatten ein spannendes, gefährliches Dasein geführt, denn seine Eltern fuhren in der zweiten Klasse, die Baronesse aber in der ersten, und er durfte strenggenommen die erste Klasse nicht betreten. Sie trafen sich heimlich im Schutze der Schornsteine, warfen Angelschnüre aus und unternahmen lauter Dinge, die eigentlich nicht erlaubt waren. Er hatte sie nie vergessen, und als er nun mit Frau und Kindern in Dänemark war, mußte er sie wiedersehen. Die neue Tätigkeit, der sie sich nach ihrer Rückkehr aus Afrika gewidmet hatte – die Schriftstellerei –, machte es ihm leicht, sie zu finden.

Im September zogen Wolken auf über meinem Verhältnis zu Rungstedlund und Tania Blixen. Jetzt sollte ich plötzlich für einige Monate Urlaub nehmen und Rungstedlund verlassen.

Es ist merkwürdig, wie unendlich fern der Hintergrund dieser Angelegenheit jetzt erscheint.

Es gab, und das schon seit längerem, in der Freundschaft zwischen Tania Blixen und Thorkild Bjørnvig irgendwelche Mißhelligkeiten. Ich hatte den Eindruck, der üble Sturz von der langen steilen Treppe sei die Folge einer Schwächung ihres Allgemeinzustandes durch ständigen Kummer. Daß Thorkild Bjørnvig nach Bonn fuhr und nicht den Sommer über auf Rungstedlund blieb, war eine große Enttäuschung. Tania Blixen hat eines Tages zu mir gesagt: »Clara, ich bin so unglücklich.« Vermutlich habe ich nur gefragt, weshalb, aber im übrigen bin ich wohl der am wenigsten neugierige Mensch der Welt, und als Tania Blixen nicht auf die Frage einging, fragte ich auch nicht weiter. Im Laufe der Jahre hat Tania Blixen sehr häufig mit mir über andere Menschen ungewöhnlich offen und vertraulich gesprochen, meist ist es zum einen Ohr hinein- und zum anderen wieder hinausgegangen.

Inzwischen war der Zeitpunkt gekommen, wo mir etwas von Thorkild und seinen Freunden und deren Problemen erzählt wurde. Ich habe die Details fast vergessen. Was die darauffolgende Krise zwischen Tania Blixen und mir betrifft, erinnere ich mich weit besser an die allegorische Parallele, die ich damals im Geiste heranzog. Wenn dir jemand sagt: Soundso ist zum Hafen hinuntergegangen und will sich ertränken, du mußt mir aber versprechen, das keinem Menschen zu sagen, und du sagst es auch zu niemandem, mit Ausnahme des Betreffenden selbst, zu dem du hinunterläufst und ihm zuredest, an Land zu bleiben – hast du dann einen Vertrauensbruch begangen oder nicht? Bist du ein Retter oder ein Judas oder beides zugleich? Das ist eine infame Situation. Und wenn du um dieser Sache willen ziemlich viel leiden mußt und etwas später am Hafen spazierengehst und den Eindruck gewinnst, daß das Wasser überhaupt nur anderthalb Meter tief ist – kommst du dir da nicht ein bißchen lächerlich vor?

Jedenfalls war Tania Blixen wohl der Ansicht, ich hätte einen Vertrauensbruch begangen, indem ich verraten hatte, worüber sie selber besser geschwiegen hätte. Sie äußerte immerhin den Wunsch, ich sollte nur für eine kurze Zeit verschwinden. Von dem Augenblick an bekam ich einen Widerwillen gegen jede Art von Hilfsaktionen. Einige Zeit danach fuhr ich in einem Kaufhaus mit dem Aufzug und hörte, wie eine Dame sagte: »Zum Zweiten!« Das Mädchen, das den Lift bediente, hatte das nicht gehört, fragte deshalb sogar noch: »Jemand zum Zweiten?« – keine Reaktion. Ich sagte zu mir selbst: »Meinetwegen können die ganz nach oben in den Himmel oder nach unten in die Hölle fahren. Ich mische mich nirgends ein.« Wir fuhren in den vierten Stock, und das erwartete Gezänk ging los, während ich mich leichten Schrittes entfernte.

Wenn ich schon einige Monate fort sein sollte, fand ich, wäre es sinnvoll, nach London zu gehen, wo ich seit 1938 nicht mehr gewesen war. Ich wollte gerne meine praktischen Kenntnisse im Englischen aufpolieren. Tania Blixen war jedoch keineswegs bereit, finanziell etwas zu einer solchen Reise beizutragen, ich sollte einfach ein paar Monate Urlaub haben, ohne meinen festen Lohn, aber mit der schönen Aufgabe, *Die unsterbliche Geschichte* ins Dänische zu übersetzen. Freunde verschafften mir ein Zimmer, das aber leider nur schlecht für häusliche Arbeiten geeignet war. Andere Freunde besorgten mir einen kleinen zusätzlichen Job: Dänisch zu unterrichten in dem Kindergärtnerinnen-seminar des »Nordischen Montessori-Kurses«. Das habe ich dann später mehrere Jahre fortgesetzt.

Es handelte sich nicht um eine totale Verbannung von Rung-stedlund, ich war dort mehrere Male zu Besuch und auch genö-tigt, einige Wochenenden in »Newstead Abbey« zu verbringen, um mit meiner Übersetzung voranzukommen. Schon vor mei-nem Wiedereinzug muß das Vertrauen wohl wiederhergestellt worden sein, denn in einem Begleitbrief zu einem Leitartikel über Tierversuche für die Tageszeitung »Politiken« heißt es: »...Du hast freie Hand, den Artikel zu verbessern. Dies ist ein großes Vertrauensvotum...«

Am 29. November steht in meinem Kalender: »Wiedereiu-zug.«

Zu dem Zeitpunkt hatte Tania Blixen jene Novelle zu schrei-ben begonnen, die dann später *Der Mantel** hieß.

Was sich hinter dieser Geschichte verbarg, habe ich nie ge-fragt. Aber mir war klar, daß die Autorin eine große Enttäu-schung durchlitten haben mußte.

Während meines eigentümlichen Exils in Kopenhagen im Okto-ber und November gelang es mir endlich, meinen Vater dazu zu überreden, daß er mir das kleine strohgedeckte Haus in Dragør überließ, in dem er seine Kindheit verbracht hatte. Ich wollte auf keinen Fall noch einmal in die Situation geraten, keine Bleibe zu haben. Es war ein lange gehegter Wunsch von mir, dieses alte Dragører Haus zu erwerben. Ich liebte es und fand, es sei ein hübscher Gedanke, es nun als fünfte Generation unserer Familie zu bewohnen. Mein Vater hatte mir abgeraten, und später erfuhr ich auch die Nachteile einer so eng ineinander verschachtelten Bebauung, aber ich blieb bei meiner Bitte.

Ich hatte im Laufe der Jahre einiges über gewisse irrationale Reaktionen bei Tania Blixen begriffen, über eine Art Angst, durch menschliche Beziehungen gebunden zu werden. Während es mir nie eingefallen wäre, vorsätzlich Briefe oder andere Pa-piere zu lesen, die sie mir nicht selbst überließ, geriet ich ganz zufällig an einen Brief, der in einer Schublade, aus der ich etwas holen mußte, obenauf lag, und ich konnte nicht umhin, Bruchstücke daraus zu lesen. Thomas Dinesen schrieb darin über ein Problem, das Tanne* offensichtlich mit ihm erörtert hatte: »Clara Svendsens ständige, unerwünschte Gegenwart« oder ähnliches, und: »Kann sie sich denn nicht oben in ihrer wunderschönen Wohnung aufhalten?« Ich war baß erstaunt, denn ich liebte meine »Newstead Abbey« und hatte so viele unerledigte Dinge liegen, für die ich nur zu gern dort oben Zeit gehabt hätte, aber es war ungeheuer schwierig, sich überhaupt nach oben zurückzuziehen und etwas Freizeit einzuplanen.

Eine kleine Episode im Zusammenhang mit diesem Problem hat ulkigerweise in einer der Erzählungen ihre Spuren hinterlassen. Eines Tages hatte ich meine Arbeit so eingerichtet, daß ich mitten am Tage zwei Stunden für mich hätte haben können. Da trafen die Baronesse und ich einander in der Gartentür, und sie bat mich, etwas für sie zu erledigen – ich sollte, glaube ich, eine Zeitschrift am Bahnhofskiosk für sie holen –; bei anderen ähnlichen Gelegenheiten hieß es immer: »Könntest du nicht mit Pasop spazierengehen?« Ich muß gestehen, daß ich in diesem bestimmten Fall die Geduld verlor und in geplagtem Tonfall irgend etwas äußerte wie: »Der ganze Tag wird zu Kleinholz zerhackt.« Das muß doch einen gewissen Eindruck auf Tania Blixen gemacht haben, denn in *Nächtliches Gespräch in Kopenhagen** läßt sie den König zu dem Dichter über die Hofleute und die Beamten des Staatsrates sagen: »Sie ... zerhacken eines Königs Sinn und Leben zu Kleinholz.« In Wirklichkeit war es ja so, daß wir wenigen Menschen auf Rungstedlund das ganze zahlreiche Personal auf der Farm ersetzen mußten, von Farah bis hinab zum kleinsten »Hunde-Toto«. Tania Blixen hat mir einmal selbst erzählt, daß sie nach ihrer Rückkehr aus Afrika Schwierigkeiten gehabt habe, sich daran zu gewöhnen, selbst die Türen hinter sich zuzumachen. Das hatte immer irgendwer für sie erledigt. Ihre Mutter deutete dieses Problem an, wenn sie von »diesen afrikanischen Manieren« sprach.

Wenn ich nun das Haus in Dragør erwerben wollte, dann unter anderem, weil ich meinte, es sei besser für Tania Blixen und für mich, eindeutig klarzustellen, daß ich auf Rungstedlund zur Stelle wäre, solange ich dort gebraucht würde, mich aber ansonsten in meine eigenen vier Wände zurückziehen wollte. Ich ahnte schon, daß, wenn ich das Haus erst hätte, ich dort nicht sonderlich oft sein würde, und behielt mit dieser Vermutung recht.

Tania Blixen hatte auch ein paarmal während des oben beschriebenen »shauris« die Wendung »in meinem eigenen Haus...« gebraucht. Die Auseinandersetzungen gingen um ethische Probleme, zu denen ich eine andere Anschauung vertrat als sie, und mit solch einer Haltung konfrontiert zu werden, erweckte in ihr wahrscheinlich alte Qualen zu neuem Leben. Sie neckte mich gelegentlich in aller Gutmütigkeit, indem sie mich mit der streng moralischen Lady Annabella Byron verglich. – Schon in einem Brief aus Paris, der an meine Adresse im Kloster bei den Lioba-Schwestern gerichtet war, folgt nach mehreren Seiten Instruktionen, was alles auf Rungstedlund erledigt werden mußte, die Bemerkung. »Daß Du selbst schreiben wirst, darauf verlasse ich mich: – Du bist allmählich zur Hälfte Clara, zur Hälfte Farah geworden – oder vielleicht im Verhältnis zu mir: Lady Byron + Farah = Clara.« – Wenn aber die Stimmung sehr weit unten war, konnte sie auch sagen: »Du bist ebenso schlimm wie Moster Bess.« Ich hatte Verständnis für solche Gefühle. Aber eben deshalb fand ich, müßte ich ein eigenes Haus und ein Telefon haben, um von dort aus meine Meinung kundtun zu können, wenn ich mich ganz und gar nicht ihrer Ansicht beugen konnte – auch wenn das Haus nicht viel größer als eine Telefonzelle sein würde. De facto habe ich niemals von dort wegen irgendwelcher Divergenzen anrufen müssen.

Das Fischerhaus wurde mir übertragen, mein Bruder war anfangs Miteigentümer. Mein Vater half mir mit einer Schenkung und einem Darlehen. Das war erstaunlich, denn die harten Bedingungen, unter denen mein Vater hatte aufwachsen müssen, hatten ihn sagenhaft knauserig werden lassen. Als junger Mann konnte er es fertigbringen, seine Geschwister um eine Øre für eine Drei-Øre-Briefmarke zu bitten, »weil ich sonst ein Zehn-Øre-Stück anbrechen muß.« Er hatte große Ähnlichkeit mit Tania Blixens Onkel Sophus* auf Kragerup, der die jungen Leute der

Familie fragte, ob jemand von ihnen ein Streichholz hätte, und wenn sie dann so taten, als ob sie keines hätten, dann sagte er: »Ja, dann muß ich wohl eins von meinen eigenen nehmen.«

Das Haus in Dragør erwies sich in der ferneren Zukunft als eine gute Investition. Als es soweit war, daß ich wirklich dort wohnen mußte, hätte ich es nicht kaufen können. Aber zunächst einmal hatte es eine sehr wohltuende psychologische Wirkung, es sorgte für Entspannung.

1953

Zu Beginn des Jahres 1953 ging die Arbeit gut voran. 1952 war *Die dritte Erzählung des Kardinals* als eigenständiges Buch erschienen, in einer bibliophilen Ausgabe mit Illustrationen von Erik Clemmesen, der auch das schöne grafische Werk *Rungstedlund. En Have* geschaffen hatte. Im gleichen Jahr wurde *Babettes Fest* als eines der allerbilligsten Bücher des Jahres herausgegeben. Jørgen Claudi hatte die Erzählung für den Hörfunk aus dem Englischen übersetzt. Sie war dort von Bodil Ipsen* gelesen worden. Jetzt wollte der Verlag Fremad sie zum Start seines Billigprogramms »Fremads Volksbibliothek« haben. Ein gebundenes Exemplar der *Babette* sollte jeder neu geworbene Abonnent als Geschenk erhalten. Für diese gebundene Auflage wollte Tania Blixen kein Honorar haben. Die Idee des Unternehmens gefiel ihr. Das kleine Buch sollte daneben auch uneingebunden verkauft werden können, und sie verlangte, daß der Preis dabei so niedrig wie irgend möglich gehalten würde. Es kostete schließlich anderthalb Kronen. Vergeblich hatte man ihr vorgehalten, die Leute bezahlten ebenso gerne zweieinhalb wie anderthalb Kronen. Sie wollte gerade, daß es eine ganz preiswerte Kleinigkeit würde, die man zum Beispiel anstelle einer Glückwunschkarte verschicken könnte.

Ausgerechnet in dem Jahr, in dem Tania Blixen Autorin eines der teuren und eines der allerbilligsten Bücher des Marktes war, verliehen die dänischen Buchhändler ihr den »goldenen Lorbeer«.

Wie gesagt, die Arbeit machte gute Fortschritte. Aber jetzt war wieder nicht genug Geld da, um mich als Ganztagskraft zu beschäftigen, wie es vereinbart worden war, als ich mit der Bibliotheksarbeit aufgehört hatte.

Ich habe einige Tagebuchblätter aus jener Zeit gefunden, die auf den ersten Blick merkwürdig aussehen, sie enthalten peinlich genaue Angaben über Zeit und Art der Beschäftigung, in drei verschiedenen Farben notiert. Die umfassenden Reparaturarbeiten, die 1952 ausgeführt wurden, während ich mich auf einer mehr oder weniger unfreiwilligen Reise befand, und die in dem damaligen Brief an mich erwähnt werden, müssen sehr teuer gewesen sein und so zu der kritischen finanziellen Situation beigetragen haben. Dieses Mal gelang es Tania Blixen, mir einen Übersetzungsauftrag für den Verlag Gyldendal zu verschaffen. Und nun führte ich also genau Buch, welche Zeiten des Tages ich für wen arbeitete. In Wirklichkeit war das ein unmöglicher Zustand. Wenn ich glaubte, endlich etwas zusammenhängende Zeit für meine Übersetzung oben in der »Newstead Abbey« ergattert zu haben, bestand immer die Gefahr, daß ich im Laufe von ein paar Stunden mehrmals ans Telefon im anderen Flügel des Hauses gerufen wurde.

An einem Tag steht dort: »Unergiebiger Tag. Aber die Baronesse beendet *Von verborgenen Gedanken und vom Himmel.*«*

Das zeigt wieder einmal, daß Tania Blixen zwischendurch noch immer selbst schrieb, auch wenn sie mir sonst diktierte. Das betraf vor allem die ersten Entwürfe. Im übrigen arbeitete sie oft nach einem System, das sie »Burenpflügen« nannte. Die Buren in Südafrika hatten neues Land urbar gemacht, indem sie das erste Jahr ein bestimmtes Stück pflügten, das nächste Jahr pflügten sie das gleiche Stück noch einmal und arbeiteten sich dann weiter vor, das dritte Jahr fingen sie wieder vorne an und so weiter. Nach fünf Jahren war das eine Stück dann fünfmal gepflügt, das nächste viermal und so weiter. Ich habe sie oft sagen hören: »Heute müssen wir« das und das »burenpflügen«.

Die Szene in *Von verborgenen Gedanken*, wo »der gute Räuber« am Tor zum Paradies ankommt und Christus noch nicht eingetroffen ist, entstand während eines unserer Gespräche am Kamin. Karen Blixen fürchtete, ich könnte angesichts dieser Passage verärgert sein. Dazu bestand aber kein Grund. Ich halte sie für eine hübsche kleine Legende. Ich weiß sogar, daß ein Mensch in großen seelischen und praktischen Schwierigkeiten einmal durch diese Szene getröstet worden ist, in der der Räuber, »die traurige Gestalt, der man die Beine gebrochen hatte und die darum zu einem Häuflein Elend zusammengesunken war«, als er hört, daß Christus unten in der Hölle sei, sagt, er habe sich schon gedacht, daß da ein Mißverständnis vorliegen müsse, dort unten sollte er sich wohl mit ihm treffen, das wolle er auch gerne, »denn ich wünsche mir nichts mehr, als da zu sein, wo Er ist«.

Wenige Tage zuvor habe ich notiert: »Heute morgen sagte die Baronesse zu mir, der Gedankengang des Christentums sei ihr vollkommen unbegreiflich, und ich solle mich freuen, daß sie so entgegenkommend sei, mit mir über ihn zu reden…«

Das war ich auch in der Tat, und diese Gespräche waren spannend, denn es war nie vorauszusehen, was dabei herauskam. In mein Exemplar der *Dritten Erzählung des Kardinals* hat Tania Blixen in dem Gruß, den sie mir vorne hineingeschrieben hat, das Zitat von Thomas von Aquin verwendet, das später in die *Erste Erzählung des Kardinals** einging: »Gratia supponit et perficit naturam.« – »Die Gnade setzt die Natur voraus und vervollkommnet sie.« Das war ein Zitat, das damals häufig in den Debatten im »Academicum Catholicum« verwendet wurde, an denen ich, sobald es die Zeit erlaubte, teilnahm. »Die Welt ist nicht moralisch, sondern mystisch«, war ein Satz, den ich von Pastor Hubert Messerschmidts Vorträgen mit nach Hause brachte. Er kehrte in *Babettes Fest* wieder.

Die einzigen Fälle, in denen solche Themen eine Wendung erfahren haben, über die man sich möglicherweise ärgern könnte, stammen aus der Zeit »vor meiner Zeit«. Ich erinnere mich nur an eine einzige Stelle in den *Sieben phantastischen Geschichten*. Auch ihre beiden Cousinen Karen und Thyra Ræder* hatten geäußert, die *Sieben phantastischen Geschichten* seien pervers und blasphemisch. Als Tania Blixen daraufhin ihnen gegenüber behauptete, sie seien provinziell, waren sie tief gekränkt. Gelegentlich hat Tania Blixen sich in einer Art und Weise ausgedrückt, die leichtfertig klingen mag, in Wirklichkeit aber bei näherem Nachdenken stichhält. Mary Bess Westenholz zum Beispiel hatte einmal gesagt: »Die Welt ist nicht vollkommen, ehe ich nicht vollkommen gut bin.« Tanne antwortete darauf: »Die Welt ist auch nicht vollkommen, ehe ich nicht vollkommen schön bin.« Das stimmte ja.

Mittlerweile muß wieder eine Periode begonnen haben, in der die Arbeit nur schleppend vorankam und irgend etwas unter der Oberfläche lauerte. Eines Tages habe ich in mein Tagebuch geschrieben: »Am Abend: etwas Korrespondenz – und dann sagte – mittendrin, daß... so... Was sollen wir denn tun?« Die diskreten Pünktchen können nichts anderes bedeuten als »daß sie so unglücklich sei«. Der Hintergrund muß die Tatsache gewesen sein, daß das Freundschaftsverhältnis zwischen Tania Blixen und Thorkild Bjørnvig in seinen letzten, schmerzhaften Zügen lag.

Aber für einen kleinen Herzenskummer eines Kindes hatte sie Zeit und Mitgefühl. Am 20. Februar war ich in der Stadt zum Unterricht im Montessori-Seminar. »Traurige Stimmung, als ich nach Hause kam: Pussy schwer verletzt – niemand weiß, wobei – sie mußte eingeschläfert werden. Nils hat einen hübschen Brief an Brandt* geschrieben über die traurigen Geschehnisse.« Ja, für Nils, damals sieben Jahre alt, war es ganz schrecklich, »adieu Pussy« zu der gestreiften Katze sagen zu müssen, weil sie in einen Eimer gesteckt und chloroformiert werden mußte. Pussy war, wie Pasop, »immer« dagewesen. Ich beschäftigte mich damals etwas mit Maria Montessoris Gedanken und hatte in einem Buch von ihr oder über sie gelesen, wie wünschenswert es sei, daß sowohl die Trauer als auch die Freude ihre Rituale, ihre eigene Form hätten, unter anderem aus mentalhygienischen Gründen. Für Nils, meinte ich, könne es nicht gut sein, wenn gleich nach dem traurigen Abschied gesagt würde: »So, nun ist das Ganze vergessen.« In diesem Punkt war Tania Blixen mit mir einig, und sie blieb bei Nils, während er unter großen Anstrengungen einen kleinen Bericht über das Geschehene zu Papier brachte, wobei er sich sicher gut »abreagierte«, wie man so sagt. Jørgen Gustava Brandt wurde als Empfänger des Briefes ausersehen, weil er Katzen so gerne mochte.

Es vergingen dann auch mehr als zwei Monate, ehe am 25. April notiert ist: »Tumbo angekommen«, ein neues kleines, kohlrabenschwarzes Kätzchen. Auch Tumbo und Pasop vertru-

Clara Selborn, Caroline Carlsen mit Tumbo, Nils Carlsen,
Else Hou und Alfred Petersen (ca. 1952).

gen sich gut, und Tumbo folgte Pasop und uns Menschen auf
unseren Spaziergängen rund ums Wäldchen.

Später habe ich mir gewünscht, ich hätte weit mehr und
detailliertere Aufzeichnungen gemacht über die Arbeit an Tania
Blixens Erzählungen. Das hätte bei den vielen Anfragen danach,
wann etwas niedergeschrieben wurde, von Nutzen sein können.
Aber meist blieb dem Zufall überlassen, was ich notierte. Der
Gedanke, daß ich wahrscheinlich Tania Blixen überleben
würde, beschäftigte mich damals überhaupt nicht. Ich hatte
einige praktische Vorkehrungen getroffen, die zusätzliche Bibliothekarinnenausbildung absolviert und mir das kleine Haus
in Dragør gesichert. Aber sonst verdrängte ich den Gedanken,
weil ich den Tod haßte. In wachen Nachtstunden oben in »Newstead Abbey« überfiel mich die Angst, wenn ich mir vorstellte,
wie drüben am Giebel zum Meer der Tod jede Sekunde näher auf

Tania Blixen zuschritt und in der Stadt am Strandboulevard auf meinen Vater – und natürlich auch auf meine »zweite Mutter« (»Stiefmutter« war und ist ein trauriges, belastetes Wort). Ich spürte nur, daß mein Vater am meisten gefährdet war, und dieses Gefühl hat mich nicht getrogen. Aber tagsüber lebte ich ganz im Jetzt.

Unter vielen verschiedenen notierten Aktivitäten – Filmaufnahmen, ausländische Gäste betreuen, Verwandtenbesuch, Radioaufnahmen, Verlagskorrespondenz – finde ich im Kalender einzelne interessante Notizen, zum Beispiel am 23. Mai: »Lektor Henriksen* hier.« Das war sicher sein erster Besuch, zumal ich noch seinen Titel erwähne; gegen Ende des Jahres steht da: »Aage Henriksen.«

20. September: »Theologische Abendeinladung«, und zwei Tage später: »Pastor Schindler abgereist.« Besagte Abendeinladung war die zweite dieser Art Gesellschaften, die Tania Blixen arrangierte, um ihrem Bruder Thomas Dinesen Gelegenheit zur religiösen Diskussion mit Menschen verschiedener Anschauungen zu geben. Unter den Teilnehmern der ersten Zusammenkunft waren Pater Roos, Pastor Johannes Søbye, der Heimvolkshochschulleiter Johannes Rosendahl* und, wie mir scheint, auch Aage Henriksen, Ole Sarvig* und Tido Wedell. Es waren im ganzen zehn Leute, der größte Kreis einer Einladung zum Abendessen, den ich auf Rungstedlund erlebt habe, denn Tania Blixen zog im allgemeinen kleine Gesellschaften vor. Es war, wie ich mich erinnere, schwierig, »einen ganz gewöhnlichen Christen« herbeizuschaffen. Wie Tania Blixen sagte: »Ich ging von Haus zu Haus und fragte: Gibt es hier einen Christen? Kennen Sie einen Christen?« An jenem Abend taten alle ihr Bestes, aber es kam kein richtiges Gespräch zustande. Das zweite Mal verlief noch schlechter. Außer Thomas und Jonna Dinesen waren Peter Schindler, Ole Wivel und der Leiter der Heimvolkshochschule Askov, Knud Hansen, eingeladen. Peter Schindler scheute keine Anstrengung, wenn er im Ernstfall als Pastor gefordert wurde, eignete sich jedoch nicht zum Diskutieren. Er konnte arrogant sein, und das war er an dem Abend wirklich. Aber Tania Blixen hielt den Kontakt zu ihm aufrecht und besuchte ihn, als sie einige Jahre darauf mit mir als Begleiterin nach Rom reiste. Bei dem ersten Besuch in Rom mit Knud W. Jensen und seiner Frau hatte Peter Schindler sich auf dem Petersplatz von den Reisenden verabschiedet, und Tania Blixen sagte zu mir, es sei ihr, als er über den Platz ging, so vorgekommen, als sähe er sehr einsam aus. Sie waren beide, jeder auf seine Art, einsam, aber der Hang zur Bitterkeit, den das Leben Peter Schindler eingeprägt hatte, war Tania Blixens Naturell fremd.

Thomas Dinesen wurde auch an einem Abend zusammen mit dem gelehrten Pastor Ib Andersen eingeladen, aber auch dabei kam nichts heraus.

In dem bißchen Tagebuch, das ich eine kurze Zeitlang im Jahre 1953 geführt habe, steht einmal: »Rabenschwarzer Abschluß des Tages: Baronesse grauenvoll deprimiert.« Am nächsten Tag, einem Sonntag, steht da: »Nachmittag: Baronesse hat den Schal für Frau Dahl fertiggestrickt. Danach sind wir nach oben gegangen, um das Entenhaus zu inspizieren. Baronesse macht Spaziergang mit Rommy.« Oft haben kleine praktische Betätigungen Tania Blixen von ihren Depressionen befreit. »Wenn man ein Stück Beet im Garten gejätet hat, kann man doch wenigstens sehen, daß man etwas getan hat«, pflegte sie zu sagen. Und: »Wenn alles ganz unmöglich und verkehrt erscheint, ist es so schön, wenn einer zum Beispiel sagt: ›Laß uns doch rausgehen und ein paar Pfannkuchen backen.‹« Sie konnte sehr gut nähen und stricken und benutzte diese Tätigkeiten oft als eine Art Therapie, auch wenn sie diesen Ausdruck nie verwendete.

»... nach oben gegangen, um das Entenhaus zu inspizieren« bedeutet wahrscheinlich, daß das Entenhaus damals zu einem Spielhaus für Nils und seine Freunde umgebaut wurde. Sie waren damals noch so klein, daß das winzige Entenhaus in zwei Etagen unterteilt werden konnte. Ich sehe noch einen Indianer auf Ausguck nach dem Feind im oberen Stockwerk liegen.

Zu jener Zeit schien es wirklich so, als sammele sich Material für ein größeres, neues Buch an, in erster Linie in Form der Albondocani-Erzählungen. Die Zusammenarbeit mit dem Hörfunk machte Tania Blixen viel Freude, und einige der auf diese Weise entstandenen Dinge erschienen allmählich auch im Druck. Nach der hoffnungslosen Zeitspanne, in der man an nichts anderes denken konnte als daran, wie man die Not mittels kurzfristiger Arbeiten von der Schwelle fernhalten könne, schien endlich tieferes Wasser unter den Kiel und Wind in die Segel zu kommen. Auch das große ethische Problem, mit dem Karen Blixen begonnen hatte, sich zu beschäftigen, die Tierversuche, weckte ihre Kräfte aufs neue – oder verlieh ihr neue Kräfte.

Dann stürzte alles wieder in sich zusammen.

Die Zeitungen streuten Gerüchte, es werde in naher Zukunft ein neuer Roman von Tania Blixen erscheinen, der unter einem neuen Pseudonym geschrieben sei. Wie sich herausstellte, hatte ein anderer Schriftsteller* einen Roman geschrieben, der mit Hilfe solcher Vorausreklame und durch Imitation ihres Stiles den Verkaufserfolg eines Buches von Tania Blixen erreichen sollte.

Von außen betrachtet, fing es an, ihr gutzugehen.

1954

Die ganze erste Hälfte des Jahres 1954 habe ich fast nichts über Tania Blixens Arbeit notiert, nur daß ich selber eine neue Übersetzung begonnen habe und noch immer die Stunden am Montessori-Seminar gab. Tania Blixen äußerte mir gegenüber, es sei ihr fast unmöglich geworden, zu arbeiten. »Wenn ich anfange, an der *Ersten Erzählung des Kardinals* zu schreiben, dann sehe ich eine Karikatur vor mir. Wenn ich bei einer Einladung zur Tür hereintrete und treffe auf eine Person, die genauso angezogen und maskiert ist wie ich, wie kann ich dann dort bleiben?«

In diesen für die Arbeit verlorenen Monaten schien es, als ob das *Albondocani*-Projekt, das zunächst so gut in Gang gekommen war mit der *Dritten Erzählung des Kardinals* und dem *Mantel*, der *Nächtlichen Wanderung** und *Von verborgenen Gedanken und vom Himmel* – alle diese Erzählungen mit persönlichen Erfahrungen teuer erkauft –, nun einzugehen drohte, weil ihm irgendeine tödliche Substanz an die Wurzeln gegossen worden war. Trotz der Fülle an Ideen für dieses Projekt, trieb es nach der *Ersten Erzählung des Kardinals* nur zwei ganz kleine neue Triebe. Als es mit *Wiedersehen** – sieben, acht Jahre später – wieder zu sprießen begann, war es zu spät.

Aber das tägliche Leben ging seinen Gang. Es kamen besonders viele Besucher, Familie, Freunde und fachlich Interessierte. »Kriegsrat übers Tonnenschlagen«* für die Kinder zu Fastnacht, Alfred Petersens Jubiläum, zu dem auf Veranlassung von Tania Blixen ein Film über Rungstedlund und ein paar andere Kurzfilme im Rungsteder Kino für den Jubilar und alle seine Gäste vorgeführt wurden.

Ein kurzer Besuch in Stockholm im März munterte Tania Blixen wieder auf.

Liebe Freunde auf 2 & 4 [Beinen]* auf Rungstedlund,
ich habe gestern geschrieben, den Brief aber hier auf dem
Zimmer vergessen, deshalb fange ich noch einmal von
vorne an. –
Die Fahrt hierher ging gut, und ich bin also im Grand H.
untergebracht. Das Ungemütliche war nur, daß hier Win-
terwetter herrscht mit Schnee auf den Straßen und von
oben, und keine Sonne. – Ich fand mein Zimmer voller
herrlicher Blumen, und Erik Wettergren* und Emil Zilliacus* kamen herauf und begrüßten mich. – Dann war ich
gestern zu einem Gala-Abend in der Oper, sehr festlich und
mit einer wunderschönen ganz jungen Tänzerin in *Schwa-
nensee*, und hinterher zu einem feinen Souper im Opernkel-
ler mit Wettergren und einer Gesellschaft von teils alten
Bekannten, und das war amüsant – aber ich kam nicht vor
zwei Uhr ins Bett! – Ob ich wohl die fortgesetzten Anstrengungen durchhalten werde, vorläufig geht es noch. Heute
war ich zum Lunch mit Ella Taube* im »Bachi vappen« und
dann noch in einer wirklich fabelhaften Kylberg-Ausstellung.* Ich schreibe noch, bis Emil Zilliacus mich zur *Orestie* abholt. Alle hier scheinen diese Aufführung als großes
Ereignis anzusehen. – Morgen soll ich zum Lunch bei Eric
Rosen und zum Tee bei Lena Gedin* – Sonntag ein Ausflug
im Auto, zum Lunch, Montag zum Lunch mit Georg Svensson*, der hier angerufen hat, und zum Abendessen mit
Wrangels und zur *Lerche* – Anouilhs Stück über Jeanne
d'Arc. – Dienstag zum großen Abendessen bei Eric R. –
Mittwoch zu *Ein Puppenheim.* – Es gibt hier viele sehr
schöne Ausstellungen, die ich mir gerne ansehen möchte,
falls ich Zeit habe. –
Ich habe gestern viel an das Geburtstagskind gedacht, ich
hoffe, es hat einen schönen Tag verlebt.

Ich weiß noch nicht, wann ich nach Hause komme, werde aber schreiben oder telegrafieren.

Laßt es Euch allen gutgehen – ich muß mich jetzt zur *Orestie* umziehen.

Ich mag Euch alle miteinander sehr gern.

KBF.

Das erwähnte Geburtstagskind ist Pasop. Die *Orestie* wurde in der Übersetzung von Emil Zilliacus unter der Regie von Olof Molander aufgeführt.

In einem späteren Brief wird unter anderem erzählt, daß sie mit Bonnier Pläne für einen neuen Band Erzählungen erörtert hat. »Sie waren sehr encouraging, und nun müssen wir wieder ernsthaft an die Arbeit gehen, wenn ich nach Hause komme.«

Am 10. Mai strahlte das Radio einen langen Vortrag von Tania Blixen über Tierversuche aus. Er trug den Titel *Von Laie zu Laie.**

Tierversuche hielt sie für eine besonders häßliche Form der Ausnutzung des Schwächeren durch den Stärkeren. Viele Menschen haben zutiefst genauso empfunden wie sie, nur konnten sie nicht so räsonieren und ihre Ablehnung begründen wie Tania Blixen. Sie argumentierte etwa so, wie sie es gegenüber der Kolonialmacht in Afrika getan hatte, als es um die Ausnutzung der Afrikaner ging.

Als der Wissenschaftler Professor Okkels* in einem etwas ironischen Ton vorschlug, man könne ja aufhören, Hunde als Versuchstiere zu benutzen, dann würde man weit weniger Gemüter in Aufruhr versetzen, ergriff Tania Blixen diese Gelegenheit und plädierte dafür, daß wenigstens – als ein erster Schritt – verboten würde, Hunde zu Tierversuchen zu verwenden. Sie organisierte eine Protest-Unterschriftensammlung. Ich erinnere mich besonders an einen von den vielen Briefen, die wir bekamen: Der Absender hatte eine Reihe von Unterschriften gesammelt und schrieb, es folgten anbei soundso viele Stimmen. Ich konnte nur bedauern, daß es keine *Stimmen* waren. Niemand hatte sich festgelegt, das Resultat bei weiteren Entscheidungen in

Betracht zu ziehen, obwohl die Beteiligung an dem Protest sehr hoch war. Es wurde praktisch fast nichts erreicht. Tania Blixen versuchte nur, die Unwissenheit in diesem Punkte zu bekämpfen. Gar zu viele Menschen geben sich angesichts der Formel »Versuche unter tiefer Bewußtlosigkeit« noch heute zufrieden und ahnen nicht, wie viele tausend Tiere auf der Welt monatelang unter Schmerzen leiden müssen, die ihnen absichtlich zugefügt worden sind.

Vom 16. bis zum 24. Mai war Tania Blixen in Paris. In den Tagen vor dieser Reise sind einige typische Alltagsbeschäftigungen und kleine Wege in die Umgebung vermerkt, darunter am 15.: »Die Baronesse und ich mit Blumen zur St.-Hans-Kapelle. Herrliche Tour mit B. und Rommy. Acht-Uhr-Blumen* gepflanzt.«

Tania Blixen verschenkte ja immer gern etwas von dem Überfluß ihres Gartens, und daß sie mich zum Schmücken der kleinen Kapelle in Hørsholm begleitet hat, war ein typischer Beweis dafür, wie sehr sie an dem teilnahm, was die Menschen um sie herum interessierte, und nicht zuletzt nahm sie teil an deren Religion, die sie allerdings mit einer gewissen Distanz betrachtete. Es ging ihr wohl wie dem Rat und Graf Augustus, die sie in *Der Dichter** über das Schaufenster mit dem Schild »Hier wird Wäsche gemangelt« sagen läßt: In Wirklichkeit werde in dem Geschäft gar keine Wäsche gemangelt, das Schild stehe dort nur zum Verkauf (eine Idee von Kierkegaard) – aber trotzdem existiere das Schild, und wenn einige Menschen geglaubt hätten, es gebe die Mangel und sie sei auch in Betrieb, so sei das allein schon faszinierend.

Sehr oft, wenn der Sonnenuntergang eingeläutet wurde und wir drei, die Baronesse, Rommy und ich, gerade spazierengingen, blieb Tania Blixen stehen oder setzte sich hin, bis die Glockenschläge beendet waren. Meistens fragte sie mich dann, wie denn nun der Text des Angelus-Gebetes laute. Auf Lateinisch konnte ich ihn auswendig, aber nicht auf Dänisch, deshalb sprach ich erst ein Stück auf Latein und übersetzte es dann. Der Schluß – »...ad resurrectionis gloriam perducamur« – »daß

Eine Ruhepause im Park von Rungstedlund
(1955; Foto: Erik Kopp).

wir ... zur Herrlichkeit der Auferstehung gelangen« – klingt an
in der Erzählung *Widerhall:** dort, wo das Abendmahlsthema
des Schlusses zu Anfang sozusagen auf volkstümlichen Instru-
menten schon einmal durchgespielt wird, nämlich in der Lebens-
beichte des Niccolo: »Wenn die Stunde der Auferstehung
kommt... dann wirst du das Fleisch vor dir sehen, dessen Gedanke dich im Dunkel verfolgt hat, und es wird leuchtend sein
wie die Sonne.« Es gab eine Wiese zwischen Rungsted und
Folehave, die Tania Blixen sogar »die Angelus-Weide« nannte.
Wenn sie sich hinsetzen wollte, um zu lauschen oder etwas zu
beobachten, brauchte keine Sitzgelegenheit in der Nähe zu sein.
Die gleiche, beneidenswerte Kunst, lange Zeit in der Hocke
sitzen zu können, die mein Vater als Kind einfacher Leute auf See
und im Freien und vielleicht auch in Zimmern, in denen nicht
immer für jeden ein Stuhl da war, hatte erlernen müssen, hatte

sich Tania Blixen zweifellos durch Nachahmung der Afrikaner angeeignet. Auf die gleiche Weise hatte Denys Finch Hatton, erzählte sie, eine Angewohnheit der Somali übernommen: Er ließ die Hand vom Handgelenk an schlaff herunterhängen, als ob es eine welke, leblose Hand sei. »Hör doch auf damit«, habe sie oft gesagt, aber eigentlich habe es elegant ausgesehen.

Auf der »Angelus-Weide« gab es ein Gesträuch, das ganz dem glich, in dem *Der Ring** spielt. Im Wald von Folehave gab es auch eine Stelle am Waldrand, die ganz der Eröffnungsszenerie der *Geschichte vom Lande* entsprach.

Im Juli sollte ich selbst verreisen, aber davor sind noch einige Ereignisse verzeichnet. Am 18. Juni *Rampenlicht* im Rungsteder Kino, mit Claire Bloom. Tania Blixen, eine große Bewunderin der frühen Chaplin-Filme, fand aber *Lichter der Großstadt* noch besser.

24. Juni: Hamlet auf Kronborg mit der Baronesse und Anne. Richard Burton spielte den Hamlet, Claire Bloom die Ophelia. Tania Blixen konnte nie den Hamlet von John Gielgud vergessen und war von Richard Burton gar nicht angetan. Ich selbst war ganz begeistert und redete davon, daß Byron, der das Amateurtheater liebte, den Hamlet sicher ähnlich gespielt hätte, wenn er denn mehr als ein Amateur gewesen wäre. Aber vielleicht wurde hier gerade zuviel Vitalität an den Tag gelegt, das eben kritisierte Tania Blixen an Laurence Oliviers Hamlet im Film – »dieser resolute Mann« hätte gleich etwas in der Angelegenheit unternommen, meinte sie. Nach der Vorstellung auf Kronborg trafen wir mit Claire Bloom zusammen. Sie erzählte Tania Blixen, daß sie *Afrika – dunkel lockende Welt* sehr schätze, Chaplin habe es ihr geschenkt.

Ich hatte mich mit Erfolg um ein Reisestipendium des Übersetzerverbandes beworben und sollte nun zu einem Sommerkursus am University College in Dublin fahren.

Diese gute Neuigkeit mußte ich meinem Vater im Krankenhaus unterbreiten. Mein Vater war mehr als dreißig Jahre bei der Stadt Kopenhagen angestellt gewesen. In all der Zeit hatte er nie einen Arbeitstag versäumt und war nie eine Minute zu spät gekommen. Das bemerkte niemand, und keiner hat ihm dafür gedankt, aber er ging mit gutem Gewissen in Pension. Jetzt wollte er in seinem Garten arbeiten, reisen, den Marineverein besuchen, Erinnerungen an das alte Dragør schreiben. Daraus wurden zwei gute Jahre und eine Reise nach Stockholm. Dann erkrankte er.

Seine Enttäuschung darüber, daß ich meine Karriere aufgegeben hatte, versuchte ich zu mildern, indem ich ihm, wie auch anderen, erklärte, daß die schriftstellerische Tätigkeit Tania Blixens etwas so Außergewöhnliches sei und eine solche Qualität und Bedeutung habe, daß eine Akademikerin zu Recht andere Aufgaben ablehne, um hier Handlangerdienste zu leisten. Mein Vater antwortete darauf: »Aber *dein* Name erscheint dabei nie.« Er beneidete einen seiner Kollegen bei den Kopenhagener Stadtwerken, den Vater von Tove Ditlevsen*, der eine so berühmte Tochter hatte. Mein Name stand immerhin wenigstens auf meinen Übersetzungen, und nun konnte ich ihm an seinem Krankenbett – auf dem Gang des überfüllten Städtischen Krankenhauses – eine Freude machen, indem ich ihm die kleine Zeitungsnotiz über mein Reisestipendium zeigte.

Die drei ausgefüllten Wochen in Irland und die eine Woche in Nottingham, wo ich mir Newstead Abbey und andere Byron-Stätten gründlich ansah, waren eine herrliche Zeit, alles war ausgesprochen erfreulich verlaufen.

Um so niederschmetternder war meine Enttäuschung in London. Dort sollte ich auf dem Rückweg mit Tania Blixens Verleger über das neue Buch sprechen, das gerade in Arbeit war, er aber hatte die Verabredung vollkommen vergessen.

Im Hotel in London lag ein Brief an mich aus Rungstedlund. In diesem Brief lag ein zweiter verschlossener Brief. In dem ersten stand, daß der andere etwas enthalte, was mich traurig stimmen würde, und deshalb solle ich ihn, solange ich in London sei, nicht öffnen, sondern erst auf dem Nachhauseweg. Ich wunderte mich, daß sich Tania Blixen nicht denken konnte, daß das zuviel verlangt war – wenn sie mir auch ein wenig von dem beigebracht hatte, was sie und ihre Schwester Ellen in ihrer Jugend »die

altgriechische Ruhe« genannt hatten: sich das seelische Gleichgewicht zu erhalten, während man auf wichtige Entscheidungen
wartet. Selbstverständlich mußte ich den Brief aufmachen, sonst
wäre ich die ganze Zeit in London viel zu aufgeregt gewesen.

Ich konnte nicht wissen, welcher Art die schlechte Nachricht
sein würde. Es konnte ebenso von einer wirklichen Katastrophe
die Rede sein wie von etwas Irrationalem, denn Tania Blixen
konnte unberechenbar sein. Sie konnte den einen Tag sich darüber beklagen, daß ich über etwas Erfreuliches, wie zum Beispiel
über gutes Wetter, nicht Freude genug zeigte; ein anderes Mal,
wenn sie Nils und mich bei gutem Wetter mit dem Auto über
Land gefahren hatte und ich am Abend bemerkte: »Das war ein
herrlicher Tag«, konnte sie entgegnen: »Ja, überhaupt nichts zu
tun, das gefällt dir« – eine absurde Reaktion, vermutlich aufgrund großer Schmerzen oder eines Unwohlseins, das sie verbergen wollte. Wenn die furchtbaren Schmerzen, die mit Übelkeit
und Übergabe verbunden waren, sie plagten, sagte sie, daß
»reine Schmerzen«, wie Zahnschmerzen, dieser Art Unwohlsein
bei weitem vorzuziehen seien. Auf die gleiche Weise unterschied
ich selbst bis zu einem gewissen Grade zwischen einem »reinen
Schmerz«, der rational begründbar war, und Schmerzen aus
irrationalen Verwicklungen.

Die schlechte Nachricht in dem Brief erwies sich als »reiner
Schmerz«, der aber schlimm genug war: »Klein-Pasop ist schwer
verletzt.« Er hatte sich bei einem Sprung von der Badebrücke
eine Sehne am Knie gerissen und hatte im Tierhospital in Lyngby
operiert werden müssen.

Dort sah ich ihn denn auch nach meiner Rückkehr wieder,
hatte es sich doch als unmöglich erwiesen, ihn zu Hause zu
pflegen. Er mußte einen großen Schirm aus Pappe um den Hals
tragen, und man hatte ihn auf der Veranda einquartiert, hinter
einem hohen Drahtgitter, aber als großer Springer setzte er mit
dem »Lampenschirm« und allem Drum und Dran über das
Gitter. Er mußte also mehrere Wochen im Hospital bleiben, und
wir besuchten ihn alle miteinander. Am 17. August ließ Tania
Blixen unsere beiden Fahrräder hinten auf den Ford binden und
fuhr bis zum Strandmølle-Kro, von dort mit dem Fahrrad über

den »Grisesti« nach Lyngby. 69 Jahre alt, oft operiert und mit einer weit über das normale Maß hinaus geschwächten Gesundheit, konnte sie sich einfach nicht vorstellen, den ganzen Weg mit dem Auto zurückzulegen. Eine nette Erinnerung von dieser Tour ist: Ich sollte am Rande von Lyngby bei einem Schlachter Fleisch kaufen und bat, man möge es in kleine Stücke schneiden, weil es für einen Hund sei, »der im Hospital liegt«. Während des Zerschneidens stellte der Schlachter fest: »Tja, so einer hat ja an so was mehr Freude als an einem Blumenstrauß.« Nach dem Besuch bei Pasop radelten wir zurück zur Strandmølle, banden die Räder wieder aufs Auto und fuhren nach Hause.

Tania Blixen zog bei weitem das Fahrrad dem Auto vor, man bekäme frische Luft und Bewegung, und eine gesunde Müdigkeit befiele den Körper und nicht den Kopf. Sie fand auch, als Radfahrer gehöre man zu »einer großen Bruderschaft« und nicht zu einer Ansammlung von Egoisten. Als sie später die Hecke zum Strandvej hin entfernen ließ, weil sie der Ansicht war, diejenigen, die »das Privileg hätten, am Øresund« zu wohnen, schuldeten den vielen Passanten den Anblick von etwas Hübschem, war sie nahe daran, das wieder zu bereuen, denn der Lärm und der Gestank des Autoverkehrs nahmen immer mehr zu. Ihre autofeindlichen Äußerungen wurden damals als verstockt und reaktionär eingestuft. Aber sie war weder reaktionär noch das Gegenteil, sie bezog nur stets zu jeweils einer Sache Stellung. Und heute sind es ja gerade die jungen Leute, die Barrikaden auf den Straßen und Autobahnen errichten und für eine »autofreie Stadt« demonstrieren.

Um die Zeit der Radtour zu Pasop ist auch ein Besuch Donald Klopfers vom Verlag Random House in meinem Kalender notiert, außerdem: *The Cloak* fertig.« Das bedeutet vermutlich, daß *Der Mantel* ausnahmsweise zuerst auf Dänisch geschrieben worden war, wie *Nächtliches Gespräch in Kopenhagen*. Sonst schrieb Tania Blixen im allgemeinen noch immer zuerst ihre englischen Versionen, danach schrieb sie die Erzählungen noch einmal auf Dänisch.

Vom August 1954 habe ich einen Brief aus der Sølvgade. Tania Blixen bedauerte sehr, keine kleine Stadtwohnung zu besitzen. Sie wollte so gerne mehr unter Menschen sein und öfter ins Theater gehen. Einige Male nahm sie die Gelegenheit wahr und lieh sich die Wohnung ihrer Schwester Ellen Dahl auf der Sølvgade, gegenüber vom Kongens Have. Die Fernsehaufnahmen von Jørgen Claudis Interview fanden in der Sølvgade statt.

Eine Notiz vom 11. Dezember: »In der Sølvgade wegen Fernsehen«, und am 13. Dezember mit Riesenbuchstaben: »FERNSEHEN«! Diese Schreibweise habe ich sicher unter dem Eindruck des ungeheuren technischen Aufwandes gewählt. Damals erlebten wir so etwas zum ersten Mal. Später wurde es zur Routine.

19. Dezember: »Abschiedsessen für Aage Henriksen.« Ich weiß nicht, ob Aage Henriksen verreisen wollte, oder ob es um Tania Blixens Weihnachtsreise nach Wedellsborg vom 22. bis 29. Dezember ging. Aage Henriksen wird in den Jahren 1953 und 1954 oft erwähnt. Wenn ich meine eigene Rolle in dieser Szenerie bedenke als die nun meist ständig anwesende Sekundantin, »Vertraute« (nur teilweise) und Aushilfsgastgeberin, so hatte ich mir mehr oder weniger eingebildet, mit Thorkild Bjørnvig über die verschiedensten Themen auf gleicher Ebene zu diskutieren, aber Aage Henriksen gegenüber hatte ich einige Hemmungen. Wenn meine Meinung von der seinen abwich, fiel mir manchmal ein Professor ein, der ganze Bündel von Klausurarbeiten beiseite gelegt haben soll mit der Bemerkung: »Diese Antworten liegen auf einem Niveau, mit dem sich die Universität nicht befassen kann.« Vielleicht bildete ich mir das auch nur ein; Aage sagte selbst, er sei mit seiner Diktion gar nicht einverstanden gewesen, als er sich das erste Mal im Radio gehört habe, und ein kühler Tonfall kann ja eine Menge ausmachen. Aber seine Ehrlichkeit hat mich sehr beeindruckt. Wenn er merkte, daß er sich geirrt hatte, gab er das mit einer seltenen Offenheit zu. Und wenn ich wieder einmal ihm gegenüber das Gefühl hatte, mich auf schwankendem Boden zu bewegen, erinnerte ich mich selbst an den Ausspruch eines Studienfreundes, der mit ihm in einem

Verlag zusammengearbeitet hatte: »Er ist ein guter Kamerad.«
Nach Tania Blixens Tod erklärte er mir aus bestimmtem Anlaß,
von welchen Erwartungen und Enttäuschungen sein Verhältnis
zu Tania Blixen geprägt gewesen sei, aber ich verstand ihn nur
»wie durch einen Spiegel in einem dunkeln Wort«.

Ich hatte im Laufe der Jahre meist abwechselnd den einen Weihnachtsabend auf Rungstedlund und den anderen zu Hause auf
dem Strandboulevard verbracht. Weihnachten 1954 war ich zu
Hause. Und das war gut so. Denn es sollte meines Vaters letzte
Weihnacht werden.

Quer über die letzten Tage des Jahres steht mit großen Buchsta-
ben geschrieben: »Mit Hundelisten gearbeitet.« Das heißt: mit
den Unterschriftenlisten gegen die Tierversuche.

1955

Anfang Januar war Tania Blixen zu einem Festabend auf Amalienborg* eingeladen. Sie liebte Feste, nicht zuletzt die im großen
Stil, und der Abend hätte normalerweise eine große Freude für
sie sein müssen. Sie war aber so elend krank, daß es zweifelhaft
war, wie sie ihn überstehen würde. Anscheinend wollten die
alten Schmerzen und die Übelkeit aus der Zeit vor der Operation
im Jahre 1946 sie wieder einholen. In dem feinen neuen Kleid,
»off-white« mit Perlenstickerei am Oberteil und einem langen
plissierten Rock aus dicker Atlasseide, wurde sie von Schmerzen
und von der Angst, Aufsehen zu erregen, geplagt.

Am 9. Februar – dem Tag, an dem meine richtige Mutter, die vor
so vielen Jahren gestorben war, siebzig Jahre alt geworden wäre
– erlitt mein Vater nach einer Untersuchung im Hospital einen
ungeheuren Blutverlust. Es wurde nach mir telefoniert, und ich
fuhr ins Städtische Krankenhaus. Ich wollte den Ernst der Lage
nicht wahrhaben – dieser Mann, der so stark wie Eisen war –,
aber ich löste an einem der folgenden Tage eine Karte für die
S-Bahn. Auf der stand: Ende der Gültigkeit am 18.

Bald darauf beschlossen meine »zweite« Mutter und ich, rund
um die Uhr im Krankenhaus zu bleiben. An einem dieser Abende
hatte ich das Bedürfnis, irgend etwas Sakrales zu unternehmen,
die Situation in Gottes Hände zu legen. Da um diese Tageszeit
nirgends eine Messe gelesen wurde, ging ich in die nächstbeste
katholische Kirche zur Beichte, obwohl ich nichts Besonderes zu
beichten hatte, mehr um mir einen Segen zu holen. Gerade als ich
im Krankenhaus die Treppe hinunterging, spielte eine Orgel in
der unteren Etage »Näher, mein Gott, zu Dir«. Für die Seeleute

aus Vaters Generation hatte dieses Lied eine besondere Bedeutung. Er hatte in einem Seemannsheim mit eingestimmt, als Seeleute der verschiedensten Nationalitäten es jeder in seiner Sprache gesungen hatten. Das letzte Mal hatten wir »Nearer, my God, to Thee« als Solo auf Englisch gehört, als wir 1953 anläßlich der Beerdigung eines Schiffsreeders nebeneinander in der Kirche von Dragør saßen. An jenem Abend in der Kirche nun sagte der Pfarrer in seiner kurzen belehrenden Ansprache eigentlich nichts weiter als: »Es geht darum, Gott mit jedem Tag näher zu kommen.«

Draußen auf Rungstedlund träumte Tania Blixen, sie sei zur »Newstead Abbey« hinübergegangen, um nachzusehen, ob ich zu Hause sei, und dort habe Byron gesessen und sich mit einer Art Spiel beschäftigt, »bei dem er irgendwelche Stäbchen hin und her schieben mußte«. Sie hätte zu ihm gesagt: »Warum sitzen Sie denn hier? Wollen Sie nicht ins Wohnzimmer kommen?« Aber er habe dort bleiben wollen: »Ich finde, hier sollte jemand sein, wenn Clara nach Hause kommt und eine schlechte Nachricht mitbringt.« »Wie lange denken Sie denn zu bleiben?« »Einige wenige Tage.«

Meine Mutter wollte, daß wir im Krankenzimmer Optimismus zur Schau trügen, deshalb konnte ich mit meinem Vater nicht direkt über das ewige Leben sprechen. Also entschloß ich mich, das »verschlüsselt« zu tun. Als er in der Kirche von Store Magleby konfirmiert worden war, hatte der Pfarrer ihm den Gesangbuchvers »Ich weiß einen schönen Garten...« gegeben. Daran dachte ich, als ich sagte: »Vater, nun müssen wir bald hinaus in den Garten«, womit ich den Garten des Paradieses meinte. Als er diesen Satz hörte, strahlten seine Augen plötzlich, als ob sich all die herrlichsten Tage seiner Kindheit auf Dragørs Wiesen in ihnen spiegelten, und er antwortete mit klarer Stimme: »Ja«, während er sonst mit matten Augen dalag und besorgte, traurige Sätze murmelte. Das gleiche wiederholte sich, als ich bald darauf sagte: »Vater, wir werden dir bestimmt helfen«, und damit meinte, für seine Seele zu beten.

Am Abend des 18. Februar starb mein Vater.

Auf Rungstedlund bekam Tania Blixen Besuch von Knud W.

Jensen. Er war gerade von einer Reise zurückgekehrt, die ihn unter anderem in das Heilige Land, wie Knud selbst es nannte, geführt hatte. Wie schon so oft zuvor, hatte er Geschenke mitgebracht, mir, da er nicht recht wußte, worüber ich mich freuen würde, einen kleinen Beutel mit Erde vom Berge Zion. »Clara kann vielleicht irgend etwas da hinein pflanzen.« Tania Blixen erzählte ihm dann, daß man üblicherweise diese Erde für etwas anderes benutze, man werfe sie nämlich bei einer Beerdigung auf den Sarg, und leider komme sie gerade recht, »denn Claras Vater ist gestorben«. So wurde die Erde vom Berg Zion ihrer Bestimmung gemäß verwendet, als mein Vater von der Zionskirche am Strandvej aus am Aschermittwoch, dem 23. Februar, beerdigt wurde.

Seine drei engsten Jugendfreunde in Dragør überlebten ihn mehr als ein Dezennium, obwohl mein Vater als Junge immer der Stärkere gewesen war, der, der sich für die anderen geschlagen hatte.

Als er 65 Jahre alt war, war er uns eines Tages im Juni 1950 auf Rungstedlund zu Hilfe gekommen, als der Gärtner krank war und das Gras auf den Rasenflächen so hoch stand, daß man es kaum noch mähen konnte. Mit einem kleinen Handmäher ohne Motor bewältigte er die riesigen vernachlässigten Flächen an einem Nachmittag.

I returned, and saw under the sun, that the race is not to the swift, nor the battle to the strong, nor yet favour to men of skill; but time and chance happeneth to them all.*

Tania Blixen teilte die Sorgen und die Freuden der Menschen, mit denen sie zusammenlebte. Das Jahr 1954 war in der katholischen Kirche zu einem besonderen »Marien-Jahr« erklärt worden. Nun bestimmte sie, daß das folgende Jahr 1955 auf Rungstedlund zum Sankt-Josefs-Jahr erklärt werden sollte. Sie mochte Sankt Josef gern, »ein sympathischer Mann, den man sich immer im Hintergrund vorstellt, gerade damit beschäftigt, einen Esel anzubinden«. Auf Rungstedlund wohnte zufällig zu der Zeit gerade eine katholische Gärtnersfamilie, die ein Baby erwartete, dessen Ankunft sich aber ungewöhnlich lange verzögerte. Die Baronesse und ich trösteten die Mutter und sagten ihr voraus, es werde sicher am Sankt-Josefs-Tag kommen, und wir behielten recht.

Leider erfüllte das Arbeitsverhältnis dieses Gärtners nicht die beiderseitigen Erwartungen, und die kleine Familie blieb nicht lange bei uns. Aber an den peniblen und ehrlichen Leif Suvalski erinnerten wir uns mit Freuden. Als er kam, war er fünf, als er fortzog sechs Jahre alt. An einem der ersten Tage auf Rungstedlund verkündete er, daß er »einer Katze in Sengeløse noch eine Ohrfeige schulde«. Das wurde eine Zeitlang oft zitiert: Der oder der gehöre zu den Leuten, die nur darüber nachdächten, daß sie »einer Katze in Sengeløse noch eine Ohrfeige schuldeten«. Rechthaberisch war Leif eigentlich nicht, nur gerecht. Er bekam zwei Kronen im Monat dafür, daß er das Papier aufsammelte, das die Leute am Wochenende in die Einfahrt geworfen hatten, und eines Tages erklärte er: »Diesen Monat muß wohl etwas abgezogen werden, denn Pfingsten habe ich ja nichts getan.« Die Baronesse sagte darauf, es könne trotzdem bei den zwei Kronen bleiben. Hätte Leif zur Farm in Afrika gehört, stünde jetzt sicher ein kleines markantes Porträt von ihm in dem Buch über die Farm; er hatte etwas Mythisches an sich.

Im April kamen der neue Gärtner, Hans Berthelsen, zusammen mit seiner Frau Grethe, deren fünf Töchter auf Rungstedlund aufwuchsen.

Am 17. April wurde Tania Blixen siebzig Jahre alt.

Im März steht einige Male in meinem Notizbuch: »Baronesse krank«. Ihr Gesundheitszustand war seit Neujahr so schlecht wie lange nicht. Am 1. April schaffte sie es jedoch, das H.-C.-Andersen-Legat* im Unterrichtsministerium selbst in Empfang zu nehmen. Außerdem wurde ein Gruß an die Radiohörer aufgenommen, der an ihrem Geburtstag gesendet werden sollte. Im Anschluß an die Grußworte las Tania Blixen noch die Novelle *Der Mantel*.

Es war auch eine große Einladung zur Geburtstagsschokolade auf Rungstedlund geplant für alle derzeitigen und früheren Bewohner, deren Freunde und einige ältere Rungsteder Nachbarn. Aber das Geburtstagskind mußte sich elend und mit furchtbaren Schmerzen zu Ellen Dahl in die Sølvgade transportieren lassen und den Tag in aller Stille dort begehen, während Anne und Erik Kopp die Gastgeberpflichten übernahmen. Auf einer Fotografie von der Gesellschaft auf dem Rasen sieht man auch Jørgen Gustava Brandt, der zu der Zeit als Gast auf Rungstedlund wohnte.

Einige Tage Aufenthalt in der Sølvgade, im Mai erneuter Aufenthalt dort, verschiedene Freunde zu Besuch, Vorführung von *Romeo und Julia* im Rungsteder Kino in Begleitung einer größeren Gesellschaft. Zum Tee am Sonntag, dem 26. Juni, wird unter anderen »J. Gedebjerg« erwähnt. Das war wieder einmal ein Gast, der Tania Blixen seit seiner Kindheit nicht gesehen hatte und, wie »Billy« aus Afrika, die gute Spielkameradin nicht vergessen konnte. Im Winter 1936/37 hatte Tania Blixen während eisiger Kälte im Skagens-Hotel ausharren müssen, um in Ruhe *Afrika – dunkel lockende Welt* beenden zu können. Dort hatte sie viel mit zwei kleinen Jungen namens Gedebjerg gespielt. Sie müssen aus einem etwas düsteren Milieu gekommen sein, sie zitierte gelegentlich einen von ihnen: »Bald gibt es sicher Krieg ... und dann geht es über die neue Kommode her ... und die Hängelampe ...« Sie nahm sie mit auf Ausflüge in ihrem Auto und muß dadurch ihren Alltag etwas aufgehellt haben. Sie brachte ihnen auch das Malen bei; auf Rungstedlund wurde noch eine ihrer kindlichen Zeichnungen aufbewahrt, ebenso wie die Gemälde, die Kamante und andere Kinder auf der Farm fabriziert hatten.

1. Juli: »Die Baronesse zum Krankenhaus begleitet.« Hinter diesen Worten verbirgt sich eine sehr ernste Situation. Dieser Aufenthalt, der bis zum 4. Juli dauerte, diente offenbar nur der genaueren Diagnose. Drei Wochen lang versuchte sie, ein normales Leben zu führen, mußte dann aber am 27. in das Militärhospital eingeliefert werden. Man riet ihr zu einer ähnlichen Operation wie vor neun Jahren und machte keinen Hehl daraus, daß diese noch schwerer sein würde, möglicherweise sogar den

Bewegungsapparat der Patientin beeinträchtigen könnte. Am Tag vor der Operation fragte Professor Busch: »Sollen wir es lieber lassen?« Da man aber Tania Blixen zu der Operation geraten und sie nun einmal den Entschluß gefaßt hatte, wollte sie nicht im letzten Augenblick abspringen.

Während ihres Krankenhausaufenthaltes brachte eine Tageszeitung die Schlagzeile: »Die verunstaltete Baronesse«, was ja sehr passend war. Diese Überschrift gehörte, wie sich herausstellte, zu der Rezension eines Buches von Ester Nagel*, in dem die Autorin sich über Tania Blixens *Festrede am Lagerfeuer** und die darin geäußerten Ansichten zur Rollenverteilung der Geschlechter lustig machte. Ausgerechnet am Tag der Operation, am 10. August, sollte der reißerische Text dieses Buches im Radio vorgestellt werden. Irgend jemand, vielleicht ich selbst, hat es geschafft, die Rundfunkleute zu veranlassen, die Sendung zu verschieben.

Von den Tagen nach der Operation habe ich eine unangenehme Erinnerung, wie sie sicher viele Krankenhauspatienten und deren Angehörige ähnlich erlebt haben: Tania Blixen sagt unter Qualen: »Es tut so weh«, und eine Krankenschwester nimmt mich beiseite und sagt: »Das tut es in Wirklichkeit *gar nicht!*«

Bei Tania Blixens Heimkehr hatten sich alle Hausbewohner zur Begrüßung in Reih und Glied an der Haupttreppe aufgestellt – ich glaube, Nils hatte sogar ein Fähnchen in der Hand –, aber die Patientin, die in allzu großem Optimismus ein Taxi für die Heimfahrt genommen hatte, wurde von solchen Schmerzen gequält, daß sie gar nicht am Haupteingang ausstieg, sondern voller Ungeduld verlangte, direkt zur Ecktür und in das Bett in der Gästewohnung gebracht zu werden, wo sie tagsüber liegen sollte. Sobald sie dort angelangt war, war sie dem Weinen nah: »Und all die *lieben Menschen* standen da...« Es tat ihr so leid, sie enttäuscht zu haben. Obwohl im Krankenhaus gesagt worden war, wenn sie entlassen würde, könne sie ganz sicher sein, daß alles in Ordnung sei, stellte sich bald heraus, daß ihr doch noch irgend etwas Ernstes fehlen mußte.

Im Laufe des Herbstes wurde ihr Zustand immer schlimmer.

Sie kam noch einmal zur Beobachtung ins Krankenhaus, aber man beschloß, nichts weiter zu unternehmen. Caroline Carlsen, die einmal eine Ausbildung in Krankenpflege absolviert hatte, bedeutete mir eines Tages, die Lage müsse hoffnungslos sein, und es bliebe sicher nicht mehr viel Zeit. Dann wäre 1955 also das große Jahr des Sterbens – erst mein Vater, dann Tania Blixen. Es ist merkwürdig, wie irgendein kleines Detail in einer solchen Situation plötzlich an Bedeutung gewinnt. Bei meinem Vater war es sein Schlüsselbund: Ich hatte ihn eines Tages ausgehändigt bekommen, damit ich etwas aus der Wohnung am Strandboulevard holen konnte. Von jetzt an würde er nie mehr seinen Schlüssel in die Tür stecken, diese einfache Feststellung überwältigte mich vollkommen, als ich im Schneesturm die Østerbrogade entlangging. Dieses Mal war es Pasop – für gewöhnlich stand sein Hundekorb im Schlafzimmer seines liebsten Menschen; aber in jener Nacht, als ich plötzlich der Überzeugung war, es ginge mit Tania Blixen bald zu Ende, war er in meinem Zimmer zu Besuch, lag da in seinem Hundebett und wußte nicht, daß er nun erschossen und oben am Ewalds-Höhe in der Nähe von Tania Blixens eigenem Grab beerdigt werden sollte, denn so war es in ihrem Testament festgelegt.

Aber es ging noch einmal gut. Selten hat ein Mensch mir soviel neue Hoffnung eingeflößt wie Tania Blixens Hausärztin Vibeke Funch. Sie fand heraus, daß es sich um ein blutendes Magengeschwür handelte, etwas, von dem man wenigstens wisse, was es sei, und gegen das man etwas unternehmen könne. Als Ellen Dahl und Anders Dinesen aus Jütland angereist kamen, weil sie annahmen, es ginge mit Tania Blixen zu Ende, saß diese trotz all ihrer Schwäche aufrecht im Bett und rührte den Teig für den Kuchen, den es zum Tee geben sollte.

Dann folgte ein langer Aufenthalt im Zentralkrankenhaus in Hillerød. Am 11. Dezember steht in meinem Kalender: »Diktat begonnen.« Es wurde wieder gearbeitet. Ich fuhr mit dem Bus nach Hillerød und schrieb nach Diktat. Tania Blixens Zustand war so ernst, daß sie unbedingt operiert werden mußte. Zunächst mußte die völlig ausgezehrte Patientin aber »gemästet« werden, damit sie die Operation auch durchstehen konnte. Allmählich wurde es in dem Krankenzimmer ganz gemütlich. Natürlich gab es Ge- und Verbote, die befolgt werden mußten, und das fiel ihr manchmal etwas schwer. Ich kann mich an eine Bitte erinnern: »Schäl mir doch einen Apfel. Wenn der Oberarzt kommt, sage ich, es sei eine Birne.« Zweimal wurde allerdings die gemütliche Stimmung durchbrochen. Eines Abends sang ein Chor junger Männer für die Patienten mehrstimmige Lieder, und als plötzlich ein Lied angestimmt wurde, das mein Vater früher immer gesungen hatte mit seinem hellen Tenor, den er – zusammen mit seinen Brüdern – im Gesangverein von Dragør trainiert hatte, da kamen mir die Tränen. Bei Tania Blixen war es am Weihnachtsabend soweit; es war das einzige Mal, daß ich sie habe weinen sehen, und ausgerechnet da mußte ich sie allein lassen. Ich zögerte den Abschied soweit wie möglich hinaus und erschien an diesem ersten Heiligabend, an dem meine Mutter allein war, doch pünktlich zum Weihnachtsessen bei Freunden meiner Mutter in Kopenhagen. Ich hatte nicht geschafft, Vaters Grab noch zu besuchen, und das verursachte einige Mißstimmung. Ich bereute aber nicht, einem noch lebenden, hart geprüften Menschen, der nah an der Grenze seiner Leidensfähigkeit angelangt war, eine Stunde mehr gewidmet zu haben.

1956

Tania Blixen wurde in die chirurgische Abteilung des Krankenhauses verlegt. Aus irgendeinem Grund herrschte dort ein rauhe-
res Klima. Es passierten ein paar Kleinigkeiten, aber genau die
brachten das Faß zum Überlaufen. Eine dieser Unfreundlichkei-
ten habe ich selbst miterlebt. Die Patientin hatte stets eine Flasche Mineralwasser am Bett stehen und schenkte sich immer nur
so viel ein, wie sie auch trinken wollte, damit wenigstens etwas
von der Kohlensäure in der Flasche erhalten blieb. Eine ganz
junge und vermutlich sehr untergeordnete Person mit harten
Augen und bar jedweder Höflichkeit goß den ganzen Inhalt der
Flasche auf einmal ins Glas, nahm sie gleich mit und erklärte
kurzerhand: »Wir können hier nicht all diese Flaschen rumste-
hen haben.« Dann hatte Tania Blixen über viele Jahre schon
jeden Abend ihre vom Arzt verordneten anderthalb oder zwei
Carbromal genommen. Bei ihrer Aufnahme ins Krankenhaus
hatte sie offen und ehrlich ihre tägliche Medizin abgeliefert,
damit ihr die ordinierten Rationen auf der Station ausgehändigt
werden konnten. Jetzt hatte sie eine schlaflose Nacht verbracht,
weil jemand von sich aus, ohne jegliche Anweisung, einfach
diktiert hatte: »Sie können erst mal eine kriegen, und wenn Sie
um zwei noch nicht eingeschlafen sind, können Sie noch eine
kriegen.« Unzählige Menschen haben natürlich im Krankenhaus
aufgrund des Fehlverhaltens einzelner Personen das gleiche erlebt. Mir war aber klar, daß das Maß nun voll war.

Unter den kurzen nachgelassenen Erzählungen* Tania Blixens gibt es eine, in der zwei Damen während der Französischen
Revolution den Scharfrichter Sanson aufsuchen, um von ihm
eine Gunst zu erbitten für eine Frau, die hingerichtet werden soll.
Was sie von ihm erflehen, ist weder Hilfe zur Flucht noch eine

Garantie, daß die Hinrichtung schmerzfrei verlaufen werde. Sie bitten ihn, er möge die Dame höflich mit den Worten: »Ich bin zu Ihren Diensten, Madame«, auffordern, an der Guillotine Platz zu nehmen. Tania Blixen war auf keinen Fall der Ansicht, Höflichkeit sei nur einer Schicht vorbehalten, sie meinte, daß sie für *alle* einen Schutz der menschlichen Würde darstelle, daß sie das Leben verschöne und seine Härten abmildere.

Alle Beteiligten, die Oberärzte der beiden Stationen sowie Jonna und Thomas Dinesen, die in Hillerød wohnten und täglich Tania Blixen besuchten, müssen offenbar eingesehen haben, daß die so lange und hart geprüfte Patientin einen Umgebungswechsel brauchte. Es wurden Erkundigungen im St.-Lukas-Stift und im Städtischen Krankenhaus eingeholt. Die Wahl fiel auf das Städtische Krankenhaus, Professor Mikkelsen sollte die Operation durchführen.

13. Januar: »Baronesse operiert. Im Krankenhaus von 7.30–22.00 Uhr. Messe auf Nørrebro. Frühstück bei à Porta, Grif usw. getroffen. Bei Ellen N.«

Tania Blixen glaubte selber nicht, daß sie die Operation überleben würde, und später kam heraus, daß einer der Ärzte während der Vorbereitungen gesagt hatte: »Wenn sie diese Operation übersteht, ist das das Genialste, was sie je in ihrem Leben geleistet hat.« Auch in meinen Augen sah die Lage sehr düster aus. Es war noch kein Jahr her, da hatte mein Vater hier gelegen und war nicht lebend herausgekommen. Meine Mutter war an einem Dreizehnten, wenn auch einen Monat später, in dem gleichen Krankenhaus gestorben, das Datum war in meiner Familie verhaßt. Ich suchte, wie im Jahr zuvor, eine katholische Kirche auf, um alles in Gottes Hand zu legen. Dieses Mal konnte ich an einer Messe teilnehmen. Ich ging in die Stadt, um etwas zu essen, und traf »Grif usw«. »Usw« muß Thorkild Bjørnvig mit eingeschlossen haben, denn Grif war sein Schäferhund. Ellen N. war meine treue alte Freundin Ellen Nielsen, ein Mensch, bei dem man an einem solchen Tag gut aufgehoben war.

25. Januar: »Baronesse zu Haus. Ich nach Rungsted.« Das heißt, nach einigen Tagen in meinem Haus in Dragør kehrte ich wieder nach Rungstedlund zurück.

12. Februar: »Auf Folehave mit der Baronesse.«

16. Februar: »Bei Frau Landgren mit der Baronesse.« Kleine Besuche bei der Familie und bei Freunden ließen sich also schon bewältigen. Auch waren verschiedene Verwandte zu Besuch bei Tania Blixen. Am 9. März zum ersten Mal eine Fahrt nach Kopenhagen. Am 11. März Besuch von Birthe Andrup, deren Verbindung zu Rungstedlund ebensoweit zurückreichte wie meine eigene. Sie hatte den ersten Kontakt zu Tania Blixen geknüpft, als sie während ihrer Ausbildung zur Bibliothekarin eine Arbeit über deren Werke schrieb. Jetzt brachte sie Marionetten mit, die sie selbst modelliert hatte. Es waren die Hauptpersonen der Marionettenkomödie *Die Rache der Wahrheit**, und Amiane ähnelte natürlich Tania Blixen.

Um diese Zeit herum mußte ich den Text zu einem Lied für eine Familienfeier dichten. Diese Aufgabe war sonst immer meinem Vater zugefallen. Die Versuchung, Tania Blixen um Hilfe zu bitten, war groß, denn sie hatte selbst viele Liedtexte dieser Art geschrieben. So merkwürdig das im ersten Augenblick klingen mag, es gab doch bis zu einem gewissen Punkt eine große ursprüngliche Gemeinsamkeit zwischen Tania Blixen, die oft als Autorin für die wenigen bezeichnet wurde, und Menschen aus dem Volk wie meinen Vater. Daran mußte ich denken, als ich erst in meines Vaters und dann in Tania Blixens Papieren aufräumte. Die Amager Zeitung hatte 1905 Gedichte von meinem Vater abgedruckt. Ich fand die schon zerfallenden Ausschnitte in seiner Schublade, und in Tania Blixens persönlichem Schubfach entdeckte ich eine einzige kleine Rezension der *Einsiedler**. »Man könnte sagen, sie haben beide gleichzeitig debütiert«, dachte ich, »aber damit hört der Vergleich auch auf.« Und doch tut er das nicht. Ich glaube, daß alle wirklich großen Künstler mit dem gemeinen Volk fest verbunden sind, und nicht durch eine Kluft von ihm getrennt leben. Selbst Johannes Ewald hat, wie ich zu meinem Erstaunen festgestellt habe, *Rungsteds Glückselig-*

keit*, diese kunstvolle Ode, nach einer Melodie geschrieben, die es schon gab. Er ist damit genauso vorgegangen, wie man in den Häusern der einfachen Leute Texte für die Lieder verfaßt, die auf den Familienfeiern gesungen werden.

Carit Etlar* war ein Schriftsteller, den beide, mein Vater und Tania Blixen, sehr liebten. In einem ihrer letzten Jahre kaufte Tania Blixen eine Billigausgabe von *Herverts Krønike* und verehrte sie einem jungen Verwandten, der besonders streitsüchtig war. Er sollte sich besonders den Schlußsatz der Chronik zu Herzen nehmen: »Ich habe gesiegt, aber ich stehe zwischen lauter Gräbern.« In einer schwedischen Zeitschrift erschien einmal ein Artikel, in dem berichtet wurde, wie sehr Tania Blixen den volkstümlichen Roman *Firman Åbergsson** schätzte. Der Verfasser des Artikels behauptete, Literaturkritiker, die Tania Blixen bewunderten, wären meist entsetzt, wenn sie von dieser Vorliebe hörten, denn sie brächten sie nur mit Shakespeare, Homer und anderen Größen der Weltliteratur in Verbindung. Auch mir hat sie mit viel Vergnügen Passagen aus *Firman Åbergsson* erzählt, und ich weiß, daß ihre Lieblingsbücher aus allen möglichen Genres der Literatur stammten.

Ich wollte, wie gesagt, sie nicht um Hilfe bei meinem Festgesang bitten. Eine meiner Aufgaben war es ja gerade, sie vor all den vielen Betteleien um kurzfristige Gefälligkeiten, die ihr Zeit und Kräfte stahlen, zu bewahren. Als ich mein Opus mit Mühe und Not beendet hatte, trug ich es ihr doch vor und mußte dann feststellen, daß sie noch lange, nachdem ich selbst das Lied längst vergessen hatte, mehrere Verse über Ejner und Rita in Dragør auswendig hersagen konnte. Sie hatte ein unglaublich gutes Gedächtnis für Verse und Prosa, so gut, wie es sonst nur zwei Gruppen von Menschen haben: professionelle Schauspieler und Rezitationskünstler und dann jene Volksstämme, die ausschließlich durch mündliche Tradition lernen und bei denen viele weder schreiben noch lesen können. Tania Blixen hätte mehrere Tage lang auswendig gelernte Gedichte aufsagen können. Ich mußte dabei an die biblischen Worte* vom Hausvater denken, der aus seinem Schatz Neues und Altes hervorholt, und an Ciceros Rat, daß es eine den freien Menschen angemessene Beschäftigung sei, die Werke der Dichter auswendig zu lernen. Mit Recht kritisierte sie die klägliche Leistung heutiger Menschen, die meist nur eine Strophe eines Liedes auswendig könnten.

10. April: »Die beste Uhr der Welt gekauft.« Das behauptete jedenfalls der Uhrmacher, und sie geht auch heute noch fabelhaft genau. Ich habe sie damals gekauft, weil ich zum ersten Mal mit Tania Blixen ins Ausland fahren sollte. Eine kleine Reise sollte ihr helfen, wieder ganz ins Leben zurückzufinden, aber allein reisen konnte sie nicht mehr. Nach den Operationen von 1955 und 1956 hat sie auch nie mehr auf ihrem geliebten Fahrrad gesessen oder den Ford selbst gefahren. Zwar versuchte sie auch bis zu ihren letzten Tagen, soweit wie irgend möglich ohne fremde Hilfe zu gehen, schwankte aber mitten auf dem Gehsteig plötzlich völlig unberechenbar hin und her. Die Reise war ein Geschenk des Verlages Gyldendal für Tania Blixen, und sie sollte uns nach Rom führen. Außer einer neuen Uhr legte ich mir auch eine neue Brille zu, damit ich ja die Verantwortung für alle praktischen Dinge gut wahrnehmen konnte. Am gleichen Tag steht in dem Kalender auch »Montessori«. Zu der Zeit unterrichtete ich also noch dort; im Laufe des Frühjahrs mußte ich das aufgeben, weil es nicht mehr zu schaffen war.

An einem Maitag, kurz vor der Abreise, gingen wir mit Pasop einen unserer Lieblingswege bis zu einem kleinen Wasserfall im Enghave-Wald in der Nähe des Golfplatzes. Als wir dort saßen und vor uns das Wasser über die Steine rieseln sahen, müssen Tania Blixen trübe Gedanken befallen haben. Sie fragte mich: »Glaubst du, daß wir drei uns wiedersehen?« Ich antwortete: »Ja, das glaube ich ganz bestimmt.« Einen Augenblick später geschah etwas Merkwürdiges. In einiger Entfernung von uns spielten zwei, drei Kinder friedlich im Wald. Eines davon, ein aschblondes Mädchen, trug eine lange Kette aus leuchtendbunten Hühnerringen um den Hals, die bis hinunter auf seinen feinen grauen Mantel reichte. Plötzlich ging es auf uns zu und reichte mir, ohne ein Wort zu sagen, drei zusammenhängende Ringe, die es aus der Kette herausgetrennt hatte.

Ich hatte Alberto Denti di Pirajnos Erinnerungen *Überlistete Dämonen** übersetzt und beschloß nun, das Honorar in Rom zu verjubeln. Pirajno wohnte in Rom. Zufällig hatte ich Knud W. Jensen gegenüber bemerkt: »Es wäre doch hübsch, wenn die Baronesse und Pirajno einander kennenlernten.« Knud, der die Leute immer gleich energisch zu Taten anfeuerte, sagte: »Das mußt du eben einfädeln, Clara.« Es gelang mir, ein Treffen zu arrangieren. Beide Seiten fanden Gefallen aneinander, und es folgten noch mehrere Begegnungen in Rom und Dänemark. Um das Reisegeld soweit wie irgend möglich zu strecken, hatte ich von Anfang an gesagt, ich wüßte ein gutes, billiges Hotel für mich. Ich wohnte dann im »Oreste« auf der Via del Babuino und fuhr jeden Morgen mit der Straßenbahn zum »Flora« bei der Porta Pinciana, wo Tania Blixen logierte. Es machte mir Spaß, genau wie die Römer, morgens zur Arbeit fahren zu müssen. Im Jahr darauf allerdings, als wir wieder in Rom waren, wollte Tania Blixen, daß ich im gleichen Hotel wie sie wohnte, und von da an galt diese Regelung für alle Reisen.

Während dieses Aufenthaltes traf sich Tania Blixen auch mit dem dänischen Benediktiner Palle Vinten. Sie hat ernste Lebensfragen mit ihm erörtert und in dem Gespräch die Ansicht vertreten, es könne Situationen geben, in denen es richtig wäre, wenn ein Mensch selbst seinem Leben ein Ende setzte.

Ein jüngerer amerikanischer Autor, Eugene Walter*, der in Rom lebte, hatte im Frühjahr an Tania Blixen geschrieben. Wenn ich mich recht erinnere, wollte er sich eine ihrer neueren Arbeiten sichern für eine literarische Zeitschrift, *Botteghe Oscure*, die er redigierte. Als sie ihm antwortete, sie komme demnächst nach Rom, überhäufte er sie mit Versprechungen, was er alles für sie arrangieren werde. Er hielt alle seine Versprechungen und wurde ein guter Freund. Er nahm uns bei unserer Ankunft in Empfang, und er brachte uns Lesestoff am Morgen unserer Abreise. Bei der Gelegenheit sah ich selbst sicher ziemlich mitgenommen aus, denn morgens um vier hatte Tania Blixen mich auf meinem Zimmer angerufen – die letzte Nacht vor der Abreise schlief ich im »Flora« – und mir mitgeteilt, sie sei völlig verzweifelt, daß sie

Tania Blixen und der dänische Benediktiner Palle Vinten
(1956; Foto: C. Selborn).

nun direkt nach Hause müßte und es aufgegeben habe, auch noch nach Paris zu fahren.

Am 17. Juni notierte ich: »Abendessen zum Dank.« — Das heißt Dank an diejenigen, die die Reise spendiert hatten.

Am Tag darauf: »Baronesse elend, Erik Gastgeber.« Offensichtlich war es gut, daß wir uns dieses Mal mit Rom begnügt hatten. Die Einladung, bei der Erik Kopp als Gastgeber einspringen mußte, galt der Vorführung eines Mitschnitts von einem Vortrag über Tania Blixen, den Aage Henriksen an der Osloer Universität gehalten hatte.

Im Laufe dieses Sommers konnte ich in Dragør ein Badezimmer einbauen lassen und den Miteigentümer an meinem Haus ausbezahlen. Später wurde mein Refugium gewissermaßen zur »südlichen Filiale von Rungstedlund«.

Liebes Fedekalv.

Anliegend ein Brief von Haas, den ich heute morgen erhalten habe und den Du, bitte, einordnen sollst. Ich begreife nicht ganz, weshalb er schreibt: »I'm sure you will by this time have received Mr. Harper's reply...« – ich meine, in dem Brief, auf den er hier antwortet, geschrieben zu haben, daß ich ihn *bekommen habe*. Aber vielleicht irre ich mich, das kannst Du ja in der Korrespondenz nachsehen.

Der gestrige Geburtstag* verlief ungewöhnlich gut und war sehr festlich. Wir haben an zwei Tischen gegessen, ich an Julius' Tisch, wo ich so eine Art Gastgeberin gespielt habe. – Es waren lauter alte Freunde und Bekannte, sehr gemütlich und vergnügt. Léon Moltke aus Glorup war mein Tischherr. – Mein Kleid wurde sehr bewundert. –

Aber es geht mir *gar nicht* gut. Ich mußte heute im Bett bleiben, obwohl ich sehr gerne für den Lunch mit einigen der Gäste, die hier übernachtet haben, aufgestanden wäre. Ich muß mich erbrechen und kann das Gleichgewicht nicht halten. Ich kann mir überhaupt nicht vorstellen, wie ich Gyldensteen, Leerbæk und Sandbjerg schaffen soll. Sie werden aber alle glauben – wenn ich hier das Fest mitgemacht habe –, ich hätte keine Lust und es läge am mangelnden guten Willen, wenn ich nicht komme, ich muß also wohl *attempt it – and die in the attempt*. – Außerdem bin ich *sehr worried* über die Steuerangelegenheit. Ich muß sehen, daß ich Zeit finde, sie richtig durchzugehen, ehe ich mit Jonas Bruun* spreche – wen soll ich denn aber bitten, mir bei der Durchsicht zu helfen? Es lastet auf mir wie mehrere hundert Tonnen, daß ich es nicht verantworten kann, so lange von zu Hause fortzubleiben. – Wie sehr eilt es mit Jonas – (und dem Finanzamt)? Ist der Kurs richtig, den ich Haas gegenüber eingeschlagen habe? – Und unter all diesem: Wann – und wie – soll ich Zeit zum Schreiben finden?

Ach, Fedekalv, dieses alles ist zuviel für mich, ich habe den

Überblick verloren. – Wenn es mir doch nur drei bis vier Tage am Stück gutginge, dann würde ich vielleicht eine klarere Sicht auf all diese Dinge bekommen – jetzt dreht sich alles nur vor meinen Augen und macht mich schwindelig.

Ich weiß ja nicht, ob Du auf Rungstedlund bist. Vielleicht wäre es besser, Du ließest Ehrengard – die nun jahrelang gewartet hat – Ehrengard sein und machtest jetzt Ferien in Dragør, während ich weg bin, und stündest dann zu meiner Disposition, sobald ich wieder zurückkomme, um an Haas zu schreiben etc. Auf jeden Fall wünsche ich Dir gute Ferien. – Hier ist es kalt, aber sehr schön. – Du mußt mich anrufen oder mir telegraphieren, wenn etwas Besonderes ist. Mach's gut.   KBF.

Den Namen »Fedekalv« erhielt ich auf folgende Weise: Eines nachmittags sollte Thorkild Bjørnvig zum Tee kommen. Ich erklärte, ich wollte lieber oben in meinem Zimmer bleiben – nicht, weil ich Thorkild nicht sehen, sondern weil ich die Zeit für mich selbst nutzen wollte. Tania Blixen hielt mir vor, dieses sei doch die »Heimkehr des verlorenen Sohnes«, aber selbst das konnte mich nicht rühren. Und da wollte sie anscheinend sagen: »Dann bist du nicht besser als der älteste Sohn«, aber durch einen ulkigen Versprecher wurde daraus: »Dann bist du ja nicht besser als das ›gemästete Kalb‹«, und das ist im Dänischen das »Fedekalv«. Von da an behielt ich diesen drolligen zusätzlichen Namen.

An dem Problem, das da plötzlich auf sie zukam, war Tania Blixen vollkommen unschuldig. Fast das ganze Honorar, das sie nach dem Krieg für die *Wintergeschichten* hätte bekommen sollen, war von Steuern aufgezehrt worden; und in diesen Jahren, in denen sie so krank war und in denen sie kein neues Buch herausgebracht hatte, gab es nur einen einzigen Rettungsanker: Die amerikanische Ausgabe von *Die Rache der Engel*. Der Roman war sozusagen auf Ratenbasis verkauft worden, und jedes

Jahr kam ein fester Betrag. Ein Rechtsanwalt, der ihr von Verwandten oder Freunden empfohlen worden war, hatte den entsprechenden Vertrag für Tania Blixen aufgesetzt. Eines schönen Tages, als die Jahresabrechnung kam, 1955 oder 1956, wagte sie nicht, den Brief zu öffnen. Sie fürchtete, es könne darin stehen, daß dies die letzte Rate sei. Mehrere Tage lang lag der Umschlag ungeöffnet in der Schublade des Birkenholztisches. Dann erklärte sie, *ich* sollte ihn aufmachen: Es stellte sich heraus, daß noch weitere fünf Jahre lang Geld zu erwarten war.

Die Freude und Erleichterung sollte nicht lange anhalten: Tania Blixen hatte zu viele und immer wieder andere Rechtsanwälte gehabt – zwei waren gestorben, einer hatte aus gesundheitlichen Gründen seinen Beruf aufgegeben. Keiner von ihnen hatte die Probleme wirklich in den Griff bekommen. Vermutlich gab es auch in ganz Dänemark niemanden, der gewohnt war, mit einer so schwierigen Materie umzugehen, nämlich großen ausländischen Interessen an urheberrechtlich geschützten Werken. Der Rechtsanwalt Nummer vier kam hinsichtlich der alljährlichen Zahlungen plötzlich auf die Idee, es müsse an dem Vertrag für *Die Rache der Engel* etwas Besonderes sein, möglicherweise etwas Ungesetzliches. Er geriet in Panik und bestand darauf, das Finanzamt umgehend und rückhaltlos zu informieren. Es folgte ein mehrere Monate andauernder Alptraum. Tania Blixen versuchte, mittels eingehender Korrespondenz mit dem Verlag Random House, den Sachverhalt zu klären. Nur, wo der eigentliche Vertrag war, ahnte sie nicht. Schließlich stellte sich heraus, daß er die ganze Zeit über bei dem Rechtsanwalt gelegen hatte, begraben unter einem riesigen Berg von Papieren, die teils Tania Blixens persönliche Angelegenheiten, teils Rungstedlund betrafen. Mit der Steuerbehörde wurde eine Übereinkunft getroffen. Die ganze Aufregung hatte die Arbeit an den neuen Erzählungen sehr beeinträchtigt.

Allmählich lernte ich im Laufe dieser Jahre begreifen, in wie hohem Maße Verträge für einen Autor das ökonomische Rückgrat sind, und es kam etwas mehr Ordnung in die Dinge. Nach wie vor fehlten alte Verträge oder waren nicht mehr auffindbar, galten aber immer noch. In einzelnen Fällen kam das teuer zu stehen. Zum Glück hatte Tania Blixen kurz nach dem Krieg eine ausgezeichnete Agentin bekommen, Frau Lena I. Gedin in Stockholm. Frau Gedin kümmerte sich um alle Absprachen in Ländern, in denen Übersetzungen erschienen, außer in England und Amerika. Am 24. Juni steht in meinem Kalender: »Gedins hier«. Im Laufe der Jahre führte diese Verbindung zu vielen netten Besuchen des Ehepaars Gedin auf Rungstedlund und Gegenbesuchen von Tania Blixen in Stockholm, auch zu vielen guten Verträgen.

Johannisabend: »Fest auf dem Heuboden.« Der frühere Heuboden war in jenem Sommer Jørgen Gammelgaard als Werkstatt für seine Stoffdrucke zur Verfügung gestellt worden. Im August veranstaltete er dort ein Konzert. Er war mit verschiedenen professionellen Musikern befreundet, und irgendwie haben sie es geschafft, ein Klavier auf den Heuboden zu bugsieren.

Im September habe ich »*Zwei alte Herren erzählen sich Geschichten*«* notiert: Tania Blixen erzählte mir, daß ihr die Idee zu dieser Erzählung gekommen sei, als sie oben auf dem Heuboden der Musik gelauscht habe – leider nur während eines kurzen Besuches, denn es ging ihr schlecht und sie hatte Schmerzen. Während ein Mädchen Mozarts Variationen über »Que dirai-je à Maman« (»A-B-C-D«) spielte und sie die weißgekalkten Wände und alten Balken im Licht der flackernden Kerzen betrachtete, habe der kleine Dialog angefangen, Form anzunehmen.

Viele andere Erinnerungen aus unserem Alltagsleben: Ein Bienenschwarm in einem Baum im Garten mußte von Erik Kopp eingefangen werden – zehn Personen zum Tee, unter ihnen Elsa Gress* und Clifford Wright* – »Fotografieren der Blumensträuße«, das ist sicher Steen Eiler Rasmussen* gewesen, der Farbaufnahmen von Tania Blixens herrlichen Blumenarrangements gemacht hat. – Fototermin bei Rie Nissen*. Und am 24. September ein fachlicher Besuch, Beatrice und Bruce Gould, Redakteure vom *Ladies' Home Journal*. Viele Touren mit Pasop zu den kleinen Waldstücken am Golfplatz. »Für einen Willkommensstrauß wildwachsende Blumen gepflückt« – in dem gastfreundlichen Irland hatte ich gesehen, daß die Leute oft herrliche Sträuße im Eingangsflur stehen hatten. Der Ausdruck »Will-

kommensstrauß« und die hübsche Sitte wurden auf Rungstedlund übernommen.

19. Oktober: Empfang für Alberto Denti di Pirajno beim Verlag Gyldendal, am Tag darauf Radioaufnahme eines Gespräches
zwischen Tania Blixen und Pirajno auf Rungstedlund. Von Danmarks Radio war Vagn Grosen da, außerdem eine ganze Teegesellschaft: Pirajnos englischer Verleger André Deutsch, Anders
Dinesen und Anne und Erik Kopp.

Das Zusammensein mit anderen Menschen war für Tania
Blixen eine Lebensnotwendigkeit und eine unentbehrliche Vor-
aussetzung für ihr Schreiben. »Es muß etwas von außen kommen«, wie sie zu sagen pflegte. Sie fand, das Schlimmste seien die
Beschränkungen, die das Kranksein einem auferlegte. Besonders
unglücklich war sie darüber, daß die Krankheit sie so oft daran
hinderte, Kontakte zu anderen Menschen aufzunehmen und zu
pflegen, sei es nun außerhalb des Hauses oder sei es bei sich auf
Rungstedlund.

In den vielen tausend Stunden, die sie im Laufe der Jahre nur
mich zur Gesellschaft hatte, erfuhr ich, über was für große
Ressourcen Tania Blixen verfügte, um ein ernstes Gespräch zu
führen, kleine humoristische Einlagen zum Besten zu geben und
sich die Zeit zu vertreiben mit reinen Unterhaltungtricks wie
Gedächtnisübungen und Zahlenrätseln, deren Lösungen eigen-
tümliche Muster und Formeln ergaben. Die humoristischen Einlagen in einem Gespräch wurden meist durch spontane Assoziationen provoziert. Tania Blixen erzählte dann Anekdoten und
Histörchen von Mitgliedern der älteren Generation ihrer Familie
und deren Freunden, die ganz besonders häufig in merkwürdige
Situationen geraten sein und viele ulkige Dinge gesagt haben
müssen. Immer gleich an allen diesen Anekdoten war, daß die
Akteure sich so schnell nicht beeindrucken ließen. – So wie
damals, als man vorsichtig und schonend versuchte, der betag-
ten Frau Mourier* auf Rugaard zu erzählen, daß es bei der
jüngeren Generation der Familie gebrannt habe, und sie kurzerhand die Beschreibung unterbrach und mit ihrer lauten Stimme
sehr sachlich fragte: »Sind die Kinder mit verbrannt?« – Eines
Nachmittags verlangte Frau Mourier während einer Ausfahrt

plötzlich von ihrem Kutscher, sich tüchtig ins Zeug zu legen und so schnell wie möglich zur Bahnstation zu fahren. Sie hatte nämlich Rizinusöl eingenommen, das zu wirken anfing, und sie konnte nicht mehr warten, bis sie nach Hause kam. Als der Stationsvorsteher den bekannten Wagen des Gutes in so rasendem Tempo angesaust kommen sah zu einer Zeit, in der kein Zug abfuhr, empfing er die Dame mit den Worten: »Es eilt aber nicht, Euer Gnaden, es eilt nicht!« Indem Frau Mourier würdig auf die Lattentür zuschritt, sagte sie: »Was weiß denn Er, wie sehr es eilt!«

Tante Ellen Plum* sagte auf dem Sterbebett zu ihrem Ehemann: »Nun sterben wir, Plum. Mach aber kein Theater.« Eine andere Tante, Kathinka, war für ihren Ordnungssinn berühmt. Eines Tages wollte sie in einem Geschäft Büffelleder für 24 Eßzimmerstühle bestellen. Mit eiserner Bestimmtheit erklärte sie: »Ich will aber nicht unzählige kleine Stücke haben, sondern alles in *einem Stück*.«

Als Tania Blixens Mutter das Radfahren lernte, hatte sie einen Radfahrlehrer – so war das damals –, der immer neben ihr herlief und das Rad festhielt. Eines Tages, als seine Schülerin allein davonbalancierte, erklärte er: »Jetzt ist es fast gänzlich vollkommen!« Aber im gleichen Augenblick sauste seine Schülerin im hohen Bogen ins Wasser. Dieser Satz kehrt in der erweiterten gesprochenen Version der Erzählung *Peter und Rosa*, unter dem Titel *Die blauen Augen**, wieder: »Nun ist sie gänzlich vollkommen.«

Wenn wir uns nicht unterhielten, lasen wir meistens; Radio hörten wir nur sehr selten – Tania Blixen selber besaß gar kein Radio – und ein Fernsehgerät wurde nie angeschafft. Ich konnte sie nur zu gut verstehen, wenn sie gelegentlich klagte, daß ihr der Umgang mit anderen Menschen fehlte. Auch ich selbst mußte natürlich ab und an hinaus und wieder auftanken. Aber ich bin nie einem Menschen begegnet, der aus ähnlich ergiebigen Quellen schöpfen konnte.

Unter dem 11. November steht in meinem Kalender, daß ich *Widerhall* an Ellen Dahl und Aage Henriksen geschickt habe. Aage Henriksen schrieb als Antwort eine weitere Geschichte, eine Fortsetzung von *Widerhall*, in der Pellegrina auf den »Straßen um den Thuner See« umherschweift. Gewiß war *Widerhall* an sich schon eine Art Fortsetzung von *Die Träumer*, aber im allgemeinen beschäftigte sich Tania Blixen gar nicht damit, wie es den Figuren nach dem Ende der Geschichte ergehen würde. Jede Geschichte war ein in sich geschlossenes Ganzes. Ein einziges Mal hat sie mich freilich gefragt, wie es dem Seemann in der *Unsterblichen Geschichte* meiner Meinung nach später ergangen sei, aber das war nur eine leicht hingeworfene Frage, ein Beitrag zur gegenseitigen Unterhaltung am Kamin. Zunächst war sie wohl etwas irritiert, daß man ihr für die leihweise Überlassung der Erzählung mit einer Fortsetzung dankte. Andererseits liebte sie Denys Finch Hattons Familienmotto »Je responderay« (»Ich werde antworten«) und wollte gerne selbst antworten, auch selbst eine Antwort bekommen.

Unter einer Vielzahl kleinerer Aktivitäten sind folgende wichtigere Dinge im November und Dezember vermerkt:

21. November: »Rechtsanwalt Ingerslev* auf Rungstedlund.« Es handelte sich um den eine Generation jüngeren Verwandten Tania Blixens, Philip Ingerslev, der ihre juristischen Angelegenheiten übernahm. Wahrscheinlich hoffte sie, sie könne aufgrund ihrer verwandtschaftlichen Beziehungen größere Ansprüche an die Zeit und Kräfte dieses Anwalts stellen und so den Dingen endlich auf den Grund kommen, damit auch die letzten möglicherweise im Verborgenen lauernden Minen entschärft werden könnten. Der eine gefährliche Vertrag war inzwischen ja glücklicherweise freiwillig dem Finanzamt vorgelegt worden. Auch so war die Last, die Rechtsanwalt Ingerslev auf die Schultern gelegt wurde, noch groß genug, und besonders in den letzten Jahren hat er schwer an ihr tragen müssen.

10. Dezember und die folgende Zeit: *Eine Geschichte vom Lande.* Die Arbeit an dieser vor sechs Jahren begonnenen Erzählung war also wieder aufgenommen.

14. Dezember: Tania Blixen zur Untersuchung bei Professor

Mikkelsen*. Ich in der Stadt mit einer Bücherspende von ihr an die Ungarnhilfe. Alfred Petersen fuhr seine letzte Tour mit »Henry«, wie er den lieben Ford nannte.

Zum Weihnachtsfest nach Wedellsborg. Ich begleitete Tania Blixen, die bis nach Neujahr dort blieb, während ich aus familiären Gründen nach Hause fahren mußte. Wenn ihr jemand vor einem Jahr gesagt hätte, sie werde noch viele Male nach Wedellsborg und Gyldensteen kommen, hätte sie es nicht geglaubt.

Am Ende meiner Neujahrsferien im Haus in Dragør steht am 16. Januar: »Gepackt und Dragør abgeschlossen. Nach Rungstedlund.« Und am 4. Februar: »*Widerhall*« an Ole Wivel schikken.«

Es wurde also an der Sammlung gearbeitet, die später *Letzte Erzählungen** heißen sollte. Wann genau Tania Blixen sich für diesen Titel entschied, weiß ich nicht mehr, ich kann mich nur entsinnen, daß er mich verständlicherweise sehr traurig stimmte. Aber dann kam es ja doch anders, und es wurde nicht die *letzte* Sammlung von Erzählungen, vielmehr folgten eine weitere und ein Erinnerungsbuch, welches das Buch über die Farm ergänzte.

16. Februar: »In der Morgenpost der Baronesse: Henri-Nathansen-Preis* und Ernennung zum Ehrenmitglied der Amerikanischen Akademie.«

Vom 14. bis 17. März liegt Tania Blixen wieder im Städtischen Krankenhaus. Deshalb konnte sie an der kleinen Zusammenkunft am 16. in Dragør nicht teilnehmen, die etwas ganz Besonderes darstellte. Mein Haus sollte für einige Monate einem gemeinsamen Freund von Tania Blixen und mir zur Verfügung gestellt werden, dem amerikanischen Pianisten Eugene Haynes*. Ich hatte ja einige Verbesserungen an dem Haus vornehmen lassen und fand nun, Eugenes Einzug sei ein Anlaß, eine Einweihungsfeier zu veranstalten. Es sollte nicht nur eine der üblichen »Housewarming«-Parties, sondern auch eine rituelle Weihe stattfinden. Diese wurde von dem Komponisten Leif Kayser*, der damals noch Pfarrer war, vorgenommen. Die anderen Gäste waren Jørgen Gustava Brandt, Bent Mohn* und ein gemeinsamer Freund von Eugene und Bent, Robert Hunt, und als eine Art Maskottchen die Tochter meiner Cousine, Majken,

in einer bildhübschen Amager-Tracht*. Robert Hunt sang mit
wunderbarer Stimme verschiedene Lieder, unter anderem:

> There's a man going round taking names.

> He has taken my mother's name
> and left my heart in pain –

> He has taken my father's name
> and left my heart in pain –

> There's a man going round taking names.

Als ich später mit Tania Blixen in New York war, trafen wir
wieder mit Bob Hunt zusammen, und er nahm uns mit zu einem
Konzert von Lena Horne.

Wir arbeiteten so intensiv an den *Letzten Erzählungen*, daß
ich ohnehin nicht damit rechnete, in den nächsten Monaten nach
Dragør zu kommen. Im März tauchen Notizen auf über *Saison
in Kopenhagen*, deren spätere dänische Version den Titel *Ib und
Adelaide* erhielt. Die dänische Ausgabe mußte gleichzeitig mit
der englischen und amerikanischen fertig sein. Außerdem sollten
noch Übersetzungen in verschiedenen anderen Ländern zum
gleichen Termin erscheinen. Diesen Übersetzungen wurde der
englische Text zugrunde gelegt, denn der war als erster fertig. Bei
den nächsten beiden Büchern wurde ebenso verfahren.

25. März: »Rommys Geburtstag. Tour zum Golfplatz und
zum Schlachter, Schokolade mit dem Gutsbesitzer.« Pasops Ge-
burtstage wurden genauso gefeiert wie die der Zweibeiner.
Einige Jahre zuvor, als Nils noch klein war, haben wir sogar den
Geburtstag seines Stoffhundes Bobby gefeiert. Frau Steen Eiler
Rasmussen war eingeladen, und als sie kam, saß das Geburtstagskind mitten auf dem Tisch und hatte sein Geburtstagsge-
schenk, ein rotes Halsband, schon umgebunden. Wir tranken
Schokolade und sangen: »Heute ist Bobbys Geburtstag.« Später
wurde ein Lied über »Teddys Geburtstag« unser beliebtester
Geburtstagsgesang auf Rungstedlund. Als aber einige von uns

ein wenig zu weit gingen in dem sonst überaus freimütigen Ton und etwas von »Hasenvater und Hasenmutter« sangen und dabei das dänische Wort für Hase, »hare«, so aussprachen wie Tania Blixen, ging die Sache schief: Von da an sprach sie »hare« genauso aus wie alle anderen Menschen, und das war doch bedauerlich.

6. April: »Prachtvolle Tour zum Sjællands Odde.« Thomas und Jonna Dinesen hatten zu diesem Ausflug im Auto bei strahlendem Sonnenschein eingeladen. Wenn wir am Kamin saßen, hat mich Tania Blixen oft gebeten, das Lied zu singen, dessen Text auf einem Gedenkstein* auf dem dortigen Friedhof eingraviert ist: *De snekker mødtes i kvæld på hav.* Mir fiel dann immer wieder die Einstudierung des Liedes für ein Schulkonzert ein, und mittendrin sagte ich: »Hier müßte es eigentlich mehrstimmig weitergehen.« Daraufhin pflegte Tania Blixen, wenn sie sich das Lied erbat, gleich zu sagen: »Und nun brauchst du nicht mehr zu sagen, von wo an es mehrstimmig werden müßte.« Erst bei diesem Ausflug bekamen wir endlich den Gedenkstein zu sehen.

Im April fand außerdem der erste Kontakt zu der Bildhauerin Lis Hooge Hansen statt, die eine Büste Tania Blixens anfertigen sollte. Auch waren wir zum Tee beim amerikanischen Botschafter, der Tania Blixen das Diplom der Ehrenmitgliedschaft in *The American Academy of Arts and Letters* und dem *National Institute of Arts and Letters* überreichte. In dem Diplom wird die Ehrung damit begründet, daß Isak Dinesens Werk höchste Subtilität mit weitesten und wärmsten menschlichen Gefühlen verbinde, einen Kern zeitloser Wahrheit enthalte und Menschen und Natur mit realistischen Augen und dem durchdringenden Blick des Mystikers für zeitlose Werte betrachte.

Im Juni ein sehr geglückter und vergnüglicher Besuch von Michail Scholochow* und seiner Frau. Einige Jahre später, als Scholochow wieder einmal nach Dänemark kam, war Tania Blixen leider zu krank, um ihn zu empfangen. Einen belgischen Schriftsteller, Daniel Gillès, der sie 1962 besuchen und Interviews für das belgische Fernsehen machen wollte, haben däni-

Michail Scholochow und Tania Blixen auf Rungstedlund im Juni 1957 (Foto: C. Selborn).

sche Schriftsteller-Kollegen vorher gewarnt, sie werde ihn ganz bestimmt nicht vorlassen, »sie ist ein Original, eine Exzentrikerin«, und dem großen russischen Autor Scholochow »hat sie die Tür gewiesen«, behaupteten sie. Am nächsten Tag, so fährt Daniel Gillès in seinem Bericht fort, war er dann in ihrem Haus auf Rungstedlund. Das ist wieder einmal ein Beispiel dafür, daß alles, was Tania Blixen sagte oder tat, in bestimmten Kreisen auf die übelste Weise mißdeutet wurde. Es wurde ihr auch einmal berichtet, in einer literarischen Gesellschaft in Hørsholm sei über sie gesprochen worden und jemand habe versucht, sie zu verteidigen, und gesagt: »Ja, man kann über Tania Blixen nun sagen, was man will ...«, worauf ein anderer Teilnehmer blitzschnell eingeworfen habe: »Ja, und das zu Recht.«

Vom 21. bis 23. Juli besuchte uns Roger Lubbock, der neue Direktor von Putnam, Tania Blixens englischem Verlag. Das war der Herr, der im Jahre 1954 wenig Interesse am Fortgang des neuen Buches gehabt und ganz vergessen hatte, daß ich auf dem Rückweg von Irland nach London kommen sollte. Diesmal schickte er schon vor seinem Besuch einen Vertrag für die *Letzten Erzählungen*. Tania Blixen war, wie sicher viele andere Schriftsteller auch, lange Zeit der Ansicht, wenn man sich einen Verleger und einen Vertrag ohne Agenten besorge, käme man billiger davon, als wenn man dem Agenten noch Prozente zahlen müsse. Das Ergebnis war, daß einige ihrer wichtigsten Verträge höchst nachteilig für sie waren. Auch der Vertrag, der nun von Putnam vorgeschlagen wurde, enthielt zwei üble Fallstricke. Allmählich hatte ich mich in diese praktische Seite der Schriftstellerei so weit eingearbeitet, daß ich selbstverständlich den Vertrag zu sehen bekam und ihn durchlas. Damals hatte ich schon einiges von Frau Gedin gelernt und entdeckte den einen Fallstrick, den anderen aber nicht, und das erwies sich einige Jahre später als ein teurer Spaß.

Im August fand eine Pressekonferenz beim Verlag Gyldendal statt aus Anlaß des bevorstehenden Erscheinens der dänischen Ausgabe der *Letzten Erzählungen*, dem ersten »richtigen« Buch seit den *Wintergeschichten* vor sechzehn Jahren. Aber auch: »Schlechte Nachrichten betreffs B.d.M.« Das bedeutet: Im Gegensatz zu all ihren anderen Büchern waren die *Letzten Erzählungen* nicht zum *Buch des Monats* gewählt worden. Ich erinnere mich, daß Tania Blixen an jenem Abend mit der Bemerkung zu Bett ging: »Das ist *unheimlich* . . .« Schon einige Jahre zuvor hatte Roger Lubbock mir gegenüber bemerkt, während Tania Blixen in Dänemark besonders durch ihre Radiosendungen immer bekannter und beliebter geworden sei, hätten sich die Dinge in England gerade umgekehrt entwickelt: Weil so lange nichts Neues von ihr erschienen sei, gerate ihr Name in den Hintergrund. Es wäre wahrhaftig unheimlich, wenn es ihr in Amerika, wo alles seinen Anfang genommen hatte, genauso ergehen würde. Aber die Verleihung der Ehrenmitgliedschaft in der Amerikanischen Akademie zeigte ja, daß das nicht der Fall war. Und wahrscheinlich hatten ein Personalwechsel im Buchklub oder irgendwelche anderen Zufälle hier eine Rolle gespielt, die mit einer wirklichen Bewertung ihres Werkes nichts zu tun hatten. Es ist zwar schön, wenn man erlebt, daß das eigene Buch gewählt worden ist, aber es hat keine tiefere Bedeutung, wenn es nicht der Fall ist.

Nun aber geschahen auf höherer Ebene höchst unerwartete Dinge. Der hochgeschätzte und vielbeschäftigte schwedische Autor Anders Lundebeck kam mit der ebenso hochgeschätzten und vielbeschäftigten dänischen Fotografin Anne Marie Lindequist zu Besuch und wollte Material für einen Artikel haben. Er erzählte Tania Blixen, er wisse ganz genau, daß sich bei der Abstimmung der schwedischen Akademie für den Nobelpreis in jenem Jahr eine Mehrheit für Tania Blixen entschieden habe.

Ein norwegischer Journalist, auch er war anerkannt und offensichtlich gut informiert, erbat ein Interview. Im Laufe seines Besuches sagte er zu mir: »Ich weiß einigermaßen Bescheid, was in Stockholm vor sich geht.« Außerdem kann ich mich noch erinnern, daß er in bedeutungsschwerem Tone etwas von *extrasensory perception* äußerte – Tania Blixens »übersinnliches Wahrnehmungsvermögen« sei, so meinte er, eine Erklärung für die außergewöhnlichen Qualitäten ihres Werkes, eine Feststellung, zu der ich weder ja noch nein sagen konnte.

Sollte es wirklich im Bereich des Möglichen liegen, daß ein solches »baksheeshe« käme? – Nicht, daß das irgend etwas an dem eigenen, inneren Wert des Werkes verändert hätte. Aber solch ein Aufwind an Publicity wäre genau in dem Augenblick, da ein Comeback nach sechzehn langen Jahren bevorstand, wunderbar. Die wichtigsten Aspekte dieser Angelegenheit waren eben: die unerwartet große Freude und der glückliche Zeitpunkt. Selbstverständlich würden die unmittelbar mit dem Preis verbundenen Gelder auch viel ausmachen. Ich persönlich bin noch nie in meinem Leben so freudig überrascht worden, in erster Linie natürlich um Tania Blixens willen. Aber auch für mich selber war das eine Art Frühlingszeichen nach einem langen Winter. So viele Unannehmlichkeiten hatten der kontinuierlichen Arbeit im Wege gestanden: Krankheit, die shauris mit dem »Plagiatroman«* und der Steuer und noch etliches andere. Ich wollte doch so gerne Handlanger bei weiteren neuen Werken sein. Und eine Art Rechtfertigung gegenüber den Verwandten und alten Freunden, die nie ganz verstanden hatten, warum ich meine Karriere für eine derart ungewöhnliche Aufgabe verlassen hatte, wäre auch sehr willkommen.

Am 17. Oktober radelte ich früh am Morgen zur Messe nach Mikkelsborg, nicht »um den Himmel mit einer bestimmten Bitte zu belästigen«, wie von dem Priester in der *Dritten Erzählung des Kardinals* gesagt wird, sondern um einen Freudentag einzuweihen.

Der Tag verging, und es geschah nichts. In den Radio-Nachrichten um 18.30 Uhr, die wir in der grünen Stube hörten, wurde mitgeteilt, daß der Preis jemand anderem zugesprochen war.

I returned, and saw under the sun, that the race is not to the swift, nor the battle to the strong, neither yet bread to the wise, nor yet riches to men of understanding, nor yet favour to men of skill; but time and chance happeneth to them all.

Ich wandte mich und sah, wie es unter der Sonne zugeht, daß zum Laufen nicht hilft schnell sein, zum Streit hilft nicht stark sein, zur Nahrung hilft nicht geschickt sein, zum

Reichtum hilft nicht klug sein; daß einer angenehm sei, dazu hilft nicht, daß er ein Ding wohl kann; sondern alles liegt an Zeit und Glück.*

Am 4. November erschien die dänische Ausgabe der *Letzten Erzählungen*. Tania Blixen hatte sich schon lange vorgenommen, an dem Tage auswärts zu sein, und es wurde eine Reise geplant, bei der es für eine Woche nach Rom, eine Woche nach Paris und eine Woche nach London gehen sollte. In Rom waren auf Initiative von Eugene Walter großartige Gesellschaften arrangiert, bei Mitti Risi auf der Tiberinsel in einem mittelalterlichen Palast. Ich bewahre noch immer den hübschen Fächer auf, den Eugene Walter mit *Welcome to Rome* bemalt hatte und auf dem alle zu dem Diner eingeladenen Gäste unterschrieben haben, unter ihnen auch Ignazio Silone. Nach dem Essen strömte noch eine Menge anderer Gäste herein; in den schönen Räumen mit Blick auf den direkt vor den Fenstern vorbeirauschenden Tiber wimmelte es von Leuten in allen möglichen verschiedenen Garderoben, von höchster Eleganz bis hin zu gewöhnlicher Alltagskleidung. So war das in diesen Kreisen üblich, die ansonsten als ausgesprochen mondän galten. Bei Virginia und John Bekker* im Palazzo Caetani wurde eine für diesen Anlaß von Eugene Walter geschriebene Marionettenkomödie über Tania Blixens Reise nach Rom aufgeführt. Tania schwebte in einem Ballon von oben herab, inspizierte das Begrüßungskomitee, stellte fest, daß kein Kardinal dabei sei: »Los, wieder nach oben, Clara! Man hat mir einen Kardinal *versprochen*!« Daraufhin wird ein Kardinal herbeigeschafft; für seine kleine Robe hatte man authentischen Stoff von einem Schneider besorgt, der die Roben für die »richtigen« Kardinäle anfertigte. Tania selbst hatte einen winzigen Silberfuchs um den Hals. Außer der Marionettenkomödie hatte man einen Gabentisch für den Ehrengast vorbereitet, zu dem von den Gästen jeder einzelne etwas beigesteuert hatte. In Brianna Carafas Wohnung – mit Dachterrasse und Aussicht über die Piazza del Popolo – boten professionelle Künstler zur Unterhaltung des Ehrengastes Gesang, Tanz und

Tania Blixen auf der Spanischen Treppe
(1957; Foto: C. Selborn).

Im Caffè Greco in Rom (1957; Foto: C. Selborn).

Musik. Unter den Gästen dort war auch Denti di Pirajno, von dem ich inzwischen *Das Mädchen auf dem Delphin* ins Dänische übersetzt hatte.

Heute halte ich es für möglich, daß alle diese Leute, deren glänzende und exquisite Feste von langer Hand vorbereitet sein mußten, damit gerechnet hatten, die Nobelpreisträgerin des Jahres feiern zu können. Aber ich glaube nicht, daß Tania Blixen in jenem Augenblick so etwas gedacht hat, und auch ich bin damals nicht auf einen solchen Gedanken gekommen. Wenn ich mir jetzt die geradezu märchenhaften Erinnerungen vor Augen führe, wird mir klar, was für menschliche und charakterliche Qualitäten, welch echter Sinn für Kultur in dem Entschluß offenbar wurden, nichts von dem vorgesehenen Programm zu streichen, sondern es in seiner ganzen Pracht durchzuführen: Man feierte einfach Isak Dinesen und ihr neues Buch.

Diesmal blieb es nicht bei dem Gedanken an Paris, die Reise wurde dorthin fortgesetzt, und damit folgte eine Woche voller Theaterbesuche und Geselligkeit. Eines Tages, als wir die Rue Saint Honoré entlanggingen, kam uns jemand entgegen, rief plötzlich: »Tania!« – und umarmte sie: Es war John Gielgud. Ein paar Tage darauf hörten wir seine Shakespeare-Rezitation im Théâtre des Ambassadeurs – und wir sahen Jean Louis Barrault, den wir gerade vor einigen Tagen in einer Dramatisierung von Kafkas *Schloß* erlebt hatten, mitten in der ersten Reihe des Balkons sitzen.

Danach eine Woche London. In Paris hatte Tania Blixen ein neues, sicher etwas billigeres Hotel anstatt des gewohnten ausprobieren wollen. Als sie mit dem enormen Gepäck dort ankam, wurde sie von bangen Ahnungen befallen und wollte schon in ihr früheres Hotel umziehen, hielt dann aber doch durch. In London landeten wir in einem Hotel, das sich nun wirklich als Mißgriff erwies. Gleich am ersten Abend wurde Tania Blixen auch noch krank. Eine üble Situation, aber am nächsten Morgen empfahlen Freunde ein anderes Logis, eine ganz andere Welt, und nicht einmal wesentlich teurer. Die Patientin wurde nun mitsamt der riesigen Ladung Gepäck umquartiert. Es kam zu ausgesprochen vergnügten Treffen mit Denys Finch Hattons beiden Nichten, Lady Diana Tiarks und Lady Daphne Straight, die Tania Blixen schon als ganz junge Mädchen kennengelernt hatte, als sie in den dreißiger Jahren auf dem Familiengut Buckfield zu Besuch war. Diana, mit der sie sich ganz besonders gut verstand, hatte die gleiche große Nase wie Denys, »the Finch Hatton beak«, und ein herrlich vergnügtes Lachen; Daphne war in einem etwas konventionelleren Sinn schön.

Der Höhepunkt des Aufenthaltes war eine Fahrt nach Stratford-on-Avon mit einer Aufführung von *Der Sturm* in der Inszenierung von John Gielgud und mit ihm selbst in der Rolle des Prospero. Gleich nach unserer Ankunft waren wir mit ihm zum Mittagessen bei Freunden eingeladen, und auch nach der Vorstellung waren wir noch mit ihm zusammen. Als wir gemeinsam die Schwäne auf dem Avon beobachteten, war Tania Blixen so glücklich, wie ich sie selten gesehen habe. Eine kleine Extra-Freude wurde uns noch auf der Rückreise nach London beschert: Der Zug war voller Hunde, die von einer Hundeausstellung kamen, und auch in unserem Abteil fuhren einige mit, derer wir uns annahmen, während ihre »Herrchen« in den Speisewagen gingen. Das Hundegewimmel in dem Zug, fand Tania Blixen, war ein herrlicher Schlußpunkt des schönsten Tages der ganzen Reise.

Der am wenigsten glückliche Tag war der, als ihr Verleger ihr zu Ehren einen Empfang gab und es zu einer Komplikation kam, weil wir in Paris eine zweite Einladung für den gleichen Tag – zu einem etwas späteren Zeitpunkt – angenommen hatten bei Leuten, die in *The Albany* wohnten. Der Bewunderer, der sie als Attraktion für die Einladung Nummer zwei »besorgt« hatte, kam, um sie abzuholen, legte ihr ihren Mantel um und zog buchstäblich mit ihr ab, woraufhin der Gastgeber Nummer eins tödlich beleidigt war und ihr das nie verziehen hat. Für diese peinliche Situation fühlte ich mich natürlich mitverantwortlich und wachte von da an wie ein Drache über den Terminkalender. Später erwies sich das als sehr nützlich in einem anderen Land, wo es einem passieren konnte, daß die Leute einfach blufften und so taten, als hätten sie eine Verabredung, obwohl das gar nicht stimmte.

Die Heimreise wurde einen Tag vorverlegt, weil von Kopenha-

gen aus angerufen worden war, Tania Blixen sei der Kritiker-
preis zugesprochen worden und man hoffe sehr, sie könne zur
Verleihung und dem damit verbundenen Essen kommen. Aber
ausgerechnet an dem Tag war der Flughafen wegen Nebels
geschlossen, und wir mußten mit dem Zug nach Manchester
fahren, von wo aus wir erst mit vielen Stunden Verspätung
starteten. Tania Blixens Beine waren nach dem langen Sitzen
furchtbar angeschwollen. Zu der Zeit hatte sie schon Ödeme
und noch andere, weit unangenehmere Symptome der Unterer-
nährung von der gleichen Art, wie man sie von den Gefangenen
in den Konzentrationslagern kannte. Erst am Morgen des Tages,
an dem die Verleihung des Preises stattfinden sollte, kamen wir
in Kastrup an. Aber sie stand das ganze Programm durch.

Das Jahr endete, wie schon so viele andere Jahre, mit dem
Weihnachtsfest auf Wedellsborg.

1958

Arbeitsnotiz im Januar: Abschreiben von »Babette«. Es wurde also an der Sammlung gearbeitet, die später den Titel *Schicksals-anekdoten** bekam. Obwohl *Babettes Fest* schon von Jørgen Claudi für den Hörfunk ins Dänische übersetzt worden war, übertrug Tania Blixen die Erzählung für diese Sammlung noch einmal, und sie erweiterte die Beschreibung der Wirkung des Rausches auf die frommen Brüder und Schwestern. Sie sagte, es müsse »etwas wilder« zugehen.

1. Februar: »Tour mit Rommy zum Wasserfall«. Das ist sicher eines der letzten Male gewesen, wo er so weit laufen konnte. Er war nun ein sehr alter Knabe, hatte irgend etwas mit dem Herzen und den Nieren und konnte kaum noch sehen und hören.

10. Februar: Unzählige Autos im Schnee steckengeblieben. Knud W. Jensen saß in einem davon und kam zu uns herein. Nicht nur die Freunde des Hauses pflegten so hereinzuschneien, viele Leute kamen nach Rungstedlund, wenn sie nicht weiter wußten, und erkundigten sich dort. Das Haus wirkt ja so offen und freundlich, und damals machte uns das nichts aus, weil wir viele Bewohner waren und Alfred Petersen, der sich oft draußen zu schaffen machte, schon Pensionär war und Zeit hatte.

Im März steht in meinem Kalender unter anderem: »Baronesse zum ersten Mal draußen zu einem Spaziergang.« Es muß also wieder eine Verschlechterung des Gesundheitszustandes gegeben haben. Aber auch wenn sie bettlägerig war, wurde gearbeitet. Mein kleiner transportabler Schreibmaschinentisch wurde nun auch im Schlafzimmer benutzt.

14. April: Die Baronesse, Rommy und ich rund um den Teich. Weiter konnte Pasop nun nicht mehr gehen.

Unter den Hunderten von Gedichten, die Tania Blixen auswendig hersagen konnte, gab es eine alte dänische Ballade von einem arabischen Pferd, das »Khamar« hieß. Sie bewunderte Vollblutpferde wegen ihres Durchhaltevermögens. »Ein Vollblutpferd geht, bis es stürzt«, sagte sie, und sie selbst hielt es ganz ähnlich. Jedenfalls war der Vergleich zwischen ihr und diesem Pferd irgendwann einmal aufgetaucht. In dem Gedicht heißt es: »Wie ist denn sein Name?« »Khamar.« »Wie alt?« »Vier Jahre.« – Eines Tages, als Tania Blixen sehr müde war, zitierte sie: »Wie ist denn sein Name?« »Khamar.« »Wie alt?« »Hundert Jahre.« – Khamar wurde zu einem Beinamen für sie, der nur im Scherz zwischen ihr und mir verwendet wurde, ebenso wie ich »Fedekalv« genannt wurde. In meine Exemplare der letzten Bücher hat sie »Für das Fedekalv von Khamar« geschrieben. Deshalb lag es schon ziemlich nah, daß wir uns wie eine Art »Bremer Stadtmusikanten« vorkamen, wenn wir mit Pasop spazierengingen. Zu der Zeit, als die Katze Tumbo noch mitging, wäre der Vergleich noch treffender gewesen. An jenem 14. April konnte der kleine Trupp Bremer Stadtmusikanten nur mit Mühe und Not die Strecke rund um den Teich zurücklegen.

Pasop wurde wenige Tage darauf so krank, daß der Tierarzt Mortensen, einer seiner besten Freunde, sagte: »Das ist doch kein Leben mehr.« Wenn er nur ein paar Schritte gegangen war, mußte er den Hals strecken und nach Luft japsen, und das Herz hämmerte so, daß man es schlagen sehen konnte. Für kranke Menschen, die ich liebte, habe ich immer bis zum letzten Moment gehofft, daß sie trotz allem überleben möchten. Für Pasop hoffte ich in diesem Stadium, daß er sterben möge, es würde sonst unsere Pflicht sein, ihn einschläfern zu lassen. Er bekam eine Frist bis zum Sonnabend, dem 19. April. Aber dann müßte eine Entscheidung gefällt werden. Er sah uns ruhig und voller Vertrauen mit seinen klaren Augen an, und Tania Blixen sagte in einem völlig ruhigen und alltäglichen Tonfall zu ihm: »Ja, es tut mir leid, daß ich keine andere Lösung für dich weiß, Pasop...« Dann schnitt sie sich zur Erinnerung eine kleine Locke seines Fells ab. Für Tania Blixen war es selbstverständlich, daß sie diejenige sein mußte, die Pasop auf den Rasen hinausbegleitete. »Madam Carlsen« saß in ihrem Zimmer und weinte. Ich selbst fand, ich müßte mit hinausgehen. Der gute, immer vergnügte Pasop bewegte sich, als ob »Galopp« kommandiert worden wäre, und wedelte noch heftig, nachdem der Tierarzt ihn schon für tot erklärt hatte. Er wurde oben an der »Ewalds-Höhe« begraben, in der Nähe der Stelle, wo Tania Blixen selbst beerdigt werden wollte. Wir banden ihm um den Hals eine Bastschnur mit den drei ineinander verschlungenen Hühnerringen, die das fremde aschblonde Mädchen uns so wortlos in die Hand gedrückt hatte, als wir seinerzeit an dem »kleinen Wasserfall« saßen und Tania Blixen gefragt hatte: »Glaubst du, daß wir drei uns wiedersehen?«

Für die meisten Menschen mit einem Gesundheitszustand wie Tania Blixen wäre das stille Leben zu Hause, das mit allen seinen Sorgen und Freuden täglich seinen Gang ging, schon genug gewesen. Mein Kalender zeigt aber, wieviel sie darüber hinaus noch schaffte: Aufnahmen für den Hörfunk, Fahrten nach Kopenhagen zu Zahnarztbehandlungen und andere Strapazen. Nun kamen auch noch die Treffen mit den Leuten dazu, die die Gründung des Fonds vorbereiteten, der Rungstedlund in Zukunft unterhalten und sichern sollte.

11. April: »Die Baronesse im Hotel Angleterre zum Fototermin bei Richard Avedon.«* Der elegante Top-Fotograf brachte ein Empfehlungsschreiben von Truman Capote mit. Während des Frühstücks in seinem Hotelzimmer erzählte er von dem Portrait-Buch, das er in Arbeit hatte, und zeigte als Beispiele für seine Konzeption traumhaft schöne Bilder von Marilyn Monroe und Gloria Vanderbilt. Ich selbst half in schönster Gutgläubigkeit Mrs. Avedon das weiße Laken hochzuhalten, das als Hintergrund für das Portrait von Tania Blixen dienen sollte. Und ich ahnte auch nichts Böses, als er bat, eine Detailaufnahme ihrer Hände machen zu dürfen. Sie hatte ja anmutige und zugleich zupackende Hände, die es sehr wohl wert waren, gesondert portraitiert zu werden. Als das Buch später mit Texten von Truman Capote erschien, stellte sich heraus, daß die meisten Aufnahmen Karikaturen waren, mit Hilfe von Tricks hergestellt. Das skandalöseste Bild war das vom Herzog und der Herzogin von Windsor, die mittels eines besonderen technischen Kunstgriffs so portraitiert waren, daß die Runzeln sich in ihren Gesichtern unnatürlich stark abzeichneten. Tania Blixens schmaler Kopf war auf dem einen Bild ganz und gar in die Breite verzerrt. Die Hände waren in einer Technik fotografiert, die ihren von Krankheit gezeichneten Zustand, die Magerkeit und die hervortretenden Adern, erbarmungslos hervorhob. Ein drittes Bild, bei dem sie aufrecht stand und ihren schweren Pelz anhatte, war von unten nach oben fotografiert, so daß der groteske Eindruck von etwas Großem und Mächtigem entstand, der überhaupt nichts mit ihrer zarten und graziösen Gestalt zu tun hatte. Als sie das Buch bekam, reagierte sie nicht mit Wut, wie so viele es getan hätten, sondern mit Trauer. Zu der Zeit war sie schon in Amerika gewesen und hatte ein Vierteljahr lang außer etwas oberflächlicher Bewunderung auch viel Herzlichkeit erfahren. Sehr gelassen schrieb sie an Truman Capote, dem Buch, oder seinen beiden Urhebern, fehle eine Eigenschaft, der sie sonst in Amerika in so vielfältigen Formen begegnet sei: *generosity*. Was das Bild mit dem großen schweren Pelz betrifft, hatte sie vielleicht selbst ein ganz klein wenig Schuld: Truman Capote hatte Avedon geraten, sie auch »in her furs« zu fotografieren, war da aber möglicherweise einem kleinen Scherz aufgesessen, den sie sich ihm gegenüber einmal geleistet hatte: Als er bei einem Besuch ihre Mohair-Jacke bewunderte – später hatte ihre ganze Garderobe Namen, und so eine Langhaar-Jacke hieß »Atta Troll« – und fragte, woraus sie gemacht sei, antwortete sie, das sei das Fell eines Tieres, das in den Wäldern um Rungstedlund lebe. Möglicherweise hat er also an dieses sehr viel leichtere Kleidungsstück gedacht. Da Avedon aber um einen Pelz gebeten hatte, war der Skunk hervorgeholt worden. Es wäre für Tania sicher ein winzig kleiner Trost gewesen, daß man später in dem Film *Wer hat Angst vor Virginia Woolf* dieses Avedon-Portrait von ihr an der Wand hängen sehen konnte. Man kann das als Beweis für ihre Berühmtheit nehmen. Und über Ruhm war sie ebenso glücklich wie ihr Landsmann Hans Christian Andersen.

6. Mai: »Manuskript an Random House geschickt.« Damit waren die *Schicksalsanekdoten* gemeint.

21. Mai: Eine kleine Notiz über den Besuch meiner Freundin Edith Hilsted aus Humlebæk mit ihren drei Jungen. Wir saßen draußen auf dem Rasen, und Tania Blixen schloß sich uns an. Um den Teich blühte ein Meer von weißen Narzissen – Knud W. Jensen hatte ihr einmal Unmengen von Frühlingsblumenzwiebeln geschenkt –, Tania Blixen wollte der Familie Hilsted einen möglichst großen Strauß mit nach Hause geben und gleich ein Spiel aus dem Pflücken machen. Sie sagte: »Wer hat als erster 25 Stück?« Sie selbst wurde vor uns anderen fertig, die wir eine und zwei Generationen jünger waren. Sie liebte Wettkämpfe und fand sie amüsant und stimulierend. Die dänische Redewendung: »Man muß dort hinüberspringen, wo der Zaun am niedrigsten ist«, versah sie mit einem Fragezeichen und meinte, das komme immer ganz darauf an. Wenn man vor einem wildgewordenen Stier davonlaufe, sei es wohl praktisch, dort hinüberzuspringen, wo die Hürde am niedrigsten sei. Wenn man aber in einem Sportstadion sei, mache man sich damit lächerlich. Gelegentlich stellte sie dem einen oder anderen die Frage: »Was tust du gerade jetzt in deinem Leben? Läufst du vor einem wildgewordenen Stier davon, oder befindest du dich in einem Stadion?«

Vom 24. bis 27. Mai fuhr Tania Blixen mit ihrem Bruder Thomas Dinesen nach Hamburg, um den alten General Paul von Lettow-Vorbeck* zu besuchen, den sie auf ihrer ersten Reise nach Afrika vor dem Ersten Weltkrieg kennengelernt hatte. Während dieses Aufenthaltes lernte sie auch den Verleger Rowohlt kennen, der durch Vermittlung von Frau Gedin Taschenbuchausgaben ihrer Werke herausbrachte.

Im Juni Nachtigallenexpeditionen: Erik Kopp begleitete Tante Tanne. Die Nachtigallen nur zu hören, reichte ihr nicht, die Saison taugte nichts, wenn Tania Blixen nicht wenigstens einmal eine Nachtigall auch *gesehen* hatte.

16. Juni: Konsultation bei Professor Busch. Auf dem Heimweg Fahrt durch den Dyrehaven.

Während Tania Blixen noch an der englischen und der dänischen Ausgabe der *Schicksalsanekdote* arbeitete, drängten ganz andere Überlegungen auf eine Entscheidung: Es ging um die Zukunftsplanung für Rungstedlund.

Beim Autofahren spricht man von einem »Nahbild« und vom »Fernbild«, der Fahrer soll beides im Auge haben. Im übertragenen Sinn kann man sagen, Tania Blixen hat nie das Fernbild aus dem Auge gelassen. Sie erwähnte einmal, daß ihr Vater über die gleiche Eigenschaft verfügt habe: Er habe dem Staat einmal den Kauf des ihm gehörenden langen Strandstreifens von Rungsted nach Süden zu einem billigen Preis unter der Bedingung angeboten, daß der Staat ihn unter Schutz stellen und dafür sorgen würde, daß kein Grund und Boden an Privatleute verkauft würde, der Strand also unbebaut bliebe. Er sei aber auf keinerlei Interesse gestoßen. Rungstedlund umfaßte noch immer 16,5 Hektar Land. Tania Blixen und ihren beiden Brüdern gehörte je ein Drittel. Was sie mir gegenüber zu der Zeit an internen Familienüberlegungen erwähnt hat, ist zum einen Ohr hinein- und zum anderen Ohr hinausgegangen. Ich glaube jedoch, sie war im großen und ganzen der Ansicht, daß ein eventueller Erbe sich verpflichten solle, nichts von dem Areal abzutrennen, und das schienen die anderen für undurchführbar zu halten. Sie suchte daraufhin nach anderen Möglichkeiten, Rungstedlund als Ganzes zu erhalten. Das Haus war das größte Problem, weil es so primitiv und baulich in schlechtem Zustand war. Eine der Ideen, denen wir nachgingen, war der Versuch, »Dansk Samvirke«* zu bewegen, eine Pension für Auslandsdänen einzurichten, die sich für längere Zeit in Dänemark aufhielten und etwas gemütlicher als in einem Hotel wohnen wollten. Aber man wies nur auf den miserablen Zustand des Hauses hin: keine Zentralheizung usw., und glaubte nicht, daß ein solches Unternehmen sich wirtschaftlich selbst tragen könnte. Man hätte nur Interesse, wenn das ganze Areal mit vielen kleinen Häusern für auf Dauer Heimgekehrte bebaut werden dürfe, wollte dann möglichst auch noch das Nachbargrundstück erwerben. Eines Nachts sprach Tania Blixen bis morgens um drei über die Probleme, äußerte einige harte Dinge über die Bürde, die dieser Besitz *auch* darstelle, und sagte, das Vernünftigste würde sein, das alte Haus einzureißen — »aber dann wird es einen Aufschrei der Empörung geben, wegen Ewald und anderer historischer Erinnerungen. Und schließlich ist es doch auch das Haus meiner Eltern...« Ich machte einen neuen Vorschlag: Sollte man nicht der Tatsache in die Augen sehen, daß die Literatur heutzutage von den Bibliotheken vertreten werde, und der Gemeinde das Haus als Bibliotheksfiliale anbieten. Die Leute hier in dem östlichen Teil von Hørsholm hatten immer einen Weg von drei bis vier Kilometern bis zur Bibliothek. Zwar würde es weh tun, wenn die hübschen Zimmer dann nur noch in der Erinnerung existierten, aber der Plan enthielt einige Garantien: das Unternehmen fiele unter das Bibliotheksgesetz, es würde nur qualifiziertes Personal dort arbeiten, der Standard und die Aktualität des Buchbestandes würde ständig kontrolliert. Das lokale Interesse, darunter das am Erhalt des Gebäudes, würde automatisch Zuschüsse vom Staat mit sich bringen. Es würde Leben im Haus sein, und man täte etwas für die Allgemeinheit. Die Idee gefiel Tania Blixen, sie legte der Gemeinde das Angebot vor. Aber dort wollte man keinen Gebrauch davon machen. Dann erinnerten wir uns an die Schwierigkeiten, mit denen eine verdiente Vorschullehrerin zu kämpfen hatte, die ihre schöne Wohnung verlor, weil die Vorschule aufgelöst worden war. Tania Blixen bot der Gemeinde Hørsholm das Haus zur Einrichtung von Wohnungen für Lehrer und Bibliothekare an. Aber auch dieser Vorschlag wurde nicht angenommen.

Die Idee zu einer völlig anderen Lösung kam von Knud W. Jensen, nämlich eine selbständige Stiftung ins Leben zu rufen. Nach vielen schwierigen Vorarbeiten, die in erster Linie Tania Blixens Verwandter und Rechtsbeistand, Rechtsanwalt Philip Ingerslev leisten mußte, wurde der Rungstedlundfonds* gegründet. Ellen Dahl kaufte Thomas Dinesens Anteil, und Tania Blixen, Ellen Dahl und Anders Dinesen schenkten ihren Besitz dem Fonds. Thomas Dinesen hat sich, besonders wenn man die zukünftige Wertsteigerung mit in Betracht zieht, sehr wenig Geld auszahlen lassen. Man kann also ruhig sagen, Tania Blixen und alle ihre Geschwister haben das Anwesen dem Fonds geschenkt. Außerdem übereignete Tania Blixen ihre sämtlichen Autorenhonorare der Stiftung, auch die, die nach ihrem Tode anfielen. Sie übernahm damit eine schwere Last. Von dem Augenblick an, wo der Fonds gegründet war, gab es endlose Spekulationen: Wird es funktionieren? Wird genug Geld herbeigeschafft werden können?

Zu Anfang war jedoch zunächst einmal die Freude groß. Das ganze Gebiet war gründlich inspiziert worden. Man hatte festgestellt, daß in dem Waldstück zwischen zwanzig und dreißig Vogelarten heimisch waren und daß es sinnvoll wäre, wenn der Park in Zukunft zur Erhaltung dieses Vogelbestandes diente. Wenn das Gebiet auch klein war, erfüllte es doch die Bedingungen, als Vogelreservat ausgebaut und anerkannt zu werden.

Am 6. Juli erzählte Tania Blixen in einer großen Radioansprache über Rungstedlund* von dessen Geschichte und von dem Park und seinen Vögeln. Mit viel Würde und Begeisterung mahnte sie, ja dieses Gebiet als Erholungsgebiet in einer Gegend zu bewahren, der die Großstadt immer näher rücke und in der eine Aufteilung in viele kleine Grundstücke alles zu verschlingen drohe.

Als besondere Ausnahme hatte man ihr erlaubt, um eine Spende für diesen Zweck zu bitten. Im Laufe der Jahre hatte sie viele Briefe von Leuten bekommen, die ihr danken und ihre Freude über das eine oder andere, was sie geschrieben hatte, zum Ausdruck bringen wollten. Gelegentlich wurde in den Briefen auch gefragt, ob sie sich etwas wünsche oder ob man etwas für sie tun könne. Jetzt sagte sie im Radio, wenn jemand ihr eine Freude machen wolle, könne er das tun, indem er eine Krone in einen Reservefonds für Rungstedlund einzahle. Diese Reserve solle nicht angerührt werden, bis der Zeitpunkt gekommen sei, wo ihre Urheberrechte erlöschen und infolgedessen nichts mehr einbringen würden, das sei fünfzig Jahre nach ihrem Tod der Fall.

Ich habe sie selten so froh gesehen wie in den darauffolgenden Wochen, in denen die Einkronenspenden herbeiströmten, meist über das angegebene Girokonto, aber viele Leute überreichten ihr die Kronenstücke auch persönlich, wenn sie Tania Blixen in Kopenhagen auf der Straße erkannten. Eines Tages fanden wir sogar einige Münzen auf den Steinstufen vor dem Hauseingang. Insgesamt kamen um die 80 000 Kronen zusammen. Wir alle auf Rungstedlund freuten uns, betraf es doch unser aller Anliegen.

Übrigens hatte Nils, der inzwischen zwölf Jahre alt war, am Schluß der Radiosendung auf der Blockflöte ein Lied über die Freuden des Sommers gespielt, und ich hatte dazu gesungen. Am 3. August dankte Tania Blixen im Radio für die Spenden und las anschließend ihren Bericht über den *Brief des Königs** vor.

In Briefen und Notizen auf der Rückseite der Überweisungsformulare bekundeten viele Leute ihre Zustimmung zu dem Vorhaben. Aber es kam auch ein haßerfüllter Brief von einem Mann aus Kopenhagen, der schrieb, er wolle alle Einwohner Dänemarks bitten, ihm jeweils eine Krone zu schenken, damit er dort, wo er wohne, ein Reservat für Ratten einrichten könne.

Zwei Briefe enthielten Beschwerden, es gäbe zuwenig Bänke im Park von Rungstedlund. Der eine stammte von älteren Menschen aus Hørsholm, die sich ganz offensichtlich für »etwas Besseres« hielten; auch er war voller Haß und Unwillen darüber, daß ein kleines Areal dicht am Haus mit Hinweisschildern markiert sei, auf denen, wie sie spöttisch schrieben, *Privat* stünde. Ein merkwürdiger Beweis dafür, daß die Leute sich nicht darüber im klaren waren, daß das Gebiet sich noch immer in Privatbesitz befand, mit Hilfe von privaten Geldern unterhalten wurde und freiwillig der Allgemeinheit zugänglich gemacht worden war. Der andere Brief kam von bescheidenen Menschen aus einem Altersheim in Kopenhagen. Sie waren völlig erschöpft in Rungstedlund angekommen, weil sie offensichtlich die Busverbindung zum Strandvej nicht kannten und den langen Weg von der Bahnstation aus zu Fuß zurückgelegt hatten. An letztere schrieb Tania Blixen einen freundlichen Brief und erklärte ihnen, sie habe ja den Park in eben dem Zustand zugänglich gemacht, wie er nun einmal war (sie selbst saß mit Freuden auf Steinen und umgefallenen Baumstämmen, aber das erwähnte sie nicht), aber es würden bestimmt Bänke aufgestellt, darunter eine, die »Frau Christensens Bank« heißen sollte, und nun hoffe sie, daß Herr und Frau Christensen auch einmal auf dieser Bank sitzen würden. Bald darauf konnte Petersen berichten, sie seien dagewesen und von ihrem Schwiegersohn auf der Bank fotografiert worden. Diese Episode brachte uns auf die Idee, allen Bänken Namen zu geben.

Tania Blixen hatte Bene Larsen, einer Journalistin, die sie gut kannte und von der sie wußte, daß sie gewissenhaft und zuverlässig arbeitete, ein Interview über die Einrichtung des Fonds versprochen. Als Bene Larsen auf Rungstedlund ankam, hielt sie ein Blatt in der Hand, das sie unterwegs gekauft hatte, worin schon die ganze Geschichte stand. Ein Mensch bei Danmarks Radio hatte es sich nicht verkneifen können, sein Insiderwissen irgendwelchen speziellen Freunden zukommen zu lassen. Später erlebte Tania Blixen fast das gleiche noch einmal anläßlich des Erscheinens eines neuen Buches. Es war immer wieder schwierig, jedem gerecht zu werden und dafür zu sorgen, daß die anständigen Leute nicht zu kurz kamen, wenn sie treu und brav warteten, bis sie grünes Licht bekamen, und zugleich aufzupassen, daß niemand gar zu sehr bevorzugt wurde.

8. August: Stürme nach Finnland; der Übersetzer bekam also die *Schicksalsanekdoten* stückweise, damit er zum Termin fertig wurde.

31. August: Otto B. und Helga Lindhardt* auf Rungstedlund, um Pläne für eine Amerika-Reise zu erörtern.

September: Fernsehaufnahmen auf Rungstedlund. Ein Zuschauer hatte sich für eine Wunschsendung einen Film über Rungstedlund erbeten.

Fahrten nach Kopenhagen, praktische Vorbereitungen für die Amerika-Reise, die gleich nach Neujahr beginnen sollte.

9. Oktober: Kleiner, ruhiger Presseempfang auf Rungstedlund aus Anlaß des Erscheinens der *Schicksalsanekdoten.*

11. Oktober: Nach Amsterdam. Gyldendal hatte Tania Blixen zum Erscheinen des Buches einen viertägigen Aufenthalt in Amsterdam geschenkt. Otto und Helga Lindhardt hatten dort auch zu tun, und so fuhren wir gemeinsam dorthin. Am eigentlichen Erscheinungstag waren wir im Rijks-Museum. Als wir herauskamen, entdeckte Tania Blixen eine Kutsche mit weißen Pferden und machte uns gleich auf den hübschen Anblick aufmerksam. Da sagte Helga: »Die ist für uns.« Sie war für eine märchenhafte Fahrt durch die alten Straßen von Amsterdam bestellt.

10. November: Inspektionsrunde mit P. C. Nielsen, einem wissenschaftlichen Assistenten des Arboretums in Hørsholm. Die Leitung des Arboretums, vor allem Dr. C. Syrach Larsen*, dem sowohl der forstbotanische Garten in Charlottenlund als auch die schöne friedliche Oase ähnlichen Charakters, das Arboretum beim Hørsholmer Schloßgarten und Friedhof, unterstellt war, hat dem Rungstedlundfonds in den ersten Jahren durch Rat und Tat und vor allem durch Rückenstärkung sehr viel geholfen.

Am 18. November, dem Geburtstag des Dichters Johannes Ewald, wurde zur Erinnerung an die Hörerspenden ein Baum gepflanzt, ein Ableger einer achthundert Jahre alten Eiche aus Jægerspris. Die damit verbundene kleine Zeremonie nahm ein sogenannter Humorist in einer der großen Zeitungen zum Anlaß für eine boshafte Glosse. Heute hat man mehr Verständnis für den Umweltschutz als damals, und je mehr den Strandvej entlang selbst in staatlichem Besitz befindliche Grünflächen aufgeteilt und bebaut werden, desto klarer sieht man, wie großzügig und wichtig die Geste der Eigentümer von Rungstedlund war – und wie sehr sie den Zuspruch verdient hatten, den die vielen kleinen Spenden zum Ausdruck brachten.

In ihrer Ansprache im Radio hatte Tania Blixen unter anderem ausgeführt: »Mir wurde gesagt, es sei ›undemokratisch‹, ein Areal, auf dem dreihundert Reihenhäuser Platz hätten, nur so daliegen zu lassen – ›ungenutzt‹ wie man so sagt. Manchmal kommt es mir so vor, als hielte die dänische ›Demokratie‹ die Hand über Leute, die das eigentlich nicht nötig haben, und nicht über die, die es wirklich nötig hätten ... Reihenhausbesitzer sind eifrige Wächter des Eigentumsrechtes, ihren Grund und Boden dürfen Unbefugte nicht betreten; die versäumen da allerdings auch nicht viel.«* Schon lange vor dieser Zeit hatte Tania Blixen die hohe Dornenhecke zum Strandvej hin entfernen und durch ein hübsches Rosenbeet ersetzen lassen, das den Blick auf die großen alten Rasenflächen freigab. Sie war der Ansicht, die wenigen Leute, die das Privileg hätten, am Strandvej wohnen zu können, müßten den vielen Passanten zumindest einen schönen Ausblick gönnen. Einige Jahre vorher hatten ein paar Herren versucht, Tania Blixen zum Verkauf eines Geländestreifens von

Rungstedlund zu bewegen. Wenn der mit einigen anderen Streifen zusammengelegt würde, könne man dort eine kleinere Anlage mit Mietwohnungen hineinzwängen. Die Herren begründeten dieses Manöver so: »Dann werden mehr stimmberechtigte Bürger in diese konservative Ecke der Gemeinde kommen und ein Gegengewicht zu Usserød bilden.« Ihr wirkliches Motiv kann nur privates Profitstreben gewesen sein. Tania Blixen weigerte sich ganz energisch, da mitzumachen. Aber man schaffte es doch, dort einen kleinen Wohnblock zu errichten, der nun die Aussicht über den Sund versperrt, genau da, wo bis dahin Hunderte von Menschen täglich auf dem Weg von und zur Bahn einen Blick aufs Meer werfen konnten.

Am 25. und 26. November waren David Snell und Pierre Boulat von *Life* auf Rungstedlund. *Am 25.:* »Gartenbilder, Schwäne, Helsingør, Ewalds Stube.« *Am 26.:* Aufnahmen von Personen, Teegesellschaft: Eva Wivel, Jørgen Gustava Brandt, Knud W. Jensen, Bjørn Poulsen*. Aage Henriksen hatte sich voller Empörung geweigert, eine Einladung zum Tee anzunehmen, wenn für *Life* fotografiert werden sollte. Tania Blixen pflegte auf solche Dinge mit einer seltenen Naivität einzugehen. Es wurde übrigens letzten Endes keines der Bilder von der Teegesellschaft verwendet. Zwei, drei Bilder, zwei, drei Spalten Text – das war schon viel für ein Blatt wie *Life*. Ich habe die Gewissenhaftigkeit bewundert, mit der man auf die Genauigkeit der Bildunterschriften achtete. Nach den Aufnahmen im Wohnzimmer wurden die Türen geschlossen gehalten, wie nach einem Mord im Kriminalroman, bis alle Namen genau notiert waren – bis hin zu den anwesenden Kindern, nämlich Nils und einem der Mädchen von Gärtner Berthelsen. Wir waren in dem Punkt an schreckliche Schludereien gewöhnt. Ein dänisches Blatt hatte zum Beispiel einmal Nils zum Sohn der Sekretärin ernannt, und ich bekam viele scherzhafte Glückwünsche und meine Eltern erstaunte Anfragen aus der ferneren Verwandtschaft. Es war ein Vergnügen, mitanzusehen, wie die Leute von *Life* gute Arbeit leisteten und trotzdem eine entspannte Atmosphäre um sich her schafften.

Der letzte Teil des Jahres galt den Vorbereitungen auf die Reise nach Amerika.

1959

In Amerika hatte mit den *Sieben phantastischen Geschichten* alles begonnen, und Tania Blixen hatte schon lange einmal dorthin fahren wollen. Krankheit, Krieg und große Geldnöte hatten sie daran gehindert. Nun hatte sie zwei Einladungen bekommen: vom »Fund for the Advancement of Education«, der zur »Ford Foundation« gehörte, und vom »Institute of Contemporary Arts« in Washington.

Aber als Gegenleistungen wurden von der einen Seite Aufnahmen für eine Fernsehsendung erwartet und von der anderen Live-Auftritte. Tania Blixen hatte auf beiden Gebieten einige Erfahrung, sie glaubte, diese Wünsche erfüllen zu können, und nahm die Einladungen an. Um ohne Manuskript sprechen zu können, lernte sie ihre Texte auswendig. Es handelte sich um den Bericht *Der Brief des Königs* und außerdem um längere, neu bearbeitete Versionen zweier »Geschichten in der Geschichte«, nämlich *Der Wein des Vierfürsten** aus der *Sintflut von Norderney* und *Die blauen Augen* aus *Peter und Rosa*. Die Erzählung über den Wein des Vierfürsten Herodes, die ja das Schicksal des Barabbas zum Gegenstand hat, behandelte, wie Tania Blixen selbst meinte, ein wichtiges Problem: Was lastet auf dem Leben dessen, der auf Kosten eines anderen freigekommen ist?

Es kam auch eine Einladung, als Ehrengast am Jahresfest der Amerikanischen Akademie teilzunehmen, mit der dazugehörigen Verpflichtung, dort die Festvorlesung zu halten. – Und dann noch die vielen privaten Empfänge ...

Eigentlich war es eine unmenschliche Forderung, all das bei einer so angegriffenen Gesundheit bewältigen zu müssen. Darüber hinaus türmten sich noch unvorhergesehene Schwierigkeiten auf. Tania Blixen traf immer alle Vorbereitungen sehr rechtzeitig. Aber im letzten Augenblick vor der Abreise bekam sie Ärger mit einer Zahnbrücke. Wir sollten am 2. Januar fliegen, die Zahnklinik hatte zwischen Weihnachten und Neujahr geschlossen. Ein Klinikmitarbeiter ohne zahnärztliche Ausbildung mußte nach eigenem Ermessen handeln und die Brücke provisorisch befestigen. Das bedeutete, daß Tania Blixen für die Dauer ihrer Reise über den Atlantik ständig noch zusätzliche Unannehmlichkeiten zu befürchten hatte: Zum einen mußte sie sich ganz auf die Durchführung ihrer vielen Programmpunkte konzentrieren, dann bestand ohnehin immer das Risiko, daß sie vor offenem Vorhang oder laufender Kamera von einem Unwohlsein befallen wurde, und nun konnte es ihr auch noch passieren, daß ihr plötzlich mehrere Zähne aus dem Mund fielen. Zu allem Überfluß mußte die Maschine von London auch noch auf Neufundland zwischenlanden und dort fünf Stunden warten. Auf dieser Reise fragte ich mich, wie schon so oft bei anderen Gelegenheiten in den vorhergegangenen Jahren, ob es denn Tania Blixen niemals vergönnt sei, froh und glücklich zu sein.

Der Auftakt in New York war auch nicht gerade erheiternd: eisige Kälte, Sturm und ein Hotel, das sich als Mißgriff erwies. Als Dr. Alvin Christian Eurich*, dem die Einladung vom »Fund for the Advancement of Education« zu verdanken war, zu Besuch kam, schlug er sofort vor, in das Hotel Carlyle an der Ecke Madison Avenue und 79th Street umzuziehen. Die ruhige komfortable Atmosphäre dort und eine Suite hoch oben in einem der Türme haben es wahrscheinlich überhaupt nur möglich gemacht, die ersten vierzehn Tage mit ihren enormen Anforderungen zu überstehen. Eine große Hilfe war es auch, daß Otto und Helga Lindhardt zufällig zur gleichen Zeit in New York zu tun hatten und uns mit Rat und Tat unterstützen konnten. Auch Tanias Verwandte Tove Hvass war nach Amerika gekommen, um etwas von all den spannenden Ereignissen miterleben zu können.

Ab Mitte der fünfziger Jahre nannte ich die Baronesse immer Tania, wenn wir mit englischsprechenden Leuten zusammen waren. Ihre englischen Freunde aus alten Zeiten benutzten diese Version des heimischen Namens Tanne.

Schon am Tag nach der Ankunft gab es einen Presseempfang bei Random House. Zum ersten Mal kamen wir zu der Adresse, mit der wir so viele Jahre lang korrespondiert hatten: 457 Madison Avenue, in dem einen Flügel eines hübschen Gebäudes, das zur St. Patrick's Cathedral gehörte. Nach dem Empfang, habe ich mir notiert: »Herrliche Autotour« – mit Robert K. Haas.

6. *Januar:* »Baronesse am Vormittag unwohl. Problem umziehen – nicht umziehen? 15.30 Uhr Dr. Eurich im Hotel. 17.00 bis 19.00 Uhr Cocktailparty bei Haas. Viel Gedränge und Lärm.«

7. *Januar:* Mittagessen mit Beatrice und Bruce Gould, den Redakteuren von *Ladies' Home Journal* in den Redaktionsräumen hoch über der Avenue of the Americas. Um 17.00 Uhr Tee bei Mrs. Murray Crane in der Fifth Avenue. Und am gleichen Abend: Tania und Tove Hvass mit den Komponisten Samuel Barber und Gian-Carlo Menotti zu Barbers Oper *Vanessa*. Schließlich konnte Tania nicht mehr und mußte gehen, bevor die Vorstellung ganz beendet war – und Tove sagte, Barber sei sehr gekränkt gewesen. Ein Problem verfolgte Tania immer und überall: So vieles, was sie gerne mitmachen wollte, verdarb ihr ihre Krankheit, und die Leute wurden obendrein auch noch böse auf sie.

Am 8. Januar sollte der erste Teil des Arbeitsprogramms erledigt werden: Es sollten Fernsehaufnahmen gemacht werden. Perfektionistin, die sie war, beherrschte Tania ihren Part aus dem Effeff. Was aber ihre Kräfte anbetraf, so hing sie an einem seidenen Faden über einem Abgrund. Nachmittags um 13.30 Uhr kam ein TV-Mann und besprach den Ablauf mit ihr, 15.30 Uhr Abholung, danach Aufnahme von *Barua a Soldani**. Am nächsten Tag habe ich in meinem anderen Kalender, der eher einem Tagebuch glich, notiert: »17.15 Abholung zum Film. Wahnsinniges Programm: ›zwangloses‹ Essen für ca. 16 Personen, Schildkrötensuppe und Champagner – Reden – erst um 20.00 Uhr Abfahrt zum Rockefeller Institute. Zurück um 24.00 Uhr – Tania entsetzlich elend!« Ich hätte auch hinzufügen können, daß die tellergroßen Steaks für alle anderen sehr schön waren, Tania aber konnte sie nicht essen. Bei der Operation im Jahre 1956 hatte man ihr einen Teil des Magens entfernt, und seitdem lebte sie von solchen Dingen wie in Wasser angerührter Pulvernahrung und Austern, die sich sehr gut als Nahrung für Schwerkranke eignen. Nicht notiert, aber nie vergessen habe ich, daß man es versäumt hatte, ein schallisoliertes Studio zu reservieren, und nun die Bibliothek des Rockefeller Institutes als weitaus gemütlicher anpries, mit dem Resultat, daß die Aufnahme ein um das andere Mal wegen Fluglärms unterbrochen wurde und die Erzählerin den betreffenden Abschnitt immer wieder von vorne beginnen mußte. Tove Hvass flüsterte mir zu: »Die ermorden sie.«

In den Tagen vor der Abreise nach Washington habe ich die Namen neuer Freunde in meinem Kalender notiert: Carl van Vechten*, der Verfasser des *Nigger Heaven*, und Glenway Wescott*. Auch Eugene Haynes war aufgetaucht, und er schlug mir vor, ihn zur Sonntagshochmesse in eine Kirche in Harlem zu begleiten. »Jämmerliche Hochmesse, die Gemeinde sang nicht mit, der Pfarrer predigte über Vereinsbekanntmachungen! Eugene wütend.« Einen besonders lebendigen Kirchengesang hatte er mir in Aussicht gestellt.

12. Januar: Ein wichtiger Besuch: Die Leiterin des »Poetry Center« der »Young Men's Hebrew Association« kam, um Isak Dinesen zu einem Leseabend einzuladen. Diese Veranstaltung sollte honoriert werden, konnte also angenommen werden – während des ganzen Aufenthaltes, der mehr als ein Vierteljahr dauern sollte, mußte Isak Dinesen sich ihren Unterhalt nach und nach selbst verdienen.

13. Januar: »Lindhardts zum Mittagessen bei uns im Carlyle. Entsetzliche Abreise nach Washington. Mrs. und Miss Richman und Carlo Christensen nahmen uns auf dem Bahnhof in Empfang. Zum Windsor Park Hotel.« Beinah hätten wir in New York den Zug nicht mehr erreicht, weil Tania mitten im Bahnhof übel wurde. Ich sehe Helga Lindhardts bekümmerte Miene noch vor mir. Gott sei Dank konnte sie sich um die Patientin kümmern, während ich hin- und herlaufen und die Unmengen an Gepäck verstauen lassen mußte. Die Einladung nach Washington kam vom »Institute of Contemporary Arts«, der Leiter des Institutes war Robert Richman.

Er überredete Tania, am nächsten Tag an einem dort stattfindenden Shakespeare-Symposion teilzunehmen. Auch bei dieser Gelegenheit gab es erst ein Essen, und ich erinnere mich an den gesunden Appetit der übrigen Teilnehmer und an Tania, die keinen Bissen zu sich nehmen konnte. Ich dachte oft, mir brauche man den hungrigen Teil der Menschheit nicht ins Gedächtnis zu rufen, denn ich saß tagtäglich mit einem seiner Repräsentanten am Tisch. Es war furchtbar, mit anzusehen, wie ein Mensch dazu verdammt war, kein Essen zu sich nehmen zu können. Wenn hier auch Krankheit die Ursache war, so waren die Wirkungen doch ebenso furchtbar wie bei Menschen, die von Hungersnöten geplagt wurden. Und in einer Arbeitsgruppe wie dieser hier, wo die anderen Beteiligten ihre Steaks verschlangen, erschien mir dies doppelt ungerecht: Wie sollte die Hungernde Spitzenleistungen erbringen können, die denen der anderen entsprachen? Aber sie schaffte es. Und wenn ich gelegentlich einmal darüber sinniere, welch tieferer Sinn im Handicap behinderter Menschen liegen mag, dann fällt mir als erstes die ursprüngliche Bedeutung des Handicaps im Sport ein; dort wird es gerade dem Stärkeren auferlegt, damit es gerecht zugeht. Wer weiß schon, wie die Kehrseite der Medaille aussieht.

15. Januar: Pressekonferenz. Tania mehr tot als lebendig. Als sie mich hinterher fragte, wie sie gewesen sei, konnte ich, wenn ich bei der Wahrheit bleiben wollte, nicht sagen, sie sei glänzend gewesen. Ich gab eine etwas ausweichende Antwort: »So Drei plus.« So etwas konnte sie nicht gut vertragen, und bei einer späteren Gelegenheit erzählte sie John Gielgud und anderen Freunden: »Ich habe Clara einmal gefragt, wie ich eine Aufgabe bewältigt hätte, da hat sie geantwortet: ›Drei plus‹.«

Völlig überraschend kamen jetzt Angriffe auf Tania Blixen aus Dänemark. Eine beiläufige Bemerkung, die sie hatte fallen lassen – daß die große Zeit des Romans, in Dänemark wie auch anderswo, vorüber sei und infolgedessen in Dänemark seit langer Zeit kein großer Roman mehr geschrieben worden sei –, wurde zum Thema eines Leitartikels in einer Kopenhagener Zeitung mit der Überschrift: »Die Baronesse läßt sich's gutgehen.« Und sie, die in Afrika so entschieden auf der Seite der

Eingeborenen gestanden hatte und später immer sagte: »Wir Weißen sind schuld, daß die Dinge einen so schlimmen Verlauf genommen haben«, bekam von zu Hause einen boshaften Brief eines Afrika-Dänen nachgeschickt, der sich darüber aufregte, daß sie den Ausdruck »die Schwarzen« verwendet hatte: »Jetzt nennen wir sie *Afrikaner* ... Sie sind seit 30 Jahren nicht hier gewesen und sollten sich deshalb besser etwas zurückhalten ...« Als die amerikanischen Neger später verlangten, als »schwarz« bezeichnet zu werden, hat mich das mit einer gewissen Genugtuung erfüllt. Aber in dem Augenblick taten solche Verleumdungen von daheim weh. Mit den Dänen in den USA waren wir oft in gemütlichen Runden beisammen, und nach den Strapazen der Pressekonferenz lud uns der dänische Botschafter Knuth-Winterfeldt zu einem sehr schönen Essen zu sich nach Hause ein.

Am 16. Januar fand abends die Lesung statt, die für Washington vereinbart war. Das »Institute of Contemporary Arts« hatte Auftritte in Washington, Boston und New York vorgesehen, und Tania hatte ihre anderen Gastgeber gebeten, das gleiche Programm verwenden zu dürfen, das das Fernsehen aufgenommen hatte, natürlich unter der Bedingung, daß während der Lesungen nichts aufgezeichnet würde.

In Washington fand erst nach der trotz Schneewetters gut besuchten Lesung ein geselliges Beisammensein statt, was ja angenehmer war als die Arrangements vor der Arbeit, die sich meist katastrophal auf Tania Blixens Kräftehaushalt auswirkten. Eingeladen hatten Mr. und Mrs. Robert Woods Bliss, die später einen Gegenbesuch auf Rungstedlund machten. Am nächsten Tag: Museumsbesichtigung und Besuch bei der gelehrten Edith Hamilton.* Sonntag, den 18. Januar: eine lange herrliche Autotour mit Maida und Robert Richman durch Virginia und Maryland, die mit einem weiteren Essen in einem großen reichen Haus abschloß, deren Besitzer Phillips hießen und wie das Ehepaar Bliss große Förderer des Kulturlebens der Stadt waren. Inzwischen hatte sich herumgesprochen, daß Isak Dinesen Austern essen konnte, und die Vorspeise bestand aus einem großen Teller Austern. Unglücklicherweise bin ich gegen Schalentiere allergisch und konnte nicht eine einzige essen, saß aber neben der

Gastgeberin. Das war mir peinlich, und wenn ich mich an den großen dunklen Mahagonitisch mit all dem herrlichen Silber erinnere, fällt mir zugleich mein Dilemma ein. Aber in einem so gastfreien Haus wird man schon so manches erlebt und darüber hinweggesehen haben, daß der Ehrengast nur Austern essen konnte und die Begleiterin alles andere.

19. Januar: Noch einmal Fernsehaufnahmen. Tania Blixen erzählte *Die blauen Augen* und wurde interviewt. Am 20. fuhren wir zurück nach New York, wo uns Jean Ennis von Random House auf der Pennsylvania Station in Empfang nahm.

Schon am Tag darauf wurde eine neue Darbietung erwartet, dieses Mal bei Mrs. Murray Crane, die trotz ihrer 90 Jahre voller Unternehmungsgeist war und es liebte, Künstler zu sich einzuladen, die dann irgend etwas vortragen mußten und dafür ein schönes Honorar erhielten. Bei einem unserer früheren Besuche hatte Mrs. Crane uns etwas aus ihrer Kindheit erzählt: Sie sei so sehr von der Westminster Abbey beeindruckt gewesen, daß sie beschlossen habe, durch irgend etwas so berühmt zu werden, daß sie dort begraben werden könne. Als kleinen Vorgeschmack habe sie einen Zahn, den sie gerade verloren hatte, in dem Gebäude versteckt, um gewissermaßen schon mit einem kleinen Teil von sich dort vertreten zu sein.

Sie war noch immer so romantisch, daß sie Dichter besonders gern um sich hatte. Über den Abend bei ihr habe ich in meinem etwas privateren Kalender zwei Dinge vermerkt: »*Feine* Darbietung von Khamar.« Und dann steht da noch: »Bergère brune« – das war der Name des langen braunen Kleides aus Tüll, das Tania bei dieser Gelegenheit trug. Alle Kostüme, Kleider und Hüte hatten auf dieser Reise Namen, das war bequem und machte Spaß und erwies sich außerdem als sehr praktisch, wenn etwas hergeholt werden mußte. »Petit Diable« war zum Beispiel ein schwarzes Kleid mit einer Kappe, die eine Schleife an der Stirnseite hatte, die zwei kleinen Hörnern glich. Ein Kleid in braver Schulmädchenfaçon hieß »Claudine« – nach der Claudine in den Büchern der Colette. Ein Reisekostüm aus Tweed hieß »Sober Truth« nach einem Buch mit merkwürdigen, aber wahren Geschehnissen. Ein anderes Kostüm, das mit dem Fell eines Leoparden gefüttert und besetzt war, den Tania selbst in Afrika geschossen hatte, hieß »Tjui«, das ist Suaheli für Leopard. Ein Hut mit weißen Federn hieß »Der sterbende Schwan«. Der schwarze Hut mit einer Rose im Nacken hieß »Rose noire«. Er ist berühmt geworden durch das meisterhafte Foto von Cecil Beaton*, auf dem Tania ihn trägt.

22. Januar: Dinner bei Donald Klopfer von Random House, unter den Gästen Truman Capote. »Eminence grise« steht dieses Mal in meinem Kalender – die »graue Eminenz« war ein langes graues Taftkleid.

23. Januar: ein Pressefotograf; der dänische Zeichner Ivan Opffer; Otto Lindhardt; Mrs. Laura Boulton, die Tania eine Bandaufnahme afrikanischer Musik schenkte und von einer Safari erzählte, die sie seinerzeit unter Führung von Denys Finch Hatton mitgemacht hatte. Am 24. endlich ein Ruhetag.

Nach der Rückkehr aus Washington waren wir vom Carlyle Hotel zum Cosmopolitan Club umgezogen. Die Redakteure vom *Ladies' Home Journal* hatten Tania eingeladen, dort einige Wochen ihr Gast zu sein. Solche Clubs, in denen Mitglieder und ihre Gäste wohnen können, kennt man ja in Dänemark nicht, und wir wußten nicht so recht, auf was wir uns da einließen. Aber schon bei der Ankunft wurde uns beim Anblick des imposanten Türhüters klar, daß das Haus einem guten Hotel entsprach, aber eben nur für einen geschlossenen Kreis bestimmt war. Damals war Marian Anderson gerade als erstes nichtweißes Mitglied in den Club gewählt worden. Der exklusive Club bestand nur aus Frauen, die sich durch irgendwelche kulturellen Leistungen hervorgetan hatten. Ein Passus der Hausordnung kam uns komisch vor: Außer einem Arzt durfte man in den Zimmern keinen männlichen Gast empfangen, nur in den Gemeinschaftsräumen. Jedenfalls hatten wir das Gefühl, in einem sicheren Hafen gelandet zu sein.

25. Januar: The City Center Theatre: Ballett, unter anderem *Die sieben Todsünden* mit der Musik von Kurt Weill.

26. Januar: Einladung zum Essen bei Mr. und Mrs. Charles Suydam Cutting*, in deren Haus Bilder berühmter französischer Impressionisten an den Wänden hingen und auf dem Eßtisch an jedem Kuvert eine antike silberne Schnupftabakdose mit Zigaretten lag. Mein Tischherr, Charles Auchincloss, und ich tauschten gegenseitig eine Reihe von Informationen über uns selbst aus, und ich antwortete offen und ehrlich auf einen Schwall von Fragen. Als ich aber erwähnte, daß ein naher Verwandter von mir ein recht schweres Schicksal als Invalide durchmache, sagte mein Tischherr: »I am sorry« und sprach von da an nur noch mit der Dame auf seiner anderen Seite.

Am 27. Januar lud uns Leo Lerman ein, Maria Callas in Bellinis *Il Pirata* in der Carnegie Hall zu hören. Tania hatte einen neuen Turban auf, der »Prince Calendar« hieß und aus leuchtend-fraisefarbenem Samt war. Als Maria Callas auftrat, trug diese eine lange Stola in der gleichen Farbe. Das Material für beide Teile stammte sicher aus der gleichen Quelle in Paris, denn Tania hatte ihren Stoff über Harald Jacobsen auf der Østergade bezogen. Es amüsierte sie sehr, als nachher in einer New Yorker Zeitung zu lesen war, es habe einen »Verkehrsstau« im Foyer der Carnegie Hall gegeben wegen all der Bewunderer, die Isak Dinesen hätten sehen wollen. Leo Lerman hatte mir gesagt, ihm sei sehr daran gelegen, daß Tania Maria Callas erlebe, denn »sie erinnert an etwas, das Tania geschrieben hat« – selbstverständlich an Pellegrina Leoni.*

Am 28. war das Fest in der Akademie, aber am Nachmittag kam noch Gene DePoris vorbei, um Tania für die Mitwirkung an der TV-Serie »Small World« zu gewinnen. Dabei sollten drei Personen aus verschiedenen Gegenden der Welt, ein jeder aus seinem Erdteil zugeschaltet, im Fernsehen miteinander ein Thema diskutieren. Tania fand es unsinnig, daß die Diskussion nicht gleich stattfinden konnte, solange sie sich auf dem gleichen Kontinent befand wie einer der vorgesehenen Partner, und der Plan wurde aufgegeben. Am Abend kam der Schriftsteller Glenway Wescott, der damalige Präsident des »National Institute of Arts and Letters«, und holte uns zum Jahresfest in den vom Institut und der Akademie gemeinsam genutzten Räumen ab. Angesichts der eingegangenen Verpflichtung, vor dem Essen zu der Versammlung zu sprechen, war Tania ausnahmsweise einmal wirklich nervös, aber sie überwand ihre Angst und plauderte über die Mottos, die ihr Leben bestimmt hatten. Ihr Vortrag *Die Mottos meines Lebens** wurde später im Jahresbericht der Akademie gedruckt. Gegen Ende des Essens rief Tania mich zu sich, weil ich Carson McCullers* begrüßen sollte. Deren Roman *Das Herz ist ein einsamer Jäger* gehörte zu den feinsinnigen Menschenschilderungen, die Tania wieder und wieder zu lesen pflegte.

29. Januar: Tania und Tove zum Mittagessen mit Cecil Beaton. Schon zu Beginn der fünfziger Jahre hatte Cecil Beaton, den sie durch John Gielgud kennenlernte, einige ausgezeichnete Aufnahmen von Tania gemacht. 1957 war ein neues Bild von ihr entstanden, das ziemlich bekannt wurde, sie trägt da eine Strickmütze und zigeunerhafte Ohrringe. Am gleichen Tag: Abendessen und Fotoaufnahmen bei Carl van Vechten. Der Verfasser des *Nigger Heaven* fotografierte seit vielen Jahren Schriftsteller und andere weiße und schwarze Künstler und hatte seine Portraitsammlung der Yale University vermacht.

30. Januar: Sehr förmlicher Tee mit Mitgliedern des Cosmopolitan Clubs und Mrs. Gould als Gastgeberin. Am Abend Tania und Tove zur Premiere von Faulkners *Requiem für eine Nonne*, das wir übrigens schon 1957 mit Ruth Ford in London gesehen hatten. Der 31. war ein etwas trüber Tag, vergeblich erwarteten wir jemanden, der aber hatte vergessen, abzusagen. Dann zum Rockefeller Center, um die Aussicht von dort oben zu genießen. Zum eigentlichen Sightseeing blieb sonst nicht viel Zeit, und Tania war daran auch nicht so sehr interessiert wie an der Begegnung mit Menschen.

1. Februar: Mittags beim Grafen Rasponi. Am Nachmittag ein wichtiges Treffen: Der junge Literaturkritiker Robert Langbaum*, der ein Buch über Isak Dinesens Werke in Arbeit hatte, führte ein langes Gespräch mit Tania. Am 2. Februar sollte Tania einen Ruhetag haben, und ich hatte endlich Gelegenheit, zur Messe in die St. Patrick's Cathedral zu gehen. Für mich war es eigenartig, zu Mariä Lichtmeß in New York zu sein. An diesem Tag wird in der Kirche der Lobgesang des Simeon* zelebriert, »...meine Augen haben den Heiland gesehen,... ein Licht, zu erleuchten die Heiden, und zum Preis deines Volks

185

*Clara Selborn in New York 1959, fotografiert von
Carl van Vechten.*

Israel.« Vor einigen Jahren hatte ein blinder Zeitungsverkäufer auf Manhattan, namens David Hertz, sich gerade an diesem Tag das Leben genommen, weil sein Blindenhund ebenfalls zu erblinden drohte. Ich habe diesen Mann nie vergessen können.

3. Februar: Mittagessen mit Parmenia Migel Ekstrom*, die Tania schon vor einigen Jahren in Paris kennengelernt hatte. Sie hatte begonnen, eine Biographie über Isak Dinesen zu schreiben. Arne und Parmenia Ekstrom waren inzwischen nach New York gezogen und uns vom ersten Augenblick unseres Besuches an eine wichtige Stütze und Hilfe. Als wir aus dem ersten Hotel in das Carlyle umziehen mußten, kamen sie und beförderten uns und unsere riesigen Mengen Gepäck in ihrem Wagen. Sie hatten das Glück gehabt, ein Grundstück auf Manhattan erstehen zu können; dort hatten sie sich ein sehr einfaches, modernes Haus gebaut. Während der einigermaßen anstrengenden Monate in New York entspannte ich mich schon, wenn ich einem Taxichauffeur ihre Adresse nannte, wußte ich doch, ich war auf dem Weg zu wirklichen Freunden. Am gleichen Tag mußte Tania weiter zu René Bouché, um für ein Portrait* Modell zu sitzen, dann ging es noch zu einem Abendessen mit Otto Lindhardt und William Kennedy, der ein paar Jahre zuvor auf Rungstedlund gewesen war und ein Interview aufgezeichnet hatte.

4. Februar: Mittags bei Barbara Paley in ihrer Wohnung im Hotel St. Regis. Sie und ihre beiden Schwestern, »the Cushing sisters«, gehörten zu den vielen Leuten, für die Tania Empfehlungen von englischen Freunden mit hatte. Auch Truman Capote und Cecil Beaton waren unter den Gästen. Plötzlich erschien unangemeldet eine Dame aus der Theaterbranche. Die Gastgeberin teilte ihr schon an der Tür mit: »It is the wrong day«, aber sie drängelte sich doch hinein. Truman und ich waren drinnen im Zimmer gerade in ein Gespräch vertieft, weil er für einen Artikel noch Informationen brauchte; jene Dame pflanzte sich mitten zwischen uns und nahm Truman ganz allein für sich in Anspruch. Nur ein Mensch unter hundert Leuten, denen wir begegnet sind, hat sich so benommen. Aber man mußte lernen, sich gegen solche Typen zu wehren. Die gewünschten Informationen hat Truman auf diese Art nicht bekommen. Später am

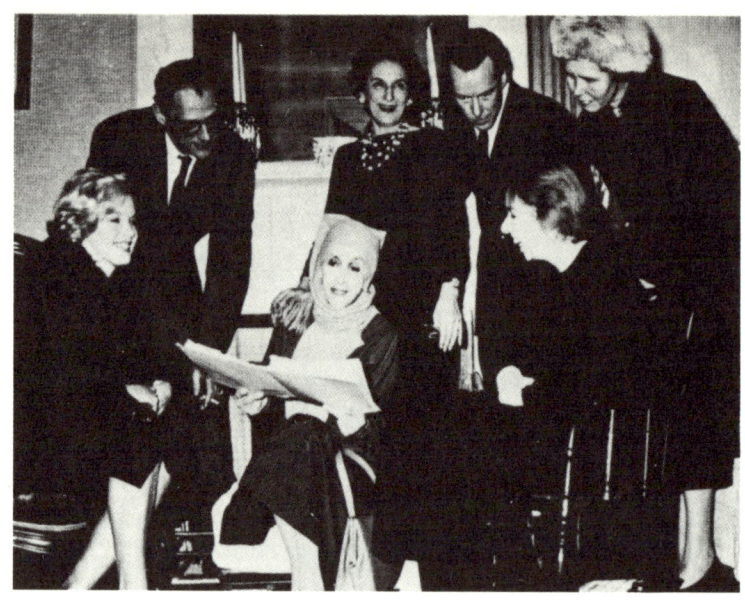

Tania Blixen zwischen Marilyn Monroe und Carson
McCullers. Stehend (v.l.n.r.): Arthur Miller, Felicia Geffen,
eine Mitarbeiterin des »National Institute of Arts and Letters«,
ein Cousin von Carson McCullers und Clara Selborn.

gleichen Tag: wieder Robert Langbaum, ein Fotograf und Mrs.
Kray, die Leiterin des »*Poetry Center*«.

5. Februar: Lunch bei Carson McCullers mit Marilyn Monroe
und Arthur Miller. Diese Einladung war bei der Akademie-
Tagung ausgesprochen worden. Carson McCullers war zu der
Zeit ebenso durch Krankheit geschwächt wie Tania, obwohl sie
erst 42 Jahre alt war. Sie hatte mehrere Schlaganfälle hinter sich,
konnte sich nur mit Mühe bewegen und war dennoch voller
Energie und Unternehmungsgeist. Sie wohnte in einer Villa in
Nyack-on-Hudson. Arthur Miller und Marilyn Monroe hatten
versprochen, uns im Cosmopolitan Club abzuholen und den
langen Weg nach Nyack im Auto mitzunehmen. Tania, mit ihrer
imponierenden Selbstdisziplin, war rechtzeitig fertig und saß

über eine Stunde im Mantel und wartete. Es hieß, es wäre nichts Ungewöhnliches, daß Marilyn Monroe unpünktlich sei. Endlich kamen sie – wenn man der dänischen Presse glauben sollte – in »ihrem großen Straßenkreuzer«, in Wirklichkeit in einem praktischen, kleinen englischen Wagen. Marilyn sah aus, als sei sie fünfzehn Jahre alt, mit süßen Augen und etwas merkwürdig Unschuldigem und Unsicherem an sich. Sie war mitten in den Aufnahmen zu *Manche mögen's heiß*, war sehr überanstrengt und sagte: »Es *muß* ja gut werden – it's all for keeps.« Etwas Offenes und Verletzliches lag über ihr. Als jemand von uns in einem zufälligen Zusammenhang das Wort Kinder fallen ließ, ging ein Zucken über ihr Gesicht – sie hatte zwei Enttäuschungen in puncto Schwangerschaften erlebt. Beim Lunch bei Carson McCullers erzählte sie unter anderem, daß sie gern gelernt hätte, genau wie Arthur Millers Mutter Makkaroni selber zu machen, aber ihr erster Versuch habe mehr Zeit als berechnet in Anspruch genommen, und als die Gäste eingetroffen seien, habe sie gerade die Makkaroni in irgendeinem Zwischenstadium der Zubereitung mit einem Haarföhn getrocknet. Ich hatte mir Tanias altmodische Vorstellung von der Notwendigkeit der Arbeitsteilung zu eigen gemacht: »Der General kann seine Zeit nicht darauf verwenden, seine eigenen Knöpfe zu putzen, dann mißlingt die oberste Leitung« –und ich wunderte mich, daß eine junge Frau, die in der Filmkunst so Einmaliges leistete, Zeit und Kräfte aufs Kochen verschwendete. Von diesem Essen bei Carson McCullers habe ich eine weitere Erinnerung an schön gedeckte Tische mitgenommen: ein großer Marmortisch ohne Tischtuch. Jemand hat mir erzählt, als einmal für Erd- und Betonarbeiter, die am Hudson-Fluß zu tun hatten, Quartiere gesucht wurden, habe sie einige bei sich wohnen lassen und viel Spaß daran gehabt, sich mit ihnen zu unterhalten. Ihr Interesse an Menschen war ebenso groß wie das Tanias.

Die Presseleute fotografierten während und nach der Mahlzeit, und auch einige Hilfskräfte des Hauses erbaten sich die Erlaubnis, Marilyn Monroe und Isak Dinesen filmen zu dürfen. Sie hatten phantastisch altmodische Kameras, die so starkes Licht brauchten, daß ich einen wahren Schock bekam, als ich einem der Scheinwerfer nur für einen Augenblick zu nah kam. Als Tania und Marilyn vor der Kamera standen, fing Tania an, einige seitliche Tanzschritte hin und her zu improvisieren, und Marilyn machte gleich mit. Eine gute Idee, weil es ja Film- und nicht Fotoaufnahmen waren. Auf diese Weise ist das dumme Gerücht entstanden, sie hätten zusammen auf dem Tisch getanzt. Auf Tania, die ja unglaublich zäh war, hatten die heißen Scheinwerfer keinerlei Wirkung, während Marilyn entsetzliche Kopfschmerzen bekam und auf dem Heimweg in der Praxis ihres Arztes abgesetzt werden mußte. Das letzte, was wir von ihr sahen, war, wie sie klein und zart in einem grauen Kostüm in der Tür ihres Arztes verschwand. Arthur Miller sagte: »Sie ermorden sie.« Die gleichen Worte hatte Tove Hvass bei den Fernsehaufnahmen mit Tania in der Bibliothek des Rockefeller Centers verwendet. Keine vier Jahre danach mußte Glenway Wescott in seinem Beitrag zum Erinnerungsbuch* feststellen, daß Marilyn und Tania beide »im gleichen Boot« über den Styx gerudert worden seien.

Am selben Abend, nach der langen Tour hinaus aufs Land, habe ich notiert, daß Tania auch noch zum Abendessen bei Carl van Vechten und hinterher mit ihm in der Oper *Macbeth* war. Und am nächsten Tag: William Kennedy zum Mittagessen und am Nachmittag Mrs. Schuyler, eine weiße Dame, die mit einem pechschwarzen Journalisten verheiratet war. Die Zeitung ihres Mannes rief dazu auf, Solidaritätsbekundungen an Jomo Kenyatta zu schicken, der im Gefängnis saß, weil man ihn der Verbindung mit dem Mau-Mau-Terror* bezichtigte. Tania sandte ihm einen Brief.

7. Februar: »Spät auf, weil spät zu Bett gekommen.« Außerdem: ein kräftiger Zickzackstrich. Damit habe ich im Laufe der Jahre gelegentlich die Tage in meinem Kalender markiert, an denen die Situation aus irgendeinem Grund vollkommen unmöglich war. »Spät ins Bett« bedeutete, glaube ich, morgens um drei. Tania war zu jener Zeit oft außerstande, aufrecht zu stehen und sich selber an- und auszuziehen. Tove Hvass erinnerte sich später daran, daß wir sie einmal »wie eine Puppe angezogen haben«, und die Schriftstellerin Nancy Wilson Ross hat beschrieben, wie sie zusammen mit mir Tania die wenigen Schritte von ihrem Zimmer zum Aufzug gestützt habe und zu ihrem Entsetzen entdeckte, daß Tanias Füße gar nicht den Boden berührten, daß wir sie trugen, das aber gar nicht bemerkten, so furchtbar wenig wog sie inzwischen. Am Nachmittag des 7. mußten wir zu Parmenia Migel Ekstrom, wo ein Fotograf, Edoardo Brofferio, Aufnahmen für Parmenias Buch machte. Am Abend gingen Tania und Tove zu *Don Giovanni* in die Metropolitan.

8. *Februar:* Große Gesellschaft für Tania bei dem Schauspieler-Ehepaar Ruth Ford und Zachary Scott, mit denen Tania seit 1957 befreundet war. Ruth Ford hatte im Jahre 1949 die Ophelia auf Kronborg gespielt und damals Tania auf Rungstedlund besucht. Sie schildert diese erste Begegnung folgendermaßen: »Von der Reise durch ihre Augen bin ich nie zurückgekehrt:« Diese Augen seien ausdrucksvoller, milder, wissender, tragischer gewesen, hätten mehr Geheimnisse, größere Liebe, mehr Verstehen gezeigt, als menschliche Augen es je könnten. Das ist nur ein Beispiel von vielen, wie in dem Blixen-Erinnerungsbuch der Eindruck beschrieben wird, den Tanias Augen auf die Menschen gemacht haben, die ihr begegnet sind. Wenn man das liest, bekommt man vielleicht eine Vorstellung davon, warum die Festlichkeiten, die überall in der Welt für Tania Blixen arrangiert wurden, sehr oft von Herzen kamen und auf echter Freundschaft beruhten – was für Beobachter von außen nicht immer zu erkennen war, schon gar nicht von Dänemark aus.

Am 20. Februar habe ich eine wichtige Verabredung notiert: »*The Poetry Center.*« Dieses idealistische kulturelle Unternehmen der YMHA, Young Men's Hebrew Association, hatte schon eine lange Reihe von Dichterabenden veranstaltet, und auf ihrem Briefpapier waren alle Namen der Dichter, die bei ihnen zu Gast gewesen waren, verzeichnet. Im Gegensatz zu so vielen Veranstaltern, die »idealistisch« gleichsetzen mit »umsonst«, bot diese Institution ein ansehnliches Honorar an, und Tania hatte schon vor Washington zugesagt. Zachary Scott hat in dem Erinnerungsbuch beschrieben, zu welch großem Erlebnis dieser Abend für die Zuhörer wurde. Auch Tania war sehr beglückt zu sehen, wie gut alles vorbereitet war – rechtzeitig vor Beginn fand eine Mikrophon- und Beleuchtungsprobe statt – und wie gut es lief, so gut, daß zwei Wiederholungen vereinbart wurden. Im *New York Times Literary Supplement* zeigte die wöchentliche Karikatur damals zwei Beatniks in einem ihrer finsteren Schuppen, und der eine fragte den anderen: »Did you catch Isak Dinesen at the Y?«

Weitere gute Erinnerungen vom Februar: Diner bei Monroe Wheeler* vom Museum of Modern Art mit E. E. Cummings*. Und eine große Party bei Arne und Parmenia Ekstrom; dort tauchte plötzlich ein hübsches apartes Gesicht auf, das wir von Paris her kannten, die junge Lyrikerin Jean Garrigue.

In den Februar fiel jedoch auch das dunkle Kapitel dieser Reise, die Zeit in Cambridge, Massachusetts.

Die Vereinbarung mit dem Institute of Contemporary Arts hatte gelautet: ein Auftritt in Washington, einer in New York, einer in Boston. Während des Aufenthaltes in Washington stellte sich heraus, daß die Termine in New York und Boston aus irgendwelchen Gründen ausfallen mußten. Daraufhin fragte Robert Richman Tania, ob sie lieber gar nicht nach Boston oder dorthin ohne jede Auftrittsverpflichtung fahren wolle oder ob er für sie ein alternatives Programm arrangieren solle. Der ursprüngliche Plan sah ja vor, daß wir eine bestimmte Anzahl von Tagen in Boston verbringen sollten und der dortige Auftritt als Gegenleistung für die entstehenden Unkosten gedacht war. Aus diesem Grund erklärte sich Tania mit der letztgenannten Lösung einverstanden. Es stellte sich heraus, daß man sie für beinah jeden Tag »ausgeliehen« hatte.

Zu allem Überfluß kam noch eine zusätzliche Verpflichtung hinzu – ohne Honorar. Als uns die Leiterin des Frauen-Colleges Radcliffe von der Bahn abholte, erzählte sie uns im Auto, daß ein Damenclub Isak Dinesen sehr, sehr gerne zum Tee einladen wolle. Hinter dieser Bitte stand unter anderen auch eine geborene Dänin, eine Zoologin. »There will be a small platform«, wurde uns mitgeteilt, aber Tanne hörte das nicht, und ich selbst begriff nicht ganz, was das bedeutete. Als wir ankamen, hatte der Saal nicht nur ein kleines Podium, sondern etliche Stuhlreihen für viele Zuhörer. Tania war verzweifelt. Sie hatte in Wirklichkeit keine Kräfte mehr und mußte nun improvisieren, und weil es eine improvisierte Plauderei war, dauerte sie lange, der Tee im Nebenzimmer mußte warten und warten. Solch ein »Kidnapping« zu einer zusätzlichen Arbeit war eine Katastrophe für einen todkranken Menschen, und das war Tania mittlerweile geworden.

Die Brandeis University und das Eliot House gefielen uns sehr. Aber das Radcliffe College hatte Tania zwei Tage mit Beschlag belegt und ließ es zu, daß während Tanias großer Lesung ohne ihr Wissen ein Bandmitschnitt gemacht wurde. Das Band wurde kurz darauf im Rundfunk gesendet, ohne Genehmigung, ohne Bezahlung und hinter Tanias Rücken. Zufällig erfuhren wir das alles durch einen Brief. Das bedeutete einen Bruch der Vereinbarung mit Tanias eigentlichen Gastgebern, die die Reise nach Amerika und vierzehn Tage Aufenthalt in New York bezahlt hatten als Gegenleistung für ihren Fernsehbeitrag. Man hatte ihr erlaubt, bei Live-Auftritten das gleiche Programm wie in der Fernsehsendung zu verwenden, und sie hatte versprochen, dabei keine Aufnahmen zuzulassen. Aber sie war ja völlig schuldlos. Wenn man die wohlgeordneten dänischen Verhältnisse gewohnt war, konnte man sich gar nicht vorstellen, daß so etwas an einer angesehenen Universität möglich war.

Das Hotel war von minderer Qualität, man bekam nicht einmal seine Post ausgehändigt – sie wurde auch nicht gänzlich zurückgehalten, die Gäste wußten nicht, daß sie sie selber holen mußten. Einiges wurde gebracht, anderes irgendwo liegengelassen. Unter den vergessenen Dingen, die wir erst bei der Abreise ausgehändigt bekamen, war eine Einladung dänischer Studenten aus Cambridge, auf die Tania nun ohne eigenes Verschulden nicht hatte reagieren können. Trotz des riesigen Arbeitsprogrammes und der billigen Unterbringung kam sie mit einem Defizit nach New York zurück.

Unter der Post, die wir nicht bekommen hatten, war auch ein Brief von Thomas Dinesen, der Tania darauf vorbereiten sollte, daß ihre Schwester Elle, die schwerkrank im Zentralkrankenhaus Hillerød lag, wohl nicht mehr lange leben würde. Jetzt erhielt Tania, so überanstrengt wie noch nie während dieses trüben, mißglückten Aufenthaltes, völlig unvorbereitet das Telegramm mit der Nachricht, daß Elle gestorben sei.

Am Sonntag, dem 22. Februar, fuhren wir von Harvard zurück nach New York in den Cosmopolitan Club, der uns schon heimatlich vorkam. Tania wurde zum Ehrenmitglied ernannt und konnte daraufhin dort weiter wohnen bleiben und mich als Gast bei sich haben. Da nun aber die Einladung vom *Ladies' Home Journal* ausgelaufen war, mußte sie selbst die Unterbringung bezahlen. Die drei Honorare vom Poetry Center und die Gagen für einige kleinere Fernsehauftritte reichten gerade dafür aus. Die Tage nach der Rückkehr waren natürlich von der Trauer über Elles Tod geprägt, und verschiedene Vorhaben, wie zum Beispiel eine spätabendliche Tour durch Harlem, wurden abgesagt. Aber die Arbeit ging weiter. Daß die Redakteurinnen vom *Ladies' Home Journal* Tania um eine Erzählstunde vor den Mitgliedern des Clubs und um eine weitere Causerie anläßlich einer Einladung in ihr Haus auf dem Lande baten, war nicht mehr als recht und billig; beides hatten sie nicht von vornherein zur Bedingung gemacht, und Tania hätte sich dem leicht entziehen können, aber das sah ihr nicht ähnlich.

Mitten unter den Notizen zu Arbeitsterminen werden »Ruth Tishman und Dr. Henry Aranow« erwähnt. Ruth Tishman war eines der Clubmitglieder, die Tania näher kennengelernt hatte. Auch sie wurde eine hilfreiche Stütze in der langsam immer bedenklicher werdenden Situation. Otto und Helga Lindhardt waren nach Hause gefahren, und als auch Tove Hvass abgeflogen war, konnte es geschehen, daß ich nachts wachlag und dachte: Werden *wir* wohl jemals wieder lebend nach Rungstedlund zurückkehren? Schon vorher hatte Tania einen Arzt gebraucht, Haas hatte ihr Dr. Baldwin empfohlen, und jetzt überredete Ruth Tishman sie, Dr. Samuel Standard vom Bellevue

Hospital zu Rate zu ziehen. Am Freitag, dem 13. März, wurde Tania in den Harkness Pavilion, eine Unterabteilung des Presbyterian Hospital, eingeliefert. Dort sagte mir Dr. Henry Aranow ohne alle Umschweife, ihr Zustand sei lebensgefährlich. Er wollte ihr gern zusätzliche Nahrung durch einen Schlauch einflößen, und um ihr zu demonstrieren, daß das gar nicht schlimm sei, versuchte er selbst einen Schlauch zu schlucken, mußte aber, als ihm die Tränen die Wangen herabliefen, aufgeben. Tania behauptete, der Schlauch sei gar nicht vonnöten; wenn sie eine bestimmte Menge Flüssignahrung zu sich nehmen *müßte*, könne sie das auch so. Sie schaffte es, aber es half ihr kaum. Immerhin hat sie sich auf diese Art eine Woche lang ausgeruht, und das hat ihr möglicherweise das Leben gerettet.

Ich mußte mich wohl oder übel daran gewöhnen, jeden Tag den langen Weg zum Hospital mit der U-Bahn zu fahren. Drei Dinge fielen mir auf, die ich noch nie in einem dänischen Krankenhaus gesehen hatte: Die Patientin hatte ein eigenes Badezimmer; es gab drei kleine Kapellen, eine katholische, eine protestantische und eine jüdische, wo Personal, nicht bettlägerige Patienten und Besucher beten und meditieren konnten; und es gab für die Besucher ein kleines Restaurant.

Am 17. März, dem St.-Patrick's-Tag, fand die große jährliche irische Parade auf der Fifth Avenue statt. Ich bekam einen Tag frei und durfte in Mrs. Cranes Wohnung von einem Fenster aus zusehen. Es vergingen Stunden und Stunden, und die Parade dauerte noch immer an. Gegen Abend kamen Gäste zum Tee, unter ihnen John Gielgud. Ich staunte über seine wunderbare Diktion, selbst im ganz alltäglichen Gespräch. Er brauchte nur den Mund aufzumachen, schon war es eine Freude, ihm zuzuhören.

Die vier Wochen vom St.-Patrick's-Tag bis zu Tanias Geburtstag am 17. April – denn so lange blieben wir, Tania wollte überhaupt nicht nach Hause – sind dicht besetzt mit Terminen, mit alten und neuen Namen. Am 4. März aßen wir mit dem italienischen Verleger Gian Giacomo Feltrinelli zu Mittag. Er hatte gerade kurz zuvor mit der Herausgabe von *Afrika – dunkel lockende Welt* in Italien großen Erfolg gehabt. Er erzählte uns von zwei anderen Treffern, die ihm ebenfalls in jüngster Zeit gelungen waren: die allererste Veröffentlichung des *Doktor Schiwago* und Tomasi di Lampedusas *Der Leopard*. Alex King lud Tania zu seinem Fernsehprogramm »Alex in Wonderland« ein. Wir hatten ihn und seine Frau Margie bei dem Filmregisseur Sidney Lumet und seiner damaligen Frau, Gloria Vanderbilt, kennengelernt. Oben von der Terrasse ihres Penthouses hatte man einen märchenhaften Blick auf die Lichter New Yorks. Damit auch Tania die Aussicht genießen konnte, mußte Sidney sie wie ein Kind auf der Terrasse umhertragen, so schwach war sie inzwischen geworden.

In den letzten Wochen unseres Amerika-Aufenthaltes hatten wir einige Mühe mit den diversen Formalitäten. Die Aufenthaltsgenehmigungen mußten erneuert werden, und es mußte mit dem Finanzamt abgerechnet werden. Letzteres wollte Robert Richman in Washington übernehmen, und er hatte auch in Aussicht gestellt, daß alle zusätzlichen Arrangements mit zu der Einladung des Institute of Contemporary Arts geschlagen werden könnten, aber weil Tania nicht imstande war, noch einmal nach Washington zu fahren, mußten wir die Angelegenheiten selbst regeln. Weder bei »Khamar« noch beim »Fedekalv« war viel Kraft übriggeblieben, als Ruth Tishman uns am 17. April zum Flughafen fuhr.

Im Sommer 1959 weist mein Kalender meist leere Stellen aus. Nach all den Strapazen mußte »Khamar« ausruhen – jetzt hieß sie nicht mehr Tania, sondern, wenn ich über sie sprach, »Baronesse« und bei der direkten Anrede meist »Khamar«, und auch in Gedanken nannte ich sie von nun an so.

Der Verlag Gyldendal bat mich, den *Leopard* zu übersetzen, und ich sagte mit Freuden zu. Noch immer übersetzte ich nur nebenbei – meist nach Mitternacht und vor sieben Uhr morgens. Nachdem ich sowohl das Unterrichten als auch die Bibliotheksarbeit aufgegeben hatte, wagte ich nicht, auch diese letzte Ausweichmöglichkeit aufs Spiel zu setzen. Außerdem konnte ich das Geld gut gebrauchen. Aber es war schwierig, beide Arbeiten miteinander zu vereinbaren. Jetzt sollte ich einen Monat Urlaub haben und zu Hause in Dragør den *Leopard* beenden, während Khamar auf eine Rundreise nach Wedellsborg, Gyldensteen, Leerbæk und Gjessinggaard ging in Begleitung von »Madam Carlsens« Nichte Karen, die damals gerade Zimmermädchen auf Rungstedlund geworden war.

Ich hatte einen harten Schlußspurt vor mir, denn *Der Leopard* mußte zu einem bestimmten Termin fertig sein. Da bekam meine Mutter eine Hirnblutung. Der herbeigerufene Arzt versprach optimistisch baldige Besserung, die aber nicht eintraf. All die traurigen Probleme, mit denen ältere Menschen in einer solchen Situation konfrontiert werden, brachen über uns herein. Schließlich kam auch noch ein liebloser Standardbrief vom Krankenhaus mit der Forderung, eine andere Unterbringung für sie zu besorgen. Nach einem trostlosen Zwischenstadium konnte Mutter bis auf weiteres in einem Pflegeheim in Rungsted unterkommen, dort war ich wenigstens die meiste Zeit in ihrer Nähe. Da es dort aber kein Einzelzimmer für sie gab, ließ ich sie bei den St.-Vincent-Schwestern in Helsingør auf die Warteliste setzen.

Wedellsborg
Ejby
3. 8. 1959

Liebes kleines Fedekalv.

Dank für Brief. Es tut mir so leid um Deine Mutter und Dich – wir müssen uns darauf konzentrieren, eine Lösung zu finden, die angesichts der Lage der Dinge bestmögliche. Grüße, bitte, Deine Mutter von mir. –

Ich soll Dich herzlich von meinen hiesigen Gastgebern grüßen, sie sagen, es täte ihnen leid, daß Du dieses Mal nicht mitgekommen bist. – Karen ist ein guter Ersatz als Kammerzofe und hat ein nettes Wesen. –

Eine Unglücksbotschaft! – Ich habe aus Versehen das kostbare Bild von Khamar und dem Fedekalv mitten durchgerissen! Julius sagt, er könne es zusammensetzen, aber ich glaube, das Fedekalv selbst kann das besser, deshalb schicke ich es beiliegend. Ich hätte gern, daß Du eine kleine

Mappe oder einen Rahmen dafür besorgst, damit ihm in Zukunft nichts passiert. –

Hier haben wir ausnehmend *herrliches* Wetter gehabt – mit Ausnahme des fürchterlichen Gewitters neulich – und recht viel Gesellichkeit. – Wir waren auf Glorup zum Lunch – ein wunderschönes Gut, und zwei hübsche junge Töchter machen es vollkommen, wie Adelaide das Gut ihrer Eltern vollkommen machte – zum Tee auf Langesø, auch sehr schön, wenn auch ein ganz anderes Genre mit anderem Charakter, und gestern zum Essen bei Rothschilds auf Hesselager*, von dort sind wir erst heute nacht um 2 Uhr zurückgekommen – deshalb schreibe ich diesen Brief im Bett, mit einigen Schwierigkeiten. – Es war amüsant, Philippe und Pauline kennenzulernen. Sie sind ja sehr mit Diane, Monroe und Glenway* befreundet und haben wirklich ein außerordentliches Interesse an Kunst und viel Sachverstand. Zehn Jahre lang haben sie für ihr Museum auf ihrem Chateau in der Nähe von Bordeaux alles gesammelt, was in der Kunst mit Wein zu tun hat. Die ältesten Stücke sind 3000 Jahre alt, die neuesten ganz modern. – Ansonsten fühlte ich mich fast beleidigt – oder war verärgert – durch den merkwürdig provinziellen petty small talk des dänischen Landadels, voller ganz uninteressanter Nadelstiche nach allen Seiten. Ich weiß nicht, ob das in den letzten Jahren schlimmer geworden ist, jedenfalls fällt mir jetzt auf, wie todlangweilig das ist. – Da empfindet man es als große Erleichterung, jemandem aus der großen Welt zu begegnen.

Aber was haben diese Provinzler für herrliche Anwesen! – Die konnten ja nur dadurch entstehen, daß Generation auf Generation mit wirklich inniger Liebe angelegt, gepflanzt und gesammelt hat. – Ein Jammer, daß Du Glorup, Langesø und Hesselager nicht gesehen hast, Du hättest 1000 Dinge entdeckt, von denen Du hingerissen gewesen wärst – Silber, Porzellan, Glas, Spitzen und Stickereien, um gar nicht erst von den Gemälden und Blumen zu reden und den Büchern, die ja mehr auf Khamars Linie liegen. – Es ist fast unglaublich, was sich alles hier auf Fünen innerhalb dieser Mauern befindet. – Ein Raum nach dem anderen voller schöner, interessanter und fesselnder Dinge – und dann die Häuser selbst, die großen Gebäudekomplexe, Alleen und seltenen Bäume.

Tido und Irene* wohnen hier – heute war großer Lunch, dem Khamar sich, wie Du siehst, entzogen hat. – Ebbe Berner, Ella Bille Brahe und Goske Berner wohnen auch hier, morgen kommen alle Moltkes aus Glorup, heute abend kommen Rothschilds mit ihren Gästen aus Hesselager zum Essen. – Donnerstagnachmittag fährt mich Irene nach Gyldensteen. –
Ich habe ja vor, von Gyldensteen nach Leerbæk zu fahren, von da nach Frijsenborg, Gjessinggaard und, wenn möglich, nach Samsøe. – Aber ich muß ja auch etwas an die Vorhaben und Pläne zu Hause denken. – Ich bin so unsicher, was diese Dinge betrifft, auch unentschlossen, und muß mich doch entscheiden! – Wenn Du feststellen kannst, wann der Professor* zurückkommt, laß es mich wissen. – Da ich nicht vor dem Siebzehnten nach Leerbæk kann, werde ich – wenn ich dem oben erwähnten Plan folge, nicht vor dem 27./28. August wieder auf Rungstedlund zurück sein.
Es geht mir anscheinend wirklich etwas besser, alle versichern mir, ich sähe wohl aus!
Nun nur viele Grüße nach Rungstedlund und Dragør und an alle Freunde und Bekannten. Gott sei mit Euch – mit uns!
– denkt   Khamar. –

Ich habe gestern beim Essen neben Philippe R. gesessen – er nötigte mir, neben Champagner und Mosel, zwei seiner allerbesten Rotweine auf. Das wäre etwas für das Fedekalv gewesen.

Die positiven Kritiken über meine Übersetzung, die unter so harten Bedingungen zustande gebracht werden mußte, waren ein kleiner Lichtblick und freuten mich besonders, weil mich der *Leopard* ganz ungewöhnlich fasziniert hatte. Ich könnte fast sagen, er hatte eine gewisse Suggestivkraft auf mich ausgeübt, die so weit ging, daß ich unbedingt eine Liliputausgabe des Muranokronleuchters aus dem Speisesaal des Schlosses haben mußte. Ich fand sie in einem Glasgeschäft auf der Bredgade. Wie bei meinen früheren Übersetzungen hatte Khamar meine Arbeit nach und nach gelesen, kritisiert und mir gute Ratschläge erteilt. Einen Rat habe ich nicht zu befolgen gewagt: Ich hatte die Hauptperson des Buches als Fürsten und seine Frau als Fürstin bezeichnet. Tania Blixen sagte, es müsse Fürst und Prinzessin heißen. Das war zweifellos richtig, sie kannte sich ja in diesen Kreisen aus. Aber ich fürchtete, gewöhnliche dänische Leser könnten diese Finesse mißverstehen.

Unter den wenigen Notizen für den Rest des Jahres 1959 nach der Rückkehr aus Amerika tauchen mehrere Termine auf, die den neu gegründeten Fonds betreffen.
5. Mai: »Reservat-Treffen«: Begehung des Areals mit Anders Dinesen, Dr. Syrach Larsen und dem wissenschaftlichen Assistenten Nielsen. 9. Oktober: Aufsichtsratssitzung und am 20. Oktober Rundgang durch das Arboretum mit Dr. Syrach Larsen, dabei Erörterung »interessanter Pläne für ein ornithologisches Museum«. Diese Planungen sahen vor, in einem der früher für landwirtschaftliche Zwecke genutzten Räume, zum Beispiel auf dem Heuboden, eine kleine instruktive Sammlung aufzustellen. Dort sollten die Besucher dann Näheres über die in dem Reservat beheimateten Vögel erfahren können.
Aber ach, jetzt, da ich dieses niederschreibe, fünfzehn Jahre später, hat es nicht einmal zu einer kleinen bebilderten und überdachten Tafel gereicht. Die Inflation hat die Belastungen schwerer und schwerer werden lassen. Winterfutter wird allerdings noch immer ausgelegt, und unter Anleitung von Dr. Finn Salomonsen werden die Nistkästen gezählt und in Ordnung gehalten.*
Im Mai erhielt Igor Strawinsky in Kopenhagen den Sonning-Preis. Vom Empfang anläßlich der Preisverleihung brachte eine

Zeitung ein ulkiges Bild von Tania Blixen und Strawinsky. Man sieht die beiden Berühmtheiten genau im Profil, wie sie einander überaus freundschaftlich begrüßen, und mit ihren großen kühn geschwungenen »Schnäbeln« gleichen sie Papageno und Papagena.

Am 25. Oktober kam Besuch aus Deutschland, was sehr selten war: Dr. Schöningh* von der *Süddeutschen Zeitung* und der angesehenen katholischen Zeitschrift *Hochland*. Dr. Schöningh hatte an einer Jagd bei Freunden auf Fünen teilgenommen. Er gehörte zu dem Milieu, in dem Tania Blixen sich am wohlsten fühlte, und war im europäischen Geistesleben sehr bewandert. Die Zeitschrift *Hochland* hatte sich dem Nationalsozialismus hartnäckig widersetzt und deshalb Schwierigkeiten gehabt. Dr. Schöningh sagte: »Es gibt drei Sterne an unserem Firmament: Søren Kierkegaard, John Henry Newman, Tania Blixen.« Er wollte Kierkegaards Grab aufsuchen, und ich begleitete ihn nach Kopenhagen zum Assistens-Friedhof. *Hochland* erhielt die Erlaubnis zur Veröffentlichung einer der Geschichten aus den *Letzten Erzählungen**.

29. November: »Am Abend: Korrespondenz. Klavier.« Ich hatte mir ein kleines Kammerpiano angeschafft, das sich leicht überall im Hause bewegen ließ.

12. Dezember: »*Die große Geste** und Brief an Charles Pick*.« Die Arbeit an dem nächsten Buch, *Schatten wandern übers Gras*, hatte demnach begonnen, und wegen der Edition wurde mit dem nunmehr für England zuständigen Verlag, Michael Joseph, korrespondiert.

1960

In den ersten Tagen des Jahres arbeiteten wir vorwiegend an *Barua a Soldani*. Man hatte erwogen, eine größere Auswahl an Essays und ähnlichem in einem umfangreichen Band zusammenzufassen, Dinge, die teils auf dänisch, teils auf englisch vorlagen. Im Laufe der Planungen erkannte Tania Blixen aber, daß die Edition eines kleineren Bandes mit einem einheitlichen Themenkreis, der nur afrikanische Erinnerungen enthielt, besser sei.

Zusätzlich zu den durch ihre Krankheit bedingten schweren Belastungen kam nun noch ein neues Problem auf Tania Blixen zu. Es war inzwischen unumgänglich geworden, Rungstedlund einer gründlichen Renovierung zu unterziehen. Als der Gemeinde vor der Gründung des Fonds die verschiedenen Vorschläge unterbreitet wurden, hatte Tania Blixen die Möglichkeit erwogen, dort draußen nur den Sommer zu verbringen und im Winter in Kopenhagen zu wohnen, wobei ihr sicher bewußt war, daß sie die noch vor ihr liegenden Jahre an den Fingern einer Hand abzählen konnte. Ellen Dahl hatte auf dem Wege eines Tauschhandels, bei dem sie auf jeden Fall die Gebende war, Tanne ein ganz kleines Haus in der Rigensgade überschrieben. Es war das Nachbarhaus des Hauses Sølvgade 26, in dem Ellen selber wohnte. Steen Eiler Rasmussen zeichnete einen Entwurf für einen Umbau, wobei er davon ausging, daß die Haustür auf der Rigensgade geschlossen und der Eingang in den Hof verlegt werden müßte, den man nur durch das Tor zur Sølvgade 26 erreichen konnte. Den Kontakt zu anderen Menschen und die Möglichkeit, ins Theater zu gehen, vermißte Tania Blixen besonders im Winter sehr. Sie freute sich auf ihr Liliputhaus und sprach von ihm als »ma maison à moi« – »*mein* Haus für mich allein«. Den Hintergrund dieses Ausdrucks kannten nur wenige

Tania Blixen und ihre Schwester Ellen Dahl an der Westseite
des Hauses.

Eingeweihte. Seine Geschichte ging zurück auf ihren Aufenthalt
in Rom im Jahre 1912. Damals war sie zu Gast bei ihrer besten
Freundin Daisy*, geborene Krag-Juel-Vind-Frijs, und deren
Mann, Henrik Castenskiold, der dänischer Botschafter in Rom
war. Daisy hatte einen Hund, um den viel Aufhebens gemacht
wurde und den sie manchmal mitten in der Nacht, mit Locken-
wicklern im Haar, spazierenführte. Auch ihre französische Kammerzofe hatte einen Hund, was ihr eigentlich nicht gestattet war,
doch man sah darüber hinweg und ignorierte ihren Hund. Nur
konnte die Zofe den Mund nicht halten und erzählte immer
wieder von ihrem Hund, dem lieben Tier, als von »mon chien à
moi...« Der Charme dieser Erinnerung veranlaßte Tania Blixen, dem kleinen Haus in der Rigensgade den Kosenamen »ma
maison à moi« zu geben. Sie hat aber nie dort wohnen können.
Als Ellen Dahl gestorben war, durfte der Eingang nicht mehr zur

Sølvgade verlegt werden, denn die Genehmigung dazu war nicht grundbuchamtlich eingetragen worden, und die Erben widerriefen sie.

Also beschloß man, Rungstedlund zu renovieren. Unter anderem sollte eine Zentralheizung eingebaut werden. Trotz all der Mühe, die darauf verwendet wurde, die vielen Öfen in Gang zu halten, blieben große Teile des Hauses im Winter immer eiskalt. Als ich Rungstedlund kennenlernte, gab es dort etliche hübsche moderne Öfen, die aber schon nach wenigen Jahren nicht mehr zu gebrauchen waren. Tania Blixens Verwandte schenkten ihr auf ihre Bitte hin antike Öfen, die wunderschön und zudem unverwüstlich waren: Der große Rokoko-Ofen im Wohnzimmer mit den putzigen kleinen Schuhen an den Füßen stammt vom Gut Frijsenborg, der Louis-Seize-Ofen in der »Ewalds-Stube« von Gyldensteen, der Ofen gleichen Stils im Schlafzimmer und der Empire-Ofen im Eßzimmer von Wedellsborg. Das Schleppen des Heizmaterials und das Anheizen der vielen Öfen ließ sich immer schwerer bewältigen. Die Renovierungsarbeiten hatten mit einem äußerst gewaltsamen Start schon im Herbst 1959 begonnen: Ein Bagger grub rund um das Haus das Erdreich auf, damit ein neuer Abwasserkanal gelegt werden konnte. Bisher hatte es ja im ganzen Haus kein einziges Badezimmer gegeben, nur zwei Toiletten. Um von Tania Blixens Schlafzimmer aus die nächstliegende Toilette erreichen zu können, mußte man zwölf Meter über einen ungeheizten Boden gehen, auf dem die meiste Zeit während des Winters die Temperaturen unter den Gefrierpunkt sanken. Tania Blixen ist dort einmal gestürzt und hat lange Zeit in der Kälte gelegen, ohne wieder aufstehen zu können. Wenn in dem Pflegeheim, in dem meine Mutter jetzt wohnte, solche Zustände geherrscht hätten, wäre das Stoff für die Sensationspresse gewesen. Sollte das Haus weiterhin als menschliche Behausung dienen, waren Reparaturen und Modernisierungen unumgänglich.

Während der Bagger sich unter großem Getöse vorwärtsfraß, arbeitete Tania Blixen in der Grünen Stube, weil es in den großen Zimmern jetzt im Januar zu kalt war.

Der alte Alfred Petersen lag todkrank im Krankenhaus von

Usserød. Wir besuchten ihn abwechselnd. Als ich wieder einmal an der Reihe war, kam ich nicht weg, weil Tania Blixen unbedingt noch eine Arbeit erledigt haben wollte. Am Nachmittag dieses Tages starb Alfred. Als Jonna Dinesen nach ihm sehen wollte, war er schon tot.

Damals hätte ich, wie so oft, an zwei Stellen zugleich sein müssen, eine Fähigkeit, welche die Legende dem heiligen Antonius von Padua nachsagt – und der war einer unserer Lieblingsheiligen auf Rungstedlund und hat uns ganz bestimmt des öfteren verschwundene Dinge wieder herbeigeschafft –, und Tania Blixen erzählte mir einmal, auch die eingeborenen Afrikaner würden die Kunst der »Bilokation«, wie man das nennt, beherrschen. Aber ein gewöhnlicher Mensch mitten in der europäischen Zivilisation ist ja dazu nicht imstande. Auch um meiner Mutter willen wäre ich damals gern an zwei Stellen zugleich gewesen. Sie hatte sich tapfer, aber vergebens bemüht, wieder gehen zu lernen. Zum 1. Januar mußten wir die Wohnung am Strandboulevard aufgeben, das war hart für sie. Immerhin bot das verfallene Rungstedlund noch viel Platz, so daß der ganze Hausrat von daheim auf dem Heuboden verstaut werden konnte.

Kurz nach Alfred Petersens Beerdigung erreichten die Umbauarbeiten auf Rungstedlund ein Stadium, in dem Tania Blixen nicht mehr dort wohnen konnte. Sie quartierte sich im Bellevue Strandhotel ein, und auch ich war selbstverständlich genötigt, dort zu wohnen, denn die Arbeit ging weiter.

Einige Notizen zeigen, daß man von neuem versuchte, der stark unterernährten Patientin besondere Nahrung zukommen zu lassen: Gemüsesäfte und Gelée Royale. Es wird weiter an dem neuen Buch gearbeitet, und es kommen auch Besucher zu Tania Blixen, unter anderen der englische Literaturkritiker John Davenport.*

Seit Beginn der Amerika-Reise war der Leidensdruck für die ausgemergelte Patientin so stark, daß sie in besonders schlimmen Stunden sehr unleidlich gegen jedermann werden konnte. In einem solchen Zustand wollte sie mir eines Tages kündigen.

Ich suchte nach einem Ausweg und schrieb einen vertraulichen Brief an Philip Ingerslev und schilderte ihm die Lage. Wenn ich jetzt eine andere Stellung annähme, könnte ich die nicht wieder aufgeben und zurückkommen, und das würde mir sehr leid tun. Philip kam und schlichtete den Streit mit viel Takt und Einfühlungsvermögen. Ich benutzte die Gelegenheit, zitierte das Kapitel über *Die Ochsen** aus dem Buch über die Farm und erklärte, ich hätte auch gerne, so wie die Ochsen auf der Farm, sonntags frei. Das wurde mir zugestanden, und laut Kalender bin ich tatsächlich am Sonntag, dem 28. Februar, sowohl bei meiner Mutter im Pflegeheim als auch in meinem Haus in Dragør gewesen.

11. März: Niels Birger Wamberg* auf Rungstedlund zur Aufnahme eines Gespräches.

13. März: Kutschfahrt zur Eremitage und den Ulvedalene mit den Pferden Musse und Bolette. Typisch Tania Blixen, daß sie sich nach den Namen der Pferde erkundigt hat. Außerdem viele Besucher einzelner Vorstandsmitglieder des Rungstedlundfonds und von Verwandten und alten Freunden.

Am 25. März ist Tania Blixen wahrhaftig mit Julius Wedell im Theater zu *Elverhøj*. Am nächsten Tag steht denn auch in meinem Kalender, daß sie den ganzen Tag todmüde war und nicht arbeiten konnte.

Der Aufenthalt im Bellevue sollte nur ein paar Monate dauern, aber als der April kam, waren wir noch immer dort und Rungstedlund noch immer nicht bewohnbar. Vom Beginn der Osterferien an waren alle Zimmer des Hotels reserviert, so daß wir dort nicht länger bleiben konnten.

Wir glaubten, wir hätten in Kopenhagen eine Bleibe zu einem vernünftigen Preis in Aussicht. Als wir ankamen, stellte sich aber heraus, daß dort das Essen nicht auf dem Zimmer serviert wurde. Um auch nur eine Kleinigkeit zu essen zu bekommen, mußte man ins Restaurant gehen, und das war für Tania Blixen unmöglich. Sie ließ sich noch das Zimmer zeigen, das mir zugedacht war, und als sie feststellte, daß es klein, dunkel und zu einem schachtartigen Hof hinaus gelegen war, auch noch nach abgestandenem Zigarrenrauch stank, gab das den Ausschlag dafür, daß wir weitersuchten. Wir hatten etwas naiv gehofft, eine Art Äquivalent zu dem schönen Cosmopolitan Club in New York zu finden. Am späten Abend zogen wir weiter, um ein neues gutes Hotel mit nicht allzu teuren Zimmern in Augenschein zu nehmen. Aber die Zimmer waren winzig, hatten keine einzige Schublade, während wir doch Berge von Papieren mithatten und arbeiten mußten. Es blieb also keine andere Lösung als das gute alte Angleterre.

Dort wohnten und arbeiteten wir dann mit nur einer Unterbrechung um den 17. April herum, Tania Blixens 75. Geburtstag. Sie war das Hotel-Leben leid, krank und müde, und wollte an dem Tag auf keinen Fall in Kopenhagen sein. Caritas und Hans Folsach, Verwandte, mit denen sie sich sehr gut verstand, luden sie auf ihr Gut Gjessinggaard ein.

Karfreitag: Flug von Kastrup nach Tirstrup, mit dem Auto nach Gjessinggaard, »schönes Abendessen«. Am Tag darauf »Zimmertausch«, man tat alles für den gebrechlichen Ehrengast. *17. April:* »Festessen, 17 Menschen.« *18. April:* »Tour zur Aussicht und zum Wacholderbeerwäldchen.« *Am 19.:* »Tour zu den Charolais-Rindern etc.« *Am 20.:* Besichtigung der Kirche und Besuch eines Antiquitätengeschäftes in Randers, mit 3 Stunden Verspätung in Kastrup gelandet. Zurück zum Angleterre, gerade noch rechtzeitig, um die Blumen, die aus Anlaß des Geburtstages gekommen waren, in Augenschein zu nehmen.

Am 24. April benutze ich meinen freien Sonntag dazu, nach Helsingør zu fahren, wo endlich bei den Vincent-Schwestern ein Zimmer für meine Mutter in Aussicht stand.

26. April: »Manuskripte ›Farah‹ abgeschickt.« Da ich die Mehrzahl benutzte, habe ich offenbar an Random House und Michael Joseph* je ein Exemplar von diesem ersten der vier großen Kapitel von *Schatten wandern übers Gras** geschickt.

Mittlerweile kam der 1. Mai näher, und Rungstedlund war noch immer gänzlich unbewohnbar. Nur mit Mühe und Not konnte Frau Carlsen in den Ruinen die Stellung halten. Da teilte uns auch das Hotel Angleterre mit, daß sie uns nicht länger behalten könnten. Auch dort hatte sich ein Umbau verzögert, und man kam mit den Reservierungen in Schwierigkeiten. Nun hatten wir wieder kein Dach über dem Kopf, und das mitten in drängenden Arbeiten.

Ich faßte mir ein Herz und schlug vor, eine Fahrt nach Dragør zu unternehmen und dort an Ort und Stelle festzustellen, ob man nicht den Sommer über in meinem Haus arbeiten könne. Tania Blixen war einverstanden. Während der Besichtigung sagte sie: »Hier hat man doch das Gefühl, man ist in einem Zuhause.«

5. Mai: »Umzug nach Dragør.«

Das Haus meiner Urgroßeltern und Großeltern in Dragør ist sehr klein, aber im Gegensatz zu vielen anderen neuen Bewohnern der alten Dragør-Häuser hatte ich die Aufteilung in mehrere kleine Räume beibehalten. Es gab oben zwei Dachkammern und zwei kleine Zimmer im Erdgeschoß. Tania Blixen bekam die östliche Dachkammer als Schlafzimmer. Dort hatte sie Sonne und, wie in Rungstedlund, Sicht auf das Meer. In der anderen Kammer, die eigentlich als Gästezimmer gedacht war, stand zwar ein zauberhaftes altes Bett aus Birkenholz, ein Geschenk Ellen Dahls an mich, aber die Wände waren noch so undicht, daß ich es vorzog, die dritte Schlafmöglichkeit im Haus, das Sofa im Büro, als Bett für mich herzurichten. Dort hatte ich auch das Telefon gleich neben mir. Den ganzen Sommer über ließ ich mich telefonisch wecken, denn das Arbeitsprogramm war hart. An erster Stelle stand die eigentliche Arbeit an der englischen und der dänischen Ausgabe des neuen Buches, die Korrekturen an der Neuauflage der *Rache der Wahrheit* und die Korrespondenz. Aber jetzt konnte man ja das Essen nicht einfach mehr aus einem Restaurant bestellen, daher mußte ich meine fast vergessenen, bescheidenen Kochkünste wieder aufleben lassen. Ich selbst konnte mir fertige Mahlzeiten von einem Essensservice kommen lassen, und es wurde leider mit der Zeit immer leichter, für Tania Blixens Verpflegung zu sorgen, denn sie konnte fast nichts mehr essen. Wir aßen Suppe aus der Dose, und ich machte mit der Feile kleine Ampullen mit Gelée Royale auf, das in ein Glas Wasser geschüttet und getrunken wurde. Einmal erschien Erling Schroeder mit etwas Kaviar.

Das Beste an dem Haus war, daß das unter Schutz gestellte Strandareal direkt bis vor die Tür ging und daß man vom Giebelfenster und der Gartenpforte aus aufs Meer sehen konnte, wo die Fahrrinne so nah an der Küste verläuft, daß die Schiffe verblüffend groß erscheinen. Tania Blixen hat erzählt, wie man in ihrer Jugend, wenn man von einem der großen Landgüter sprach, fragte: »Hat es auch *Herrlichkeiten?*« Damit konnte alles mögliche gemeint sein, was irgendwie außergewöhnlich war, auch eine schöne Aussicht. Ich zählte die großartige Aussicht zu den allerbesten »Herrlichkeiten« meiner bescheidenen Hütte – jetzt ist sie verbaut, aber in jenem Sommer existierte sie noch. Wenn morgens die Sonne schien, liebte Tania Blixen es, bei offenem Gartentor zu frühstücken und dabei aufs Wasser zu gucken. Alle Vorbeikommenden grüßte sie aufs Freundlichste und hatte ihren Spaß daran, die Gänsefamilien über das Kopfsteinpflaster watscheln zu sehen.

Den ganze Mai über habe ich so viel zu tun gehabt, daß ich fast nichts im Kalender notiert habe. Es muß aber im Mai gewesen sein, als Tania Blixen es schaffte, eine Fahrt nach Saltholm durchzusetzen. Das war typisch für sie: Sie *mußte* hinüber zu der eigenartigen, flachen, fast unbewohnten Insel mitten im Sund, obwohl es dorthin gar keine normalen Verbindungen gab und sie selbst so gebrechlich war.

Ganz in der Nähe meines Hauses wohnte ein Jugendfreund meines Vaters; dessen Sohn besaß ein Boot und ließ sich überreden, uns hinüberzusegeln. Angesichts dieses Unternehmens hatte ich Angst und bat Anne und Erik Kopp mitzukommen. Wir tranken im »Krug« bei der Familie Riber Kaffee, und da man auf Saltholm nicht mit dem Auto fahren kann – jedenfalls gab es damals keine Straßen auf der Insel –, ließ sich Tania Blixen ohne jede Scheu auf einem Wagen, der von einem Trecker gezogen wurde, durch die Gegend fahren. Mag sein, daß sie sich an ihre Zeit in Afrika erinnert fühlte.

31. Mai: Endlich konnte meine Mutter bei den Vincent-Schwestern einziehen. Es war ein wahres Puzzlespiel, alles so zu arrangieren, daß ich sie beim Umzug begleiten konnte. Der Taxiunternehmer Juul brachte erst jemanden, der bei Tania Blixen blieb, von Rungstedlund nach Dragør, nahm dann mich mit, holte meine Mutter, fuhr uns beide nach Helsingør, fuhr mich zurück nach Dragør und meine Vertretung wieder zurück nach Rungstedlund. Aber die Unterbringung meiner Mutter war nun aufs beste gelöst. Sie hatte unter der Zwischenlösung sehr gelitten, weil sie kein Einzelzimmer hatte bekommen können. Als wir in Helsingør ankamen, stand ihr Name an der Tür ihres Zimmers – das bedeutete ihr sehr viel –, und in dem Zimmer standen Möbel aus ihrer eigenen Wohnung. Voller Dankbarkeit stellte sie fest: »Nun bin ich zu Haus.«

Tania Blixen konnte das noch nicht von sich sagen. Sie arbeitete weiter mit großer Energie. Im Juni stand *Farah* auf dem Arbeitsprogramm, die dänische Version, nachdem die englische schon an die Verlage geschickt war. Weil ich ja allerhand anderes zu erledigen hatte und nicht so viel nach Diktat schreiben konnte wie in Rungstedlund, saß oder lag sie auf dem Sofa im Wohnzimmer und schrieb die ganze Kladde der dänischen Version mit der Hand. »Dann bin ich doch auch von Nutzen«, sagte sie. In dieser Zeit herrschte eine freundliche Stimmung, und ich war oftmals wieder das »Fedekalv«. Gelegentlich bekamen wir auch Besuch, unter anderem mehrere Male von Tove Hvass.

22. Juni: Mit Philip Ingerslev nach Rungstedlund. Die Reparaturen zogen sich weiter in die Länge. Aber jetzt hatten wir jedenfalls ein eigenes Dach über dem Kopf und konnten nicht mehr an die Luft gesetzt werden. In Dragør schafften wir kleine Wege durch die engen Gassen und über die kleinen Plätze, nahmen auch einmal ein Taxi für eine Tour aufs Land. Ein herrlicher Anblick, den man damals noch genießen konnte, bot sich uns, als die Böschung in der ganzen Länge des Store-Magleby-Strandweges weiß war, unten von blühendem Schierling und oben vom Weißdorn. Das war dann der Ersatz für die traditionelle Tour durch den Dyrehaven zur Weißdornblüte.

Eines Tages im Mai geschah etwas Merkwürdiges: Auf ein Blatt des Arbeitsblockes schrieb Tania Blixen folgende Strophe aus dem Gesangbuch:*

> »Gott, der wird's wohl machen,
> Dem ich alle Sachen
> Allzeit heimgestellt.

Er hat mich erkoren,
Eh ich noch geboren
Bin auf diese Welt,
Hat mir auch
Nach seinem Brauch,
Was vonnöten, stets gegeben
Hier in diesem Leben.

Und darunter stand:
In diesem Haus widerfuhr mir, im Mai 1960, ein
großes Glück.

Tania Blixen

Sie reichte mir das Blatt Papier ohne ein Wort der Erklärung, und ich stellte keine Fragen. Nach einer Weile fügte sie tröstlicherweise hinzu, nun glaube sie, sie werde sich wieder erholen und wieder schreiben können.

Beides ging in gewisser Hinsicht in Erfüllung, wenn auch nicht gleichzeitig. Das Buch wurde fertig, aber mit der gleichen Stetigkeit, mit der die Arbeit vorankam, ging es mit ihrer Gesundheit bergab.

Noch im Mai und Juni schonte sie die wenigen ihr verbliebenen Kräfte nicht und beteiligte sich an den Aktivitäten zum »Jahr des Flüchtlings«, die Gelder für die Flüchtlingshilfe in aller Welt einbringen sollten. Der Gemeinde Hørsholm stellte sie ihre Gemälde aus Afrika für eine Ausstellung leihweise zur Verfügung, und sie erklärte sich bereit, bei einer Abendveranstaltung am 30. Mai mitzuwirken. Dort erzählte sie die Geschichte vom *Wein des Vierfürsten*. Das Fernsehen zeichnete die Veranstaltung auf, daraufhin konnte sie auch das TV-Honorar auf die für den guten Zweck gesammelten Eintrittsgelder legen. Zusammen mit Erik Kopp, der sie nach Dragør zurückfahren sollte, besuchte sie auf dem Rückweg noch Erling Schroeder, so daß es schon hell wurde, als sie endlich in Dragør ankamen.

Einige Wochen später wollte auch Dragør seinen Teil zum »Jahr des Flüchtlings« beitragen. Tania Blixen hatte sich vorgenommen, an einer Veranstaltung auf dem Hafenplatz aktiv teilzunehmen. Damals begann Dr. Dich, sich um Tania Blixen zu kümmern, und er meinte, sie könne das nicht schaffen. Schließlich überzeugte sie ihn aber, daß sie mitmachen wolle und auch könne. Mädchen in Amager-Tracht holten sie ab. Am Hafen half sie zunächst beim Start einer Aktion, die der Postmeister von Dragør sich ausgedacht hatte: Sie schrieb und adressierte die drei ersten Briefe, die einen Sonderstempel erhalten sollten und die an den Initiator des Flüchtlingsjahres, Pater Pire in Belgien, an Albert Schweitzer in Afrika und an Erik Kopp gerichtet waren. Letzterer war ein großer Briefmarkensammler vor dem Herrn. Außerdem schickte sie eine an einen Ballon geheftete Botschaft auf den Weg. Dann hielt sie eine hübsche Ansprache: daß gerade die Leute, die in einer kleinen Seefahrerstadt wie Dragør wohnten, zu allen Zeiten ein besonderes Empfinden dafür gehabt haben müßten, was es bedeutet, irgendwo ein Heim zu haben – deshalb könnten sie sicher auch verstehen, daß man denen helfen müßte, die kein Heim mehr hätten. Zum Abschluß erzählte sie die gut zu dem Anlaß passende Geschichte von den *Blauen Augen*.

Selbstverständlich konnten diese beiden Hilfsaktionen, die im Verhältnis zu den großen Problemen der Flüchtlinge klein waren, wegen ihres Gesundheitszustandes aber für Tania Blixen eine große Leistung darstellten, nicht ohne hämische Kommentare bleiben. Als sie seinerzeit die Aufforderung zur Hilfe von dem Komitee in Hørsholm bekam, erwähnte sie in einem gänzlich privaten Antwortschreiben, sie sei im Augenblick selbst eine Art Flüchtling. Diesen privaten Brief überließ der Empfänger ohne ihre Genehmigung einer Kopenhagener Zeitung zum Abdruck. Prompt schrieb eine Grafikerin einen Leserbrief, wie empörend es sei, sich als Flüchtling zu bezeichnen, wenn man es sich leisten könne, reihum in erstklassigen Hotels zu wohnen...

Als das Programm in Dragør vom Stapel lief, gab es keine Fernsehhonorare mehr, die das Sammelergebnis hätten verbessern können, denn alle Sendungen zur Flüchtlingshilfe im Radio oder Fernsehen waren auf Einspruch anderer Wohltätigkeitsorganisationen gestoppt worden. Nach dem glücklichen Ausgang der Veranstaltung am Hafen war Tania Blixen sehr erschöpft. In der Nacht wurde ich gegen Morgen von einem dröhnenden Chor von Männerstimmen geweckt. Tania Blixen, die in dem Giebelzimmer zur Straße schlief, hatte mehr verstehen können als ich. Sie erzählte mir verwundert und traurig am nächsten Tag, daß man im Sprechchor gerufen habe: »Tania Blixen, Tania Blixen, fahr nach Haus nach Rungsted.« Ich schämte mich für die Stadt – und fing an zu begreifen, warum mein Vater aus dem Liliputmilieu ausgebrochen war. Als ich noch ein Kind war, hatte er mir eingehämmert: »Wenn man sich vor den anderen auszeichnet, dann hat das Echo drei Stadien: bewundert – beneidet – gehaßt.« Auch Dragør handelte wohl nach diesem Prinzip.

18. Juli: »15.30 Uhr. Dr. Dich. 19.30 Uhr Augenärztin Eva Friis Skotte.« Nun war etwas Neues hinzugekommen: Hornhautentzündung auf dem einen Auge. Die Besucher, die in der nächsten Zeit vorbeikamen – unter ihnen Beckers aus Rom und Frans Lasson* zusammen mit den Lerches von Lerchenborg –, fanden Tania Blixen mit einer Augenklappe und nachgerade kaum imstande, ihr Lager auf dem Sofa zu verlassen.

17. Juli: Tove Hvass zu Mittag, nach dem Essen fuhr uns Tove nach Rungstedlund. Bei Store Magleby wollte Tanne aussteigen, um ein paar Linden von nahem betrachten und ihren Duft einatmen zu können. Das war der Ersatz für die alljährliche Tour zur Lindenblüte nach Fredensborg. Als sie unter den Bäumen stand, konnte sie sich nicht einen Augenblick lang ohne Unterstützung aufrecht halten. Dort draußen im klaren Sonnenlicht sah sie entsetzlich aus, plötzlich konnte man sehen, wie sehr sich ihr Zustand verschlechtert hatte.

Auf Rungstedlund war es vor lauter Gerüsten und Brettern kaum möglich, ins Haus hineinzukommen, und an einer Stelle, von der man annahm, sie sei fertig, fingen die Handwerker gerade von neuem an.

Diese Verzögerungen brachten ein weiteres Problem mit sich: Monat für Monat war eine Heerschar von Handwerkern auf Rungstedlund tätig und mußte stundenweise bezahlt werden. Von einem bestimmten Zeitpunkt an war das nicht mehr zu verkraften, und es wurde beschlossen, daß nach den bis jetzt geleisteten Arbeiten nur noch aufgeräumt werden durfte.

Schon einige Monate vorher hatte Tania Blixen mit einer älteren Dame vereinbart, daß sie Beschließerin auf Rungstedlund werden sollte, hoffte sie doch, mit all den neuinstallierten technischen Hilfsmitteln und einer zusätzlichen Arbeitskraft den Haushalt wieder in die Reihe zu bekommen. Nun hatte diese Dame bereits längere Zeit zur Verfügung gestanden, ohne mit der Arbeit beginnen zu können. Im Juli kam sie nun nach Dragør und übernahm die Haushaltsführung in der strohgedeckten Hütte. Ich mußte sie bitten, mit dem wenig einladenden Zustand des Gästezimmers vorlieb zu nehmen und dort zu wohnen.

Um die Arbeit an der dänischen Ausgabe von *Schatten wandern übers Gras* rechtzeitig fertigzubekommen, nahm Tania Blixen das Angebot weiterer Hilfe dankbar an: Ole Wivel* »lieh« ihr seine Sekretärin, die stenografieren konnte.

Als dann der August kam und das Manuskript fertig war, ging absolut nichts mehr.

6. August: »16.55 Uhr mit dem Krankenwagen nach Hillerød.«

Tania Blixen war, wie immer, rechtzeitig fertig, mußte aber, weil die Bestellung schiefgegangen war, eine ganze Stunde auf den Krankenwagen warten. Sie saß auf dem Sofa, sah sich in der kleinen Stube um und sagte: »Und das war nun meine letzte blumengeschmückte Zufluchtsstätte. Jetzt kommt das Krankenhaus.« Mir fuhr es durch den Kopf, daß das etwas melodramatischer klang, als sie sich sonst auszudrücken pflegte. Sie mußte damit gerechnet haben, daß sie dieses Mal nicht mehr lebend davonkommen würde. Dieser Möglichkeit wollte ich nicht in die Augen sehen. Als sie in ihr Krankenhauszimmer getragen wurde, sah sie so schlecht aus, daß ihre nächsten Verwandten einen Augenblick lang glaubten, sie sei tot.

Nun fing die Busfahrerei zwischen Rungstedlund und dem Zentralkrankenhaus in Hillerød wieder an. So unglaublich es klingen mag, im Krankenzimmer wurde wieder diktiert und maschinegeschrieben. Es mußten Verbesserungen und Ergänzungen an dem Buch vorgenommen werden, und die ersten englischen Korrekturen trafen ein. Am 9. September mußte ich ein Telefonat nach London anmelden. Mit dem Verlag Michael Joseph sollte eine größere Änderung besprochen werden. Tania Blixen saß aufrecht in ihrem Krankenbett und wollte das Gespräch selbst führen, konnte aber kaum hören, was gesagt wurde, und selbst kaum sprechen, aber diese Änderung *sollte* noch eingefügt werden. Am anderen Ende der Leitung versprach Charles Pick, alles werde in ihrem Sinne geregelt.

In dieser Situation war gar nicht daran zu denken, daß ich in absehbarer Zeit in meinem Haus in Dragør wohnen könnte – nur mit Mühe und Not schaffte ich es, meine Mutter am Sonntag in Helsingør zu besuchen –, deshalb stellte ich das Haus für zwei Monate unseren New Yorker Freunden, Donald Windham* und Sandy Campbell, zur Verfügung. Donald Windham hatten wir 1957 in Rom kennengelernt, er hatte *Die Rache der Engel* dramatisiert.

Zwischen all den vielen Arbeitsnotizen steht auch, daß Monteure der Telefongesellschaft in Rungstedlund waren. Bis dahin ging es, was das Telefon anbelangt, in dem weitläufigen Haus »mittelalterlich« zu. Für die vielen Bewohner und deren viele Telefonate gab es nur einen Apparat, und der stand im Eßzimmer. Zu den nun vorgenommenen Verbesserungen gehörte, daß ein Apparat in meinem weitab gelegenen Arbeitszimmer installiert wurde und Tania Blixen eine Geheimnummer bekam, während für das Haus die alte Nummer beibehalten wurde.

21. September: »Bekomme den Ring mit ☽.« Nach dem so schwierigen Sommer wollte Tania Blixen jedem von uns, die wir ein jeder auf seine Art die Strapazen mit ihr geteilt hatten, ein Schmuckstück schenken: Jonna Dinesen, die ihr seit der Einlieferung ins Krankenhaus in Hillerød in jeder Hinsicht eine fabelhafte Stütze gewesen war; Caroline Carlsen, die es auf Rungstedlund so schrecklich gehabt hatte; ich selbst; und dann die neu engagierte Helferin, die einen Monat lang in Dragør so primitiv hatte wohnen und dann nach dem Umbau beim Aufräumen hatte helfen müssen. Letztere hatte allerdings mir gegenüber einige Bemerkungen fallenlassen, daß solche Extraanforderungen wohl auch eine gewisse finanzielle Kompensation verdien-

ten. Ich fühlte mich peinlich berührt und brachte unwillkürlich die zu erwartende goldene Brosche ins Spiel. Damit hörten die Anfragen auf. – Ich selbst fand auch ein kleines Geschenk für »Khamar«: eine alte Staffordshire-Figur, die ein (Fede)Kalb darstellte. Über die hat Tania Blixen sich sehr gefreut, und nach der Rückkehr aus dem Krankenhaus bekam sie ihren festen Platz auf dem Schreibpult, wo sie heute noch steht.

Nils sollte konfirmiert werden; in Dragør hatte Tania Blixen den Festgesang geschrieben und im Krankenhaus eine Rede auf Band gesprochen. Die Bandaufzeichnung hatte jemand vom Rundfunk als Freundschaftsdienst für sie besorgt.

3. Oktober: Material an »Fischer etc.«* über Frau Gedin – das heißt an die Verlage, bei denen Übersetzungen des neuen Buches erscheinen sollten.

Der Aufenthalt im Zentralkrankenhaus zog sich lange hin. Tania Blixens Zimmer lag hoch oben, wo die Herbststürme ums Haus pfiffen. Ende Oktober konnte sie endlich nach fast einem Jahr wieder in Rungstedlund einziehen.

In all den Jahren nach Afrika benutzte Tania Blixen viele englische Redewendungen in ihrer Alltagssprache. Eine davon war »regardless of expense« – »ohne Rücksicht auf die Kosten«. Sie hat in *Saison in Kopenhagen* davon gesprochen, daß Leute ihres Schlages vom »Unbegrenzten« angezogen werden »wie die Motten vom Licht«, und sie hat von Herzen gehofft, einmal ohne die ewigen, kleinlichen Rücksichten aufs Geld frei disponieren zu können. Jetzt, da ein neues Buch herauskommen sollte, die Doppelbesteuerung zwischen Amerika und Dänemark aufgehoben war und die Einrichtung des Fonds dem Zugriff der Steuer auf ihre Einnahmen Grenzen gesetzt hatte, glaubte sie, den Alltag auf Rungstedlund besser meistern zu können. Im Frühjahr 1960, als wir Neuanschaffungen für das Haus aussuchten, hatte sie tatsächlich ganz vorsichtig die Worte »regardless of expense« benutzt. Aber je länger sich der Umbau hinzog, desto mehr dunkle Wolken zogen wieder auf.

Und doch hatte sich das Leben auf Rungstedlund sehr verändert: keine Eiseskälte auf den Fluren mehr, die vielen Öfen mußten morgens nicht mehr in Gang gebracht und den ganzen Tag über versorgt werden, jetzt sorgte die Zentralheizung für gleichmäßige Wärme in allen Räumen, und das offene Feuer im Kamin am Abend war sozusagen reiner Luxus. Die nette Frau Berthelsen kam vormittags zum Helfen, und Tania Blixen fand, die neue Beschließerin in ihrem gereiften Alter passe gut ins Haus. Sie bedachte sie sogar in ihrem Testament.

Nur wir anderen waren in diesem Punkt gelegentlich anderer Ansicht. So sollte die neue Dame zum Beispiel auf Rechnung des Hauses einkaufen, was sie für Näharbeiten in der Wäschekammer brauchte, denn Tania Blixen ließ die Leute grundsätzlich selbständig arbeiten und selbst ihren Arbeitsplatz einrichten. Aber die Dame erklärte mir gegenüber kategorisch, sie wolle, wenn sie an ihrem freien Tag in Kopenhagen wäre, ihre Zeit nicht auf diese Einkäufe verwenden. Auch die sich wegen Tania Blixens Schwierigkeiten beim Essen lang hinziehenden Hauptmahlzeiten am Abend erweckten ihre Indignation, sie wünschte, mit dem Bus um 19.00 Uhr zu ihrem Abendkurs zu fahren.

Tania Blixen hatte die Tageszeitung *Politiken* abonniert, die uns allen zur Verfügung stand. Eines Morgens machte sie aus irgendeinem Grund die Tür auf, die zum Strandvej hinausging, und fand zu ihrer Verwunderung eine *Berlingske Tidende* auf der Treppe liegen. Wir dachten, das müßte ein Irrtum sein. Aber es stellte sich heraus, daß die Beschließerin sie abonniert hatte. Plötzlich wurde auch klar, weshalb: um nach einer leichteren Stellung Ausschau zu halten. Zum 1. Dezember kündigte sie.

Es war undenkbar, daß die ohnehin überanstrengte Frau Carlsen den ganzen Dezember über alle Arbeit allein schaffen konnte, und Tania Blixen bat, einen langen Weihnachtsurlaub auf Wedellsborg verbringen zu dürfen. So endete das Jahr für sie, wie es begonnen hatte, außerhalb ihrer eigenen vier Wände.

So oft Khamar auch ihren Aufenthaltsort in dieser Zeit hatte wechseln müssen, es wurde ihr anonym jeden Tag eine frische rote Rose zugeschickt.

1961

Wieder einmal hatten der Oberarzt Torben Andersen und seine Station etwas vollbracht, was an ein Wunder grenzte: Tania Blixen war »a new lease of life« – »ein Stück neues Leben« vergönnt.

Um diese Zeit forderte sie mich auf, sie Tanne zu nennen, wie sie unter Verwandten und alten Freunden hieß. Im Alltag auf Rungstedlund benutzte ich den Namen nicht. Ich werde diese einfachere Bezeichnung aber bei dem schwierigen Versuch der Rekonstruktion der letzten, recht sonderbaren Zeit mit ihr verwenden.

An einige notdürftige Kalendernotizen kann ich mich bei dieser Rekonstruktion noch halten. Der Lieblingsdichter meiner grünen Jugend, Johannes Jørgensen, hat in einem Gedicht über seinen Vater, einen Handelsschiffskapitän, geschrieben: »Ganz gleich, was passiert – das Journal wird geführt.« Mit diesem Exempel vor Augen hat er selbst immer Tagebuch geführt, und weil ich der Suggestion durch das, was ich las, schon immer leicht erlegen war, hatte ich mir bereits vor vielen Jahren angewöhnt, so nebenbei immer einige Notizen zu machen.

5. Januar: Zurück aus Wedellsborg. Seit Beginn des neuen Jahres wurde der Haushalt auf Rungstedlund nach etwas moderneren Gesichtspunkten geführt. Es kamen in diesen letzten gut anderthalb Jahren zur Unterstützung von Frau Carlsen nacheinander zwei junge Mädchen ins Haus, die auf diese Art ein Praktikum absolvierten, das zu ihrer Berufsausbildung gehörte.

18. Januar: »Den Neumond und die Venus gesehen mit Khamar, Spaziergang bis zur Prinzessin-Henriette-Pforte.« Tanne konnte nun also ganz bis zu der kleinen Pforte gehen, die auf die Felder südwestlich des Wäldchens führte. Sie war immer eifrig darauf bedacht, den Neumond zu erblicken. In Afrika hatte sie eine derartige Fähigkeit entwickelt, ihn in einem frühen Stadium zu erspähen, daß sie einen Beinamen beikam, der so viel wie »Neumond« bedeutete. Wenn sie ihn entdeckte, grüßte sie ihn, indem sie sich, wo immer sie war, mehrmals verneigte. Was die Leute um sie her dachten, war ihr dabei gleichgültig. Der erste Neumond im neuen Jahr war besonders wichtig. Wenn der sich näherte, ging sie nie ohne eine Münze in der Tasche nach draußen. Einem alten Aberglauben zufolge mußte man, wenn man diesen ersten Neumond entdeckte, Geld bei sich haben, dann würde man das ganze Jahr über keinen Mangel leiden. Mein Vater stand in seiner Kindheit am Fenster und hielt dem Neujahrsmond eine Münze und ein Stück Brot entgegen. Von einem ihrer Kindermädchen hatte Tanne etwas gelernt, was mehr ein frommer Brauch als Aberglaube war: Wenn ein Stück Brot zur Erde fiel, mußte man es küssen, wenn man es wieder aufhob. Ich habe beobachtet, daß auch Johannes Jørgensen sich die gleiche Sitte angewöhnt hatte, er hatte sie von italienischen Bauern übernommen.

Im März taucht in meinen Notizen Knud Meister auf, und an einem jener Tage steht da: »Afrika-Vorbereitungen«. Knud Meister hatte Verbindungen zu *Life*, und es wurde unter der Hand erörtert, ob Tanne für das Blatt etwas aus Afrika berichten könne. Mit Todesverachtung erklärte sie sich bereit, nach Afrika zu fahren. Sie war aber realistisch genug, einzusehen, daß sie keine Reportagen liefern, sondern nur versuchen konnte, über einige Begegnungen mit ihren alten Leuten von der Farm zu berichten. Als besondere Qualifikation führte sie an, daß sie die einzige Weiße gewesen sei, die die Eingeborenen wirklich geliebt hätten. Sie meinte natürlich: zu ihrer Zeit und in ihrer Gegend. Das entsprach auf jeden Fall der Wahrheit, denn Sara Lidmann* hat noch einige Jahre später berichtet, wie vielen sie begegnet sei, die Tania Blixen gekannt hätten, und »alle hätten sie geliebt«. Aber die von Tania Blixen in aller Harmlosigkeit gemachte kleine Äußerung tauchte später in einem merkwürdigen Zusammenhang wieder auf. Der Plan, nach Afrika zu reisen, wurde im übrigen wieder aufgegeben.

Ingwer Ingwersen, der Schloßgärtner von Rosenborg, Sohn einer Jugendfreundin von Tanne, war inzwischen Berater für die Pflege des Parks geworden.

27. März: »Wäldchen der Güter« gepflanzt. Von jedem der Güter in Dänemark, die ihr besonders lieb waren, hatte Tanne sich einen Baum erbeten. Notiert habe ich jedoch auch, daß wir in der Stadt waren, um uns Rollstühle anzusehen.

Tanne mietete sich für eine kurze Zeit einen Rollstuhl – ein altes, robustes Modell –, den sie selbst vorwärtsbewegen konnte. Sie wollte nicht von irgend jemandem abhängig sein, der sie schieben mußte. Eines Tages bestand sie darauf, allein den steilen höckerigen Weg von der Ewalds-Höhe nach Süden hinunterzufahren; das Fahrzeug geriet außer Kontrolle und schleuderte immer heftiger hin und her, entsetzt stürzte ich ihr nach, aber Tanne lachte laut und voller Begeisterung. Hier wiederholte sich, was in die Familiengeschichte eingegangen war: Sie hatte mir einmal erzählt, wie eine der lebensfrohen Schwestern ihres Vaters, als sie nicht mehr gehen konnte, tolle Pläne entwarf, nun wolle sie in einem ganz kleinen Wagen durch die Gegend fahren und Tanne solle sie schieben oder ziehen. In der *Saison in Kopenhagen* hat sie diesen der Familie eigenen Charakterzug beschrieben, nämlich intensiv und mit Begeisterung in dem aufgehen, was man tat. Sie berichtete mir auch von Tante Anna auf Hessel, die im vorgerückten Alter einem lokalen Wettlauf beiwohnte und beschloß, einen der Läufer zu favorisieren, der ein blaues Hemd trug, und daraufhin von ihrem Platz aus unentwegt schrie: »Lauf, kleiner Blauer, lauf, kleiner Blauer!« Der gleichen Lebenslust ist es wohl auch zuzuschreiben, daß ich am 22. Juni notiert habe: Pässe abholen. Wir sollten nach Paris fahren.

Am 25. Juni starteten wir in Kastrup und bezogen in Paris wieder das Hotel »France et Choiseul«. Vom ersten Tag bis zur Heimreise am 9. Juli habe ich eine unglaubliche Menge an Verabredungen und Erlebnissen notiert.

Erling Schroeder war ebenfalls nach Paris gefahren, und wir sollten alle drei im gleichen Hotel wohnen, doch es war ein Zimmer zuwenig bestellt. Die Hotelangestellten konnten nicht begreifen, daß sie um keinen Preis zwei von uns im gleichen

Tania Blixen im Park von Rungstedlund
(1962; Foto: John Stewart).

Zimmer unterbringen durften. – »In was für einem Verhältnis stehen denn diese drei Gäste zueinander?« Erling zog schließlich in ein Hotel auf der anderen Straßenseite.

Auch Eugene Haynes war zur gleichen Zeit in Paris, und wir waren oft mit ihm und seinem guten Freund, dem Komponisten Howard Swanson, zusammen. Eines Tages besichtigten wir Chagalls für Jerusalem bestimmte Glasfenster, die damals in Paris ausgestellt waren. Auf dem Rückweg im Taxi fragte Howard: »Do you like Chagall?« Tanne antwortete entsetzt: »Nein, danke!« – Bei Howards amerikanischer Aussprache und all dem Verkehrslärm um uns her hatte sie verstanden: »Would you like a cigar?«

Im übrigen sind die Tage in meinem Kalender restlos mit Terminen ausgefüllt: Interviews für Zeitungen und für den Rundfunk, Fotoaufnahmen, Interview für das Fernsehen. – Als wir ins Studio kamen, saß François Mauriac vor den Kameras, dann war Tanne an der Reihe. Ein Essen bei Tannes französischem Verleger Gallimard, eine Einladung bei der Schriftstellerin Violet Trefusis*, Museumsbesuche, Theaterbesuche. Im Rahmen einer internationalen Theaterwoche sahen wir Gelbers *Konnex**. Ich war baß erstaunt, als ein Schwarzer, der unzusammenhängende Sätze zu sprechen hatte, offensichtlich dumme Dinge, die Weiße über Schwarze gesagt haben, plötzlich die Zeile aus Tannes Brief an *Life* zitierte: »Ich bin die einzige Weiße, die die Eingeborenen geliebt haben.« Glücklicherweise hat sie das nicht bemerkt, ihr Gehör war nicht mehr so gut, und sie war sehr müde.

Am 6. Juli gingen wir zum Ballett des Marquis von Cuevas. Dort sahen wir Rudolf Nurejew, der sich gerade erst aus der Sowjetunion abgesetzt hatte. Es war sein erster Auftritt, nachdem er sich entschlossen hatte, im Westen zu bleiben. Wir kannten ihn nicht, wurden aber sofort auf ihn aufmerksam, denn im Vergleich zu den anderen Tänzern schwebte und flog er.

Wir sind auch zu einem mexikanischen Ballett gegangen, aber für Tannes Geschmack war das zuviel Folklore, Volkstänze, die nicht viel Einsatz erforderten. Die einzige Nummer, die sie wirklich bewunderte, war das Solo eines Tänzers, das den Todeskampf eines verletzten Hirsches darstellte.

Eines Abends sahen wir Genets *Der Balkon*. Danach saßen wir mit Erling Schroeder und Genets englischem Übersetzer im »Café de la Paix«: Nach und nach leerten sich alle Tische, nur wir saßen noch und redeten und redeten. Die Bedienung räumte auf, aber niemand mahnte uns zum Aufbruch. Vielleicht konnte jedermann sehen, daß dieser Gast, der so glücklich darüber war, in Paris zu sein und im »Café de la Paix« zu sitzen, zum letzten Mal hier war. Bei einer anderen Gelegenheit saßen wir bis drei Uhr morgens vor einem Restaurant in der Nähe der Hallen. Tanne hatte den leuchtendroten Turban namens »Prince Calendar« auf.

Damals gab es viele Bombenattentate in Paris. Wir hatten gerade davon gesprochen, daß jederzeit eine Bombe neben uns hochgehen könnte, als zwei ziemlich zerlumpt und dreckig aussehende Algerier direkt neben unserem Tisch stehenblieben. Sie verwickelten Erling in ein Gespräch, und er erzählte ihnen, die Dame dort habe viele Jahre in Afrika zugebracht. Das hätten sie gleich gemerkt, behaupteten sie, die Dame hätte etwas Besonderes an sich... Als Erling sie fragte, ob sie schon einmal in Skandinavien gewesen seien, antwortete der eine: »On n'a pas les moyens« – »kein Geld« und unterstrich seine Aussage mit der entsprechenden Geste mit Daumen und Zeigefinger. Deshalb meinte ich, als sie uns kurz darauf ein Taxi besorgten, ihnen ein Trinkgeld anbieten zu müssen. Das kränkte sie aber zutiefst, und sie wollten es auf keinen Fall annehmen, auch nicht, als ich meinen Fehler wiedergutzumachen versuchte und sagte: »Für ein Glas Wein, das Sie mit uns nicht mehr haben trinken können.« »Madame«, sagte der eine, »on n'est pas de ces gens-là.« – »Wir sind nicht von der Sorte.« So stimmte es vielleicht doch, daß Khamars Ausstrahlung auch auf sie wie ein Magnet gewirkt hatte – wie auf so viele Menschen in den verschiedensten Himmelsgegenden.

Während dieses letzten Aufenthaltes in Paris lernten auch zwei Bewunderinnen ihrer Bücher, Solita Solano*, eine Amerikanerin, und Monica Stirling*, eine Engländerin, die beide schon lange hier lebten, Tania Blixen persönlich kennen. Sie wurden zu treuen Freundinnen. Monica brachte eine Schildkröte aus grauem Alabaster mit, und Tanne strich lange und liebevoll über die glatte Oberfläche, genauso wie sie es bei dem kleinen Staffordshire-Kalb getan hatte, als ich es ihr ins Krankenhaus gebracht hatte. Sie liebte es, Gegenstände, Tiere und andere Menschen zu berühren.

Der Plan, auch Madrid zu besuchen, mußte aufgegeben werden, Tannes Kräfte waren einfach erschöpft. Als wir am 9. Juli nach Hause flogen, war ich froh, daß wir von dem kleinen überschaubaren Flugplatz Le Bourget aus starteten und daß wir ein speziell bestelltes Taxi mit einem hilfsbereiten Chauffeur bekommen hatten. Der Kampf um die Taxis in Paris war grauenvoll gewesen, und der riesige Flughafen Orly wäre mit einer invaliden Passagierin schwer zu bewältigen gewesen.

Nach der Rückkehr gewöhnliche Alltagsarbeiten bis zum 25. Juli, dem Abreisetag nach Wedellsborg.

26. Juli: »Das Geburtstagsfest.« Es war die Feier aus Anlaß von Julius Wedells achtzigstem. Ein unvergeßlich schönes Fest in einem Zelt auf dem Rasen und ein Diner im Rittersaal. Tanne strahlte vor Freude und wirkte völlig alterslos. Sie war aber auch »very clever with make-up«, wie das Dr. Standard schon in New York mir gegenüber genannt hatte, um mich vor allzu großem Optimismus zu warnen. Viele der Gäste übernachteten an Ort und Stelle; Tanne wurde, wie immer, privilegiert und wohnte in ihrer »Dichterwohnung«. Ich erinnere mich an ein kleines Ereignis, das mir vor Augen führte, wie Gastlichkeit praktiziert werden kann und soll. Für alle Gäste außer Tanne war am darauffolgenden Morgen ein gemeinsamer Frühstückstisch im Eßzimmer gedeckt, es wäre ja unmöglich gewesen, so viele Gedecke auf die Zimmer zu bringen. Nun bin ich am Morgen ein ausgesprochener Einsiedlerkrebs, ich wagte mich nicht in das Gewimmel im Eßzimmer und wollte lieber auf das Frühstück verzichten. Doch die ungemein beschäftigte Gastgeberin bemerkte meine Abwesenheit und kam selbst den langen Weg bis zu meinem Zimmer, um mich zu holen. – Von soviel Freundlichkeit ließ ich mich umstimmen und genoß dann auch das frische selbstgebackene Brot und die ganze Szenerie.

Während dieses Aufenthaltes auf Fünen habe ich auch »Rønningesøgaard« notiert. Das war ein wichtiger Besuch.

Zu Lebzeiten von Pasop hatte Tanne mich manchmal geneckt, indem sie Pasop von dem neuen Hund erzählte, den sie sich anschaffen wolle, wenn er mal tot sei – einem Dandie-Dinmont-Terrier. Jedesmal reagierte ich mit empörtem Protest. Doch als Pasop dann tot war, mochten wir einfach nicht an einen neuen Hund denken; Pasop war etwas ganz Besonderes gewesen, und Tanne sagte selbst, wir müßten uns Zeit lassen, »über Pasop Schiwa sitzen«. Diesen Ausdruck für das Trauern über jemanden, der gestorben ist, hatte sie von Goldschmidt*, der einer ihrer Lieblingsschriftsteller war – während des Sommers in Dragør hat sie ständig in der Goldschmidt-Gesamtausgabe gelesen, die Jørgen Gustava Brandt mir besorgt hatte. Es kam zwar ein neuer Hund ins Haus, Ping Pong, aber der gehörte Frau Carlsen und Nils. Tanne selbst fand sich mit »the misery of a dogless life« ab. Nach dem Umbau und der Rückkehr nach Rungstedlund fing sie doch wieder an, über einen Dandie Dinmont nachzudenken. Das war eine romantische Rasse, die durch einen Roman von Walter Scott, der ebenfalls zu ihren Lieblingsschriftstellern gehörte, berühmt geworden war. Es gibt graue und braune Dandie Dinmonts, die in Scotts Roman alle »Pepper« und »Mustard« heißen. Im Frühjahr 1961 erwog Tanne, nach England zu fahren und einen Welpen zu kaufen, konnte sich dann aber doch nicht dazu durchringen: »*Ich* werde ja nicht mehr so lange leben wie ein Hund.« Ich widersprach in törichtem Optimismus – war nicht Moster Bess fast neunzig geworden, Tannes Mutter und Moster Lidda weit über achtzig? Eines Tages vermittelte dann einer von Tannes Bekannten den Kontakt zu einem – merkwürdigerweise schon halb erwachsenen – Dandie auf Fünen, den seine Besitzer ihr eventuell überlassen wollten, um ihr eine Freude zu machen. Aus diesem Anlaß waren wir am 28. Juli zum Nachmittagstee auf dem schönen alten Rønningesøgaard. Dort sahen wir den grauen »Räuber«, und er war unwiderstehlich. Am 6. September steht im Kalender »PEPPERS Ankunft« – denn

Tania Blixen und Clara Selborn mit Pepper
(1961; Foto: E. Kopp).

so mußte er heißen, wie bei Walter Scott. Die Herrchen seiner
Kindheit, der Baron und die Baronin Bille Brahe Selby, brachten
ihn her, und es wurde mit Champagner auf sein Wohl angesto-
ßen.

Wie gut sich Tanne trotz allem erholt hatte, sieht man daran,
daß sie in jenem Herbst eines Tages mit Pepper ganz allein einen
Spaziergang durch das unwegsamste Gelände von Rungstedlund, die hügelige Gegend um die »Nachtigallenbank«, unternahm. Pepper hatte braune, bodenlose Augen und eisenharte
Muskeln. Als er dem riesengroßen Chow-Chow Ping Pong zum
ersten Mal begegnete, knurrte er drohend, aber bald wurden sie
gute Freunde. Er glich einem Spielzeughund, einer süßen kleinen
Kuriosität, konnte sich aber wie ein weißglühender Teufel schlagen, während er allen Kindern gegenüber wie ein Engel war.

Im Spätsommer kam einer von Tannes alten Bekannten zu

Besuch: Aldous Huxley, der im August an einem Kongreß in Kopenhagen teilnahm. Er brachte Professor Timothy Leary* mit, der später wegen seiner Propagierung von Drogen zu zweifelhaftem Ruhm gelangte. Sie sprachen viel über mexikanische Giftpilze, die Halluzinationen hervorriefen, und über die kleinen hellroten Pillen, die jetzt aus diesem halluzinogenen Stoff hergestellt würden. Huxley litt an starker Sehschwäche, sah aber, wenn er die Pillen nahm, herrliche visuelle Effekte, und Tim Leary, der ein Hörgerät trug, vernahm dann schöne Musik. Aldous Huxley war einer der besten und nettesten Gesprächspartner, die mir je begegnet sind. Seinen Hinweisen verdanke ich eine interessante Ergänzung meiner kleinen eschatologischen Bibliothek: *Das Totenbuch der Tibeter* – in englischer Übersetzung. Die Begegnung mit Huxley weckte bei Tanne willkommene Erinnerungen an das England der dreißiger Jahre. Schon damals war Huxley sehr fasziniert von dem, was sich hinter der unmittelbar sichtbaren Welt befand. Tanne traf ihn einmal, als er gerade von einer Séance kam, bei der das Medium ihm eine Rose überreicht hatte, die angeblich aus der Geisterwelt stammte. Tanne betrachtete den handgreiflichen Beweis mit großem Interesse, wunderte sich nur, daß die Rose mit Stahldraht versteift war.

John Gielgud und Mogens Wieth* kamen zu Mittag, und wie nicht anders zu erwarten, tauchte unter anderen Gesprächsthemen im Kreis der Gäste, der an dem Tag besonders groß war und auch sehr junge Leute umfaßte, das Thema Shakespeare auf. Tanne erläuterte, daß sie immer besonders viel von der Figur des Horatio gehalten habe und fände, er sei eine wichtige Person, der oft zuwenig Bedeutung beigemessen werde. Wäre sie Schauspieler, dann hätte sie liebend gern den Horatio neben Gielguds Hamlet gespielt, worauf John Gielgud antwortete: »You *are* my Horatio.«

Robert Langbaum kam, um weitere Auskünfte für sein Buch zu erhalten. Auch René Bouché kam, der das Portrait, welches er von Tanne gemacht hatte, einer dänischen Sammlung schenken wollte. Er war ein großer Hundefreund und hatte seine Freude an Ping Pong und Pepper; als er sich verabschieden mußte,

John Gielgud und Tania Blixen.

beugte er sich zu Pepper herab: »Goodbye Pepper, give me your hand«, und das blieb unser letzter Eindruck von ihm, er hat danach nicht mehr lange gelebt. Mit Tannes Vorschlag, sein Portrait von ihr über dem Schreibpult in der Ewalds-Stube aufzuhängen, war er einverstanden.

Im Garten wurde eine große, grundlegende Verbesserung vorgenommen: Der Küchengarten wurde verlegt und an seiner bisherigen Stelle Gras für ein neues Stück Viehweide gesät, so daß man nun vom Haus aus nur noch auf Grünes sah, auf Gras und Bäume. Und das Jungvieh konnte jetzt ganz bis an den Teich herankommen. Tanne kam erst recht spät im Jahr auf diese Idee, aber Erik Kopp, ihr unentbehrlicher Freund, löste auch dieses Problem. Er pflügte und säte mit größter Eile im buchstäblich letzten Moment, und im Frühjahr war die Fläche schon grün.

Im September mußte Tanne leider wieder für kürzere Zeit ins

Tania Blixen bei den Färsen auf der Koppel (1961; Foto: E. Kopp).

Krankenhaus, und dann folgte auch noch eine langwierige Zahnbehandlung.

Über die Arbeit habe ich in diesem Herbst nichts notiert, aber es waren viele verschiedene Projekte im Gang.

Weihnachten wurde zu Hause gefeiert, still und gemütlich mit nur einem Gast: einer von Tannes ältesten Freundinnen, Ellen Lassen geb. Wanscher.* In den Kinderspielen des Freundinnenkreises auf Rungstedlund muß Phantasie eine große Rolle gespielt haben, die Mädchen stellten oft verschiedene Personen der englischen Literatur dar, Tanne war Byron, Ellen Wanscher war Lady Byron, und eine andere – ich weiß nicht mehr, wer – stellte Walter Scott dar. Ellen Wanscher unterschrieb zeitlebens alle ihre Briefe an Tanne mit »Arabella« (ganz korrekt wäre ja Annabella, aber da hatten sie sich wohl vertan).

Noch immer spielte Tanne von Zeit zu Zeit solche Phantasiespiele. Bei einem Essen bekamen alle Anwesenden historische

Personen als imaginäre Tischherrn oder Tischdamen zugeteilt; in dem Tania-Blixen-Erinnerungsbuch hat Eugene Haynes darüber berichtet. Einige Male stellte sie allerdings fest: »Lieber will ich mit einem lebendigen Idioten zu Mittag essen, als mir ein Mittagessen mit Sokrates herbeiphantasieren.«

Trotz der bedrohlich hohen Umbaukosten – der Fonds hatte sehr hohe Kredite aufnehmen und auch von Tanne Geld leihen müssen – hatte man doch das eine und das andere für das Haus neu angeschafft. An jenem Weihnachtsabend war der Tisch ganz in Rot und Grün gedeckt, rubinrote Fingerschalen und Teller mit grünen Efeuranken. So weihnachtlich war es eigentlich zuvor nie gewesen.

Ein neues Buch wurde in Angriff genommen; neue Ideen und alte Entwürfe wurden nebeneinander bearbeitet.

Eine der neuen Ideen war: Am Abend bevor sich Byron auf seine letzte Reise nach Griechenland begibt, begegnet er Pipistrello aus *Von verborgenen Gedanken und vom Himmel* in Genua. Ich lese jetzt noch einmal die Entwürfe durch – verschiedene Teile der Erzählung haben verschiedene Grade der Bearbeitung erreicht; ein einziger wurde von mir datiert: 7. 11. 1961. – Tanne schätzte es sonst gar nicht, wenn die diversen Zwischenstadien mit Daten versehen wurden, sie schrieb oft nur ein großes »S« auf das Manuskript, das bedeutete »Seneste«, das heißt »Letzte«, und das »S« mußte wieder ausgestrichen werden, wenn das nächste Stadium vorlag. Auf vielen Abschnitten der unfertigen Manuskripte steht auch »AM«, eine Abkürzung für »Augustas Menage«. Augusta war Byrons Schwester, und bei einem der vielen Gespräche über Byron hatten wir festgestellt, daß »Augustas Menage«, also ihre Haushaltsführung, »ziemlich schluderig war«. »AM« besagte demnach, daß es sich um einen sehr skizzenhaften Entwurf handelte.

In dieser Schilderung der Begegnung zwischen Byron und Pipistrello, die *Wiedersehen** heißen sollte, sitzt Byron allein in der leeren Casa Saluzzo vor einem Berg von Rechnungen und Schriftstücken für die Expedition nach Griechenland, und sein Hirn war von der Beschäftigung mit diesen Dingen »abgenutzt und wund«. Er wollte ihm Ruhe gönnen, indem er an andere Dinge dachte: Er ließ »die Gedanken umherwandern, bis sie schließlich bei Tieren verharrten, die er in seinem Leben gekannt hatte. So saß er in dem Saal des italienischen Palastes mit englischen Hunden zusammen, die seit zwanzig Jahren tot waren«.

Als mir das diktiert wurde, fühlte ich mich in die Casa Saluzzo nach Genua versetzt und war in Gedanken nur mit Byron beschäftigt, sah seinen neuen Hund, den Neufundländer »Lion« vor mir, der mit nach Griechenland sollte, und ließ ihn an Boatswain denken, der neben der Newstead Abbey begraben liegt unter dem klassizistischen Grabmonument mit der schönen Inschrift, die mit den Zeilen schließt: »To mark a friend's remains these stones arise; I never knew but one – and here he lies.« (»Diese Steine verkünden: Hier ruhen die sterblichen Überreste eines Freundes; ich habe nur einen gekannt – und der liegt hier.«)

Heute, elf Jahre danach, sehe ich eher etwas anderes vor mir: Tania Blixen »abgenutzt« von den endlosen Überlegungen, ob nun der Rungstedlundfonds die Schwierigkeiten überwinden würde und wovon wir auf Rungstedlund leben sollten, wenn sie noch einige Jahre am Leben bliebe, aber nicht mehr schreiben könne. Mit unserem neuen Hund Pepper an ihrer Seite hat sie es sich gegönnt, an »Tiere, die sie in ihrem Leben gekannt hat«, zu denken. Nun saß sie vor dem Kaminfeuer am Øresund »zusammen mit den Hunden aus Afrika, die seit dreißig Jahren tot waren«, vor allen mit Pania, ihrem Lieblingshund. Als eines der schwarzen Kinder auf der Farm einmal ein ohrenbetäubendes Geheul angestimmt hat und sie es beruhigen wollte, hat sie gefragt: »Habt ihr mich etwa schon mal so weinen hören?« Und die freimütige Horde hat umgehend geantwortet: »Doch, als der Hund tot war.«

Pipistrello hält Byron vor, er habe gute Karten gehabt, sie aber schlecht ausgespielt. Jetzt gäbe es nur eine Möglichkeit, sein Leben nach all den vielen kleinen Niederlagen sinnvoll abzurunden: eine Niederlage in großem Format, an der er selbst völlig unschuldig sein müsse.

Jetzt, im nachhinein, begreife ich, daß das auch auf Tannes Leben gegen Ende ihrer Jahre in Afrika zutrifft. Sie hatte, trotz allem, in ihrer Jugend gute Karten in der Hand gehabt, war hübsch, begabt und hatte viele Beziehungen, und doch hat sie daraus keinen Nutzen gezogen. Wenn Pipistrello zu Byron sagt: »Warum ist Eure Ehe in jeder Hinsicht zu einem Fiasko geworden?« dann entspricht das durchaus einem Kapitel aus Tannes eigener Lebensgeschichte, das sie als Niederlage empfand. Dann kam für sie die große, niederschmetternde Niederlage, an der sie nicht schuld war: der Verlust der Farm, um die sie bis zum Äußersten gekämpft hatte. »Now all is done that could be done, and all is done in vain.« Der Bericht darüber ist zu einem der großen Bücher dieses Jahrhunderts geworden. Aber auf sie selbst trifft auch zu, was Pipistrello von seiner eigenen Karriere sagt: »... alles, was mir seitdem widerfahren ist, habe ich in Geschichten verwandelt. Das ist mein Leben gewesen.« Alles in Geschichten verwandeln zu können, sagt er, sei gewiß ein Glück. Aber er habe damit sein Recht auf ein wirkliches Menschenleben verspielt. Auf einer Manuskriptseite stehen ganz allein auf einem sonst fast leeren Blatt diese zentralen Worte in Tania Blixens eigener Handschrift: *forfeited my claim to a real human life.*

Es gab auch noch zahlreiche Ideen für weitere Kapitel des *Albondocani*-Projektes, ebenso die Idee zu einer Erzählung, die *Dreißig Jahre danach* heißen und an *Saison in Kopenhagen* anschließen sollte. Um ja nicht an einem Montag mit dieser neuen Geschichte beginnen zu müssen, diktierte Tanne mir die Anfangszeilen an einem Sonntag. Sie beschrieben ein junges Mädchen, das am Gattertor einer Weide stand – das junge Mädchen schien Tanne selbst zu sein.

Aber diese Erzählung kam nicht weiter. Sie spielte in einer Welt, die sich von der des *Albondocani* zu sehr unterschied, und es war unmöglich, von der einen in die andere zu wechseln.

Als junges Mädchen war Tanne einmal zu Besuch bei ihrer Tante Christentze. Der Tante ging es gesundheitlich nicht gut, und Tanne sollte ihr etwas zur Hand gehen. Sie strich recht schnell die Segel und fuhr wieder nach Hause, was sie später bereute. Tante Christentze litt unter einer schrecklichen Wankelmütigkeit, dauernd widerrief sie ihre eben gefaßten Beschlüsse. Tanne zwang sie schließlich sehr energisch, an irgendeinem der Beschlüsse festzuhalten. Wenn sie sich entschieden hatte, eine Kutschfahrt zu unternehmen, sorgte Tanne dafür, daß schnellstens angespannt und die Tante in den Wagen verfrachtet wurde, ehe sie es sich wieder anders überlegte.

Jetzt wünschte ich mir manchmal, ich könnte Tanne festhalten, damit sie entweder an *Albondocani* oder an *Dreißig Jahre danach* arbeitete. Aber das ging ja nicht. Ich sollte in erster Linie nur ein menschliches Diktaphon sein, schreiben und mich nicht weiter in die Arbeit einmischen, nur Interesse zeigen.

Aage Henriksen, der zu jenen Freunden gehörte, die schon seit Jahren die Manuskripte zur Einsicht bekamen, schätzte die *Albondocani*-Geschichten sehr. Dagegen konnte er der *Saison in Kopenhagen* nicht viel abgewinnen. Ich selbst mochte beides sehr gern und war traurig, daß die beiden Genres nun einander gewissermaßen im Wege standen.

Statt dessen fing Tanne plötzlich an, an früheren Sachen, die sie beiseite gelegt hatte, zu arbeiten, um sich »anzuwärmen« oder doch wenigstens etwas zu erledigen. Die Erzählung *Carnival**, die ihr für die *Sieben phantastischen Erzählungen* nicht gut genug gewesen war, konnte vielleicht überarbeitet werden. Ebenso *Der letzte Tag**, auch *Bells* genannt, eine Erzählung, die nicht mit in die *Wintergeschichten* aufgenommen worden war. *Der Bär und der Kuß** war seinerzeit für die *Schicksalsanekdoten* nicht fertig geworden und wurde jetzt durchgesehen und neu geschrieben. Das gleiche galt für die Erzählung *Ehrengard*, die sechs Jahre gelegen hatte.

Tanne bestand darauf, ein neues Buch aus ihrer Hand müsse inhaltsvoll sein und dürfe keine schwachen Passagen enthalten. Wenn sie der Edition einer kurzen Geschichte in einem separaten kleinen Band zustimmen sollte, dann bedurfte es dazu schon großer Überredungskünste oder es mußte irgendein triftiger Grund vorliegen. Jetzt, da ich leicht gut reden habe, bereue ich, nicht doch versucht zu haben, ein Wort für *Albondocani* und *Dreißig Jahre danach* einzulegen, denn die wenigen Kräfte wurden auf viel zu viele Projekte verschwendet.

Es war ja ein Wettlauf mit der Zeit oder mit dem Tod, wie man aus meinen praktische Dinge betreffenden Notizen zu Beginn des Jahres ersehen kann.

4. Januar: »Caroline Carlsen krank. Jannik hier mit Gelee und Möhrensaft.«

13. Januar: »Stampe** hier mit Frikadellen und Rum-Creme.«

Inzwischen war es fast unmöglich, Tanne irgendwelche Nahrung einzuflößen, und wenn Caroline Carlsen krank war, wurde die Lage eben noch prekärer. Meine gute Freundin Edith Hilsted, eine tüchtige Köchin, hat also einige Male etwas Leckeres zubereitet und mit einem ihrer Jungen per Bus zu uns geschickt.

Um so erstaunlicher, daß ich am 2. Februar folgendes Menü notiert habe: »Steinbutt, Rinderfilet, Kaffee-Creme.« Dieses neue Interesse an solchen Dingen hing damit zusammen, daß Tania Blixen an dem neu hergerichteten Haus gar keine Freude gehabt hätte, wenn sie darin nicht Gäste hätte empfangen können. Jetzt, wo sie selbst buchstäblich nichts mehr essen konnte, ging sie mehr denn je darin auf, ihren Gästen wohlkomponierte und ausgesuchte Mahlzeiten servieren zu lassen. Deshalb bestehen meine damaligen Notizen teils aus Menüvorschlägen, teils aus Arbeitsnotizen. Einige Bemerkungen wie »6. Kapitel abgeschickt« oder »Kapitel 10 fertig« beziehen sich leider nur auf meine eigene Übersetzertätigkeit. Zu der Zeit handelte es sich um Carson McCullers Roman *Uhr ohne Zeiger*, an dem die Autorin gearbeitet hatte, als wir sie zusammen mit Marilyn Monroe und Arthur Miller in Nyack besuchten; leider wurde es Carson McCullers letzter Roman.

Damit nun auch tatsächlich in allem mustergültige Ordnung herrsche, hatten wir 1962 zwei große Wandkalender aufgehängt, einen unten in der Ewalds-Stube, einen oben bei mir – beide mußten auch die Mondphasen angeben. Das, so fand Tanne, gehöre zu einem ordentlichen Kalender.

2. April: »Letzte Frist für Absage an MI 6707.« Das ist die Telefonnummer des juristischen Beraters der Dänischen Akademie, Rechtsanwalt Povl Melchior. Die Akademie taucht bereits vorher mehrmals in meinen Notizen auf. Einige der Initiatoren hatten Tanne schon einmal aufgesucht, um sie für die Idee einer solchen Institution zu gewinnen, und sie hatte sich bereit erklärt, Gründungsmitglied zu werden. Ich kann mich erinnern, daß sie eines Tages von einem Treffen der Akademie in Kopenhagen nach Hause kam und sagte: »Was können die Mannsleute doch bis ins Unendliche hin- und herquasseln«, das sei viel schlimmer, als man es sonst den Frauen nachsage. Trotzdem nahm sie, wenn sie nur irgend konnte, an den Zusammenkünften teil, ließ auch eine auf Rungstedlund stattfinden.

Im Frühjahr begannen die Hausgäste herbeizuströmen. Die Gästewohnung hatte ein eigenes Badezimmer bekommen. Tanne freute sich auf die Besuche ihrer Freunde aus aller Welt. Leider kam Denys' Nichte Diana nicht, auf die sie sich am meisten gefreut hatte. Aber andere kamen von weit her: Ruth Tishman, Monica Stirling, Parmenia Migel Ekstrom und Solita Solano. Parmenia wollte ihr Material für die Biographie ergänzen. Sie brachte den Fotografen John Stewart mit, der sich viele Stunden im Haus aufhielt, aber doch merkwürdig fremd blieb, was selten vorkam, wenn Leute Rungstedlund erst einmal betreten hatten. Aber seine Bilder* waren gut. Weil Parmenia und er Anfang Mai da waren, sind Bilder von dem Buschwindröschenflor im Waldstück und Nachtaufnahmen des aus Anlaß des Jahrestages der Befreiung ringsum mit Kerzen erleuchteten Hauses dabei. Anders Dinesen war zu der Zeit auch im Lande, und am 8. Mai wurde sein Geburtstag mit einem Essen, an dem auch Jonna und Thomas Dinesen teilnahmen, auf Rungstedlund gefeiert. Während des Besuches von Monica Stirling einige Wochen später erschienen auch zwei Gäste aus Kenia, ein junger Mann und eine junge Frau, die sich zu Studienzwecken für mehrere Monate in Dänemark aufhielten. Sie waren sehr unterschiedlich im Wesen und Auftreten. Tanne mochte die junge Frau am liebsten. Sie hieß Emma Wamboi Njonjo* und war eine Großnichte des Häuptlings Kinanjui*. Wenn die beiden untereinander einige Sätze wechselten, hörten wir anderen wenigstens für Augenblicke einmal die samtweiche Sprache, so wie sie seinerzeit zwischen den Hütten geklungen hat.

In diesem letzten Jahr war Tanne eine große Sache wichtiger als all ihre eigenen täglichen Kümmernisse: die Vorbereitungen auf die Unabhängigkeit der ostafrikanischen Staaten. Während einer der entscheidenden Konferenzen in London sagte sie zu mir: »*Jetzt* sind sie soweit – wie gern wäre ich bei ihnen.«

Der Schriftsteller Daniel Gillès de Pélichy interviewte Tanne am 29. Mai für das belgische Fernsehen. Wie schon erwähnt, hatten einige dänische Schriftsteller ihm weisgemacht, es sei unmöglich, auf Rungstedlund vorgelassen zu werden. Anfang Juni sind mit Tannes eigener Schrift auf dem Kalender in der Ewalds-Stube etliche Besuche von Jugendfreunden und jüngeren Familienmitgliedern notiert, am 8. Juni: »Mogens«, das war der Architekt Mogens Tvede, einer der guten Freunde aus dem Wedellsborg-Kreis. Er schrieb einige Zeit später in einem Brief an Tanne, wie schön er alles um »Ihren Sonnenuntergang herum« gefunden habe. In jenem Sommer war es wohl all denen klar, die Tanne zum ersten Mal nach längerer Zeit wiedersahen, daß der »Sonnenuntergang« gekommen war. 9. Juni: »Juri«, das war Jurij Moskwitin, der Pianist, ein lustiger, unkonventioneller Mensch. Er hatte Tanne auch in Dragør besucht und äußerst farbig von seinem Aufenthalt in Ägypten erzählt. Er hatte sie auch zum Strawinsky-Festival mitgenommen und die beiden Berühmtheiten zusammengebracht. Damals ist die lustige Aufnahme mit den beiden »Vogelprofilen« entstanden. Sonntag, den 10., hatte Tanne, während ich bei meiner Mutter in Helsingør war, Besuch von Ellen Lassen, Erling Schroeder und Bodil Udsen.*

Etwa um diese Zeit kam auch Peter Beard*, ein junger Amerikaner, der sich schon in seiner Schulzeit so sehr für *Afrika – dunkel lockende Welt* begeistert hatte, daß er bereits mehrmals in Afrika gewesen war. Nach dem Mittagessen saß Tanne mit ihm, Anne und Erik Kopp und Bitter auf der Veranda und betrachtete die Bilder von seinem letzten Aufenthalt in Kenia, unter anderen eines von Kamante. Bald darauf erhielt Tanne auch von Kamante selbst eine von Peter Beards Aufnahmen, und sie mochte diese, auf der er einen so ernsten Ausdruck hat, am liebsten. Sie wollte es gerne einrahmen und auf ihr Schreibpult stellen. Ende des Sommers haben wir auf einer Einkaufsfahrt in Hørsholm einen behelfsmäßigen Rahmen für das Bild besorgt in der festen Annahme, später einen besseren zu finden.

Von dem Besuch Solita Solanos im Juni existiert noch der Essensplan für alle Mahlzeiten, den mir Tanne schon im voraus diktiert hatte. Drei Gänge zur Mittagsmahlzeit, drei für die Hauptmahlzeit am Abend, alles genau durchdacht und aufeinander abgestimmt. Am 20. Juni waren auch noch andere Gäste zum Mittagessen: Professor Hudson Strode* aus Alabama, der Tanne schon früher besucht hatte und durch sie auf Wedellsborg und Gyldensteen eingeführt worden war. Er hatte sich von Schweden aus gemeldet und selbst den Zeitpunkt seines Kommens festgelegt. In einer späteren Schilderung seines Besuches erwähnt er noch zwei schwedische Gäste aus der Familie Hamilton, aber ein weiterer Gast kam in der Schilderung nicht vor: Eugene Haynes. Eugene erzählte mir später, daß unter der Oberfläche kleine Nadelstiche verteilt worden wären, was weder Tanne noch ich hätten bemerken können. Es gäbe kleine subtile Merkmale, wie zum Beispiel eine bestimmte Nuance in der Aussprache des Wortes »negro«, die eine andere, verächtlichmachende Form des Wortes in Erinnerung brächten, und Eugene sagte, Solita, die ja selbst Amerikanerin sei, hätte dem Professor auf ihre Art Kontra gegeben, selbst das ist uns nicht aufgefallen.

Hudson Strode hat allerdings Tanne eine große Freude gemacht, als er ihr eine von ihm edierte Anthologie englischer Gedichte schenkte. Darin stand unter anderem John Donnes Gedicht *Batter my heart, Threepersoned God*, das sie sehr liebte. Meine eigenen prosaischen, viele Jahre zurückliegenden, Versuche, ihr die Lehre von der Dreieinigkeit zu erklären, hatte ja leider zur Folge gehabt, daß Tanne feststellte, sie könne sich »keine stinklangweiligere Herrengesellschaft vorstellen«, wenn aber ein großer Dichter es in Form einer Liebeserklärung darlegte, dann gefiel ihr das.

Sobald Tanne nichts anderes zu tun hatte, las sie. Jetzt, in ihren letzten Jahren, beschränkte sich ihre Lektüre mehr und mehr auf das Wiederlesen ihrer Lieblingsbücher. Eine Zeitlang trug sie, wo immer sie sich im Hause aufhielt, einen kleinen Band Erzählungen von Karl Larsen bei sich und las darin zu jeder Tages- und Nachtzeit, so daß wir das Buch schon scherzhaft als ihr »Brevier« bezeichneten. Sie nahm es auch mit nach Amerika. In Dragør war es Goldschmidt; in der dänischen Literatur war Simon Levi aus *Der Rabe** ihre Lieblingsfigur. Thomas Manns Josef-Roman und Halldór Laxness' Trilogie, die mit der *Islandsglocke* begann, waren so zerlesen, daß neue Exemplare angeschafft werden mußten. In diesem Sommer nun gelang es uns, eine Ausgabe von Turgenjew zu besorgen. *Ein Adelsnest* gehörte auch zu den Lieblingsbüchern. Ebenfalls zeitlebens sehr geschätzt hat sie Jakob Knudsen*. Jonas Lies* *Die Familie auf Gilje* lieh sie sich von Helene Landgren und behielt das Buch so lange, daß es noch im Haus war, als Tanne nicht mehr lebte. In dem Buch gibt es eine Stelle, die meines Erachtens, bewußt oder unbewußt, die Vorlage zu einer Passage in *Die leere Seite** abgegeben hat, wo die Leinentücher oben am Berghang zum Bleichen liegen.

Im Hochsommer kam Bent Mohn, der schon in früheren Jahren dem Haus willkommene Gäste zugeführt hatte. Dieses Mal brachte er die Schriftstellerin Sybille Bedford* mit. Zu dem gleichen Mittagessen war auch ein italienischer Literaturkritiker eingeladen, und ich war vor Tisch etwas in Sorge wegen der möglichen Sprachprobleme, aber es stellte sich heraus, daß alle, außer mir, glänzend Französisch sprachen.

An den einzigen Ausspruch der Sybille Bedford auf englisch erinnere ich mich allerdings deutlich, er handelte von Pepper: »He is the most beautiful Dandie Dinmont I ever saw, he has such charm.« (»Er ist der schönste Dandie Dinmont, den ich je gesehen habe, er hat soviel Charme.«) Mit Recht hat man mir vorgeworfen, es wäre zweifellos von größerem Interesse gewesen, wenn ich mir gemerkt hätte, was sie über Tania Blixen gesagt hat. Aber sie hat ja in dem »Erinnerungsbuch« über sie geschrieben. Und schon zu Pasops Zeiten pflegte Tanne zu den Leuten zu sagen: »Clara würde aus mir Suppe kochen, Hauptsache, Pasop bekäme dann die Knochen.« Als sie mich in diesem Sommer eines Tages fragte: »Darf ich dir Pepper testamentarisch vermachen?« muß sie die Antwort also schon gekannt haben.

Der Zeitpunkt, zu dem Pepper mein Hund wurde, war bereits näher, als ich ahnte. Sieben Jahre lang – eine klassische Zeitspanne – teilten wir Freud und Leid miteinander. Er verteidigte Haus und Hof mit Todesverachtung, und er saß im Bürosofa, wenn ich arbeitete, und sah mich mit den Augen all der Menschen an, die ich einmal geliebt hatte. Ich habe selten um jemanden in tieferer Trauer »Schiwa gesessen« als um meinen Hund Pepper.

Doch noch saß Tanne auf der Veranda und sah uns über den Rasen nach Hause kommen. Beim Umbau hatte man ihr einen alten Wunsch erfüllt und auf der Veranda ein großes Westfenster anstelle der Bretterwand eingesetzt, so daß die Nachmittagssonne hineinscheinen konnte. Dort saß sie nun sehr oft und sah hinaus auf den Sund. In jenem Sommer regnete es viel, aber sie sagte: »Alle Menschen klagen über diesen Sommer, ich finde, es war ein herrlicher Sommer.«

Auf der Veranda unterhielt sie sich eines Nachmittags mit Eugene Haynes, der das Gespräch in dem »Erinnerungsbuch« festgehalten hat: »›Sie haben in *Afrika – dunkel lockende Welt* gesagt, Sie wollten das Leben nicht lassen, ehe es Sie denn gesegnet habe – danach aber würden Sie es gerne loslassen.‹ Sie lächelte, etwas traurig, schien mir. ›Das Leben hat mich gesegnet‹, sagte sie.«

In der Nachmittagssonne auf der Veranda spielten wir auch die Partie Bésigue, die ich nicht vergessen kann. Früher hatten wir beide jeder für sich Patiencen gelegt, aber dann hatte Tanne Thomas gebeten, uns ein Spiel zu besorgen, das wir gemeinsam spielen konnten. An einen Tag erinnere ich mich nicht gerade mit Freuden: Ich konstatierte, Tanne habe gewonnen, und sagte das in so vergnügtem Tonfall, daß sie heraushören mußte, wie leid es mir tat, daß sie allmählich ziemlich oft verlor. Aber von dem anderen Tag, in der Sonne auf der Veranda, wünschte ich, es wäre unser letzter Spieltag gewesen. Auf irgendeine Art und Weise, wahrscheinlich per Boten, hatte sie zwei ausgesuchte Schokoladen-Leckerbissen mit Füllung besorgen lassen. Sie legte sie auf den Tisch und erklärte, den einen sollte ich zum Trost bekommen, wenn sie eine Sequenz in Treff bekäme – das hätte mich am allermeisten geärgert, denn das war *meine* Lieblingskombination –, und den anderen sollte ich haben, wenn sie vier Buben bekäme – meine zweitliebste Kombination. Wenn sie sich die sicherte, pflegte ich, natürlich im Scherz, großen Ärger zu äußern. Nach einiger Zeit nahm ihr Gesicht einen besonderen Ausdruck an, den ich schon kannte, sie lächelte nicht, sondern strahlte gewissermaßen von innen her. Sie hob feierlich die Trostprämie Nummer eins empor und legte sie zu mir hinüber, und dann erst blätterte sie die Sequenz in Treff auf den Tisch. Bald darauf war auch die nächste Trostprämie fällig, nach dem gleichen Ritual.

An diesem Tag muß ich in Spiellaune gewesen sein, denn ich habe notiert: »Konchylie in der Gothersgade gekauft.« Bei Leo Lerman in New York und in einem der großen Säle auf Wedellsborg hatte ich Schalen voller Konchylien stehen sehen, auch in dem Haus in Dragør hatten früher immer Konchylien gestanden. So ging ich in der Absicht, mir eine kleine Auswahl zu kaufen, in die Naturalienhandlung auf der Gothersgade. Dort hatten sie aber nur eine einzige. Sie hatte schwarze Ränder, und man sagte mir, sie hieße deshalb Trauerschnecke. Ich kaufte sie.

Am Sonntag, dem 5. August, besuchte ich meine Mutter. Sie fragte mich, ob ich noch die Bernsteinkette hätte, die sie und Vater mir einmal zu Weihnachten geschenkt hatten. Am nächsten Sonntag dachte ich daran und hing sie um. Wir hatten einen gemütlichen Nachmittag miteinander.

Am Montagmorgen, dem 13., rief mich die Priorin der Vincenzschwestern an, Mutter hätte in der Nacht eine neuerliche Hirnblutung gehabt. Es wäre nicht mehr viel Zeit, ich müßte mich beeilen.

Auf Rungstedlund saß Tanne am nächsten Tag auf der »westlichen Gartenbank« und sah mir zu, als ich die größten Blumen des Staudenbeets abpflückte für den Weg von Helsingør zum Bispebjerg-Friedhof. Die lange Fahrt durch die sommerliche Landschaft paßte gut zu der Toten, die auf dem Lande, in dem kleinen Dorf Særslev auf Falster, aufgewachsen war. Auf dem Bispebjerg, wo Vater begraben worden war, als im Winter die Sonne auf den Schnee schien, beschloß Mutter ihre Lebensreise im Spätsommer, der Zeit, in der sie als kleines Mädchen in die Kirschbäume geklettert war und von den reifen Früchten gegessen hatte. Eine Rechnung war aufgegangen, die vielleicht eher in einen Roman von Sigrid Undset gepaßt hätte als in eine Erzählung von Tania Blixen, aber es war ein Leben.

Tania Blixen und Pepper (1961; Foto: C. Selborn).

Der Sommer ging zur Neige, und auf einer unserer kleinen, kurzen Touren durch den Garten muß Tanne geäußert haben, sie sei der Meinung, es bleibe ihr nicht mehr viel Zeit, denn ich erinnere mich, daß ich mit großem Nachdruck zu ihr sagte: »Ich mag den Ausdruck *a new lease of life* – ein Stück neues Leben – so sehr.«

Aber allmählich war ich wohl die einzige, die das noch hoffte. Zweimal kamen in dieser Zeit Menschen, die Aufnahmen von Tanne machten, und auch die waren sich wohl darüber im klaren, daß dieses die letzte Gelegenheit war. Zuerst kam eine norwegische Bewunderin ihrer Werke, Jytte Fyrst, mit ihrem Mann, dann Cecil Beaton, der Freund in vielen Jahren. Er hatte Blumen mitgebracht, ganz gewöhnliche Sommerblumen, aber von ihm selbst zu einem raffinierten Kunstwerk zusammengestellt. Es gelang mir noch, die Farbzusammenstellung nachzuahmen, und ich höre Tanne voller Wohlwollen sagen: »Dein kleiner Cecil-Strauß …«

Am 31. August steht in meinem Taschenkalender: »Torben Andersen und Frau bei Khamar.« Der Oberarzt Torben Andersen und sein Team hatten ja schon einmal Unglaubliches vollbracht.

Es war so vieles in Arbeit, es gab so vieles, worum man sich noch kümmern, wozu man Stellung nehmen mußte, unter anderem die zukünftige Rolle Rungstedlunds. Es hatte Überlegungen gegeben, es zum Sitz der Dänischen Akademie zu machen. Jetzt wollte Tanne gerne in einem Gespräch mit Philip Ingerslev diesen Plan und mögliche Alternativen erörtern. Auch finanzielle Probleme mußten geklärt werden … wie es weitergehen sollte, wenn Tanne nicht mehr in der Lage wäre zu schreiben. Nachdem in den vergangenen Jahren drei neue Bücher auf englisch und dänisch und in vielen Übersetzungen erschienen waren, hatte sich trotz aller Extraausgaben etwas Kapital angesammelt. Ich riet Tanne inständig, sich eine Leibrente zu kaufen; mit ihren 77 Jahren könne sie einen hohen Prozentsatz beanspruchen, und dann wäre es doch besser, lange von der Rente zu zehren, als sich Sorgen zu machen, man könne zu lange leben.

Und dann die Arbeit. All die verschiedenen neuen Ideen und

*Die letzte Fotografie von Tania Blixen, aufgenommen im
August 1962 von Cecil Beaton.*

244

die Bearbeitungen älterer Sachen. Wir hatten im Frühsommer eine neue Schreibmaschine für meine Tätigkeit gekauft. Sie stand auf dem kleinen Schreibmaschinentisch neben dem Pult in der Ewalds-Stube, war stark und solide und hatte eine Kapazität für viele Jahre und viele tausend Seiten.

Mehrere kurze Dinge waren auf Anforderung geschrieben worden, Vorworte und ähnliches. Für die *Vogue* hatte sie eine Kurzfassung ihrer Radiosendung über Rungstedlund formuliert. Die Redaktion hatte ihr erlaubt, in dem Artikel die Bitte um eine Spende für den Rungstedlundfonds zu wiederholen. Und wenn die, sagte Tanne eines Tages, ein gutes Resultat erbrächte, gäbe ihr das vielleicht »a new lease of life«...

Es hatte jedoch keinen Zweck, die Augen davor zu verschließen, daß sie sich in einer sehr schlechten Verfassung befand – in einem Zustand, den sie bestimmt nicht an dieser Stelle mit seinen klinischen Details beschrieben sehen wollte. Ich erinnere mich auch mehr daran, wie sie Pepper ansah und zu ihm »Mein kleiner Hund« sagte... so wie mein Vater eine Schale mit Eranthis aus dem Garten, in den er nicht mehr gehen konnte, angesehen und gesagt hatte: »Meine Blumen...« Als ich eines Tages in Andersens Märchen gelesen hatte, sagte ich zu Tanne, es sei nicht auszuhalten, wie traurig bei ihm alles wäre. Ich hätte angefangen, eine Geschichte über eine kostbare Perle zu lesen, und dann hätte sich, weiß Gott, herausgestellt, daß die Perle eine Träne von der Wange eines Kindes gewesen wäre, das trauernd neben seiner toten Mutter gestanden hätte... Mehr kann ich nicht ertragen, sagte ich; da sah mich Tanne betrübt und gewissermaßen erstaunt an. Eines Abends verursachte das Aufstehen vom Sofa ihr so starke Schmerzen, daß Pepper anfing zu knurren und bereit war auf den Feind, wer immer es auch sein mochte, loszugehen, der ihr solchen Kummer machte – denn so war Pepper. Daraufhin sagte sie fast entschuldigend zu ihm: »Ja, du bist jetzt traurig, du süßer kleiner Fratz...«

Am *Mittwoch, dem 5. September*, steht in meinem Kalender: »Grammophon angekommen.« Das war ein Geschenk von Solita Solano und ihrer Freundin Elizabeth Jenks Clark, die am Johannisabend mit ihr und Bent Mohn und Erling Schroeder zum Essen eingeladen gewesen war. Die Wahl und der Kauf des Grammophons war mir überlassen worden und hatte einige Zeit in Anspruch genommen. Nun war eine gute Lösung gefunden, und ein Stereogerät, das nicht an das Radio angeschlossen zu werden brauchte, war in der messingbeschlagenen Truhe neben dem großen Ofen untergebracht worden. Auf der Farm hatten in dieser Truhe die Schallplatten gelegen, auf Rungstedlund hatte sie als Kasten für die Feuerung gedient; jetzt war sie so geändert worden, daß man die Vorderseite herunterklappen konnte. Farahs Prachtstück enthielt wieder Musik. An dem Mittwoch hatten wir fleißig in der Ewalds-Stube gearbeitet. Unter anderem waren geschäftliche Angelegenheiten erledigt worden: Tanne hatte ihren ersten dänischen Taschenbuchvertrag unterschrieben. Sie hatte auch mit eigener Hand eine Glückwunschkarte an Jonna Dinesen geschrieben. Deren Geburtstag war am achten; die Karte jetzt schon abzuschicken, wäre zu früh gewesen, deshalb ermahnte Tanne mich, sie ja zum rechten Zeitpunkt zur Post zu geben. Am Nachmittag probierten wir das Grammophon mit einer einzigen Platte von Joan Sutherland aus, die Ruth Tishman Tanne geschickt hatte. Nach dem Abendessen spielten wir etwas aus *Figaros Hochzeit* und dann die herrliche Arie von Händel*, die Denys für Tania gesungen hatte:

> Where'er you walk
>   cool gales shall fan the glade,
> trees where you sit
>   shall crowd into a shade.
> Where'er you stay
>   the blushing flowers shall rise,
> and all things flourish
>   where'er you turn your eyes.

Ich hoffte so sehr, daß das Grammophon wirklich Freude bereiten würde, jetzt, wo es auf den Herbst zuging und wir uns mehr im Hause aufhielten. Aber die hoffnungsvollen Pläne schienen keinen rechten Widerhall zu finden.

Am Schluß, ehe Tanne aufstand, um ins Bett zu gehen – was trotz der neuen Treppe ein überaus beschwerliches Unternehmen war –, sagte sie zu mir: »Clara, wenn du wüßtest, ich stürbe diese Nacht, hättest du mir dann nicht noch ein Wort zu sagen?« Aber auch dieses Mal brachte ich, wie sooft, kein Wort über die Lippen.

Später mußte ich an zwei ähnliche Fragen denken: Die eine kommt in den *Wintergeschichten** vor, da sagt Alkmene: »Und kannst du nicht, ... nicht einmal jetzt sagen: ›Arme Alkmene‹?« Die andere ist eine Stelle, die Tanne selbst sehr liebte, sie stammt aus Stevensons *Die Entführung*, Alan Breck Stewart hat in der gewaltigen Schlägerei auf dem Schiff seinen Mann gestanden und sagt danach zu seinem Freund David Balfour: »...bin ich nicht ein prima Kämpfer?«

Von beidem hätte in dem, was zu sagen gewesen wäre, etwas mitschwingen müssen.

Am 6. September 1961 hatte Tanne ihren Dandie Dinmont Pepper bekommen, und der 6. September 1962 sollte der Tag werden, an dem Tanne zum letzten Mal zu ihm sprach.

Aber sie hielt bis zum siebten durch, eine ihrer Lieblingszahlen, und bis zum Freitag, dem Feiertag der Mohammedaner. Das war der Tag, an dem sie immer die eine der Uhren im Hause aufzog, während ich die andere am Sonntag aufzog.

An genau dem gleichen Tag starb Anna Sophie Scavenius, die uns zusammengeführt hatte.

Es hat eine Zeit gegeben, da wollte Tanne keinerlei Mitwirken eines Pfarrers bei ihrer Beisetzung haben. Aber sie hatte ihre Meinung geändert. Am Grab zu Füßen der Ewalds-Höhe las Probst Dickmeiss aus Hørsholm ihrem Wunsch entsprechend Davids Psalm »Ich hebe meine Augen auf zu den Bergen« – dieser Psalm war an Denys' Grab in den Bergen Afrikas gesprochen worden.

Als Tanne die Farm verloren hatte und Afrika für immer verließ, hatte ein alter Somali ihr auf dem Bahnhof einen Silberring mit einem Türkis geschenkt. Der wurde, ihrem Wunsch entsprechend, mit ins Grab gelegt, ebenso die Handvoll Erde von der Farm, die sie seinerzeit mit nach Hause genommen hatte.

Sie hatte sich auch gewünscht, daß Schuberts *Frühlingsglaube* bei ihrer Beerdigung gesungen würde, sie mochte das Lied so gern, besonders seine Schlußzeile: »Nun muß sich alles, alles wenden.« Auch diesen Wunsch konnten wir ihr erfüllen, denn die Trauerfeier begann in Rungstedlunds großem Wohnzimmer, so war es auch bei ihrer Mutter gewesen. Erik tat ihr einen letzten Gefallen: Er besorgte Pferde, und er und der Pächter von Folehave gingen jeder auf einer Seite neben den Pferden her auf der letzten Fahrt über die Koppel.

Für mich aber hat Tania Blixens Tod etwas Parenthetisches. Es verbindet sich mit ihm für mich etwas Unfertiges, einmal weil ich noch Aufgaben für sie wahrnehme, dann aber auch, weil so vieles nicht gesagt und nicht getan worden ist.

Ich ermahne mich oft selbst, daß man »keine Zeichen begehren« soll – es ist gesagt und geschrieben worden, daß Christi Auferstehung Zeichen genug sein soll. Wo immer aber sich auch nur die Andeutung eines Zeichens von selbst ergibt, macht das mich immer wieder froh. Viele Jahre später sehnte ich mich an einem einsamen Abend wegen des Unabgeschlossenen, das zwischen uns geblieben war, sehr nach einem Zeichen von »Khamar«.

Kurz darauf ereigneten sich in einem Spiel, das ich mit mir selbst spielte, merkwürdige und komische Dinge. Eine seltene Kombination ergab sich: Zehnmal erschien eine Würfelzahl, die ich, wenn ich das Spiel mit Freunden spiele, »Vierbeiner« oder »Hunde« zu nennen pflege. In meiner Erinnerung tauchte Tania Blixens Beschreibung eines Tagtraumes aus ihrer Kindheit auf: Sie hatte zehn Hunde verschiedener Rassen, und sie stellte sich vor, wie es wohl aussähe, wenn sie mit allen spazierenginge. Das Spiel war auch in anderer Hinsicht sehr günstig verlaufen; ohne das »Zeichen« allzu ernst zu nehmen, beschloß ich, spaßeshalber den Zettel mit der Aufrechnung des Spiels zu meiner eigenen Erheiterung eine Weile aufzuheben. Ich wollte ihn in eine grüne

Ledermappe legen, die die norwegischen Gäste mir mit ein paar Farbaufnahmen vom August 1962 geschickt hatten. Ich betrachte nicht alle Tage die Bilder meiner Familie und Freunde und mußte deshalb etwas nach der grünen Mappe suchen. An die Bilder konnte ich mich kaum noch erinnern und war überrascht, welch ein Lächeln mir aus Tania Blixens zerfurchtem Gesicht entgegenstrahlte. Es enthält viel Freundlichkeit, aber auch etwas Schelmisches. Es ist das Lächeln, das sie aufgesetzt hätte, wenn ein Kind sich einen ausgestopften Hund gewünscht hätte, weil ein lebender Hund absolut unerreichbar wäre – und das dann doch plötzlich einen richtigen lebendigen Hund bekäme, und Tania Blixen stünde daneben und wäre die Urheberin dieser Überraschung.

Diese Rolle hätte sie, glaube ich, wenn es in ihrer Macht gestanden hätte, immer gern gespielt.

Im gleichen Sinne hat ihre Dichterphantasie auch den Jüngsten Tag in der *Sintflut von Norderney** ausgemalt:

»... der Tag des Gerichts (wird) nicht, wie langweilige Prediger uns glauben machen wollen, dann gekommen sein (...), wenn die Schleier von unseren armseligen kleinen Täuschungsversuchen fallen, um die unser Herr ja bereits weiß, sondern es wird im Gegenteil die Stunde sein, da der allmächtige Gott selbst die Maske wird fallen lassen. Was für ein Augenblick! Millionen Jahre des Wartens werden nicht zuviel gewesen sein, Madame. Ein Lachen wird erklingen und widerhallen im Himmel, rein und schuldlos wie das Lachen eines Kindes, lauter wie das Lachen einer Braut, triumphierend wie das Lachen eines treuen Kämpen...«

Der geniale Mensch Tania Blixen ist genausoweit gekommen wie der Geistesschwache, der über das Osterevangelium und die Auferstehung belehrt worden war und den Kern der Sache mit folgenden Worten zusammenfaßte:

Das war für alle eine große Überraschung.

Anmerkungen

1942

Seite 9 *Scavenius:* Der damalige Ministerpräsident Erik Scavenius (1877–1962) zeigte in den Augen vieler Dänen zuviel Kompromißbereitschaft gegenüber der deutschen Besatzung. Hier wurde nach einer anderen Frau Scavenius gerufen, der Witwe des Kammerherrn Harald Scavenius, Anna Sofie, geb. Steensen (1889–1962), die zum Organisationskomitee gehörte.

Prinzessin Aage: Prinz Aage, Graf von Rosenborg (1887–1947), war seit 1914 mit der Komtesse Mathilde von Calvi di Bergolo verheiratet, einer Jugendfreundin Tania Blixens, von ihr »Meta« genannt.

Johannes Jørgensen: Dän. Lyriker, Essayist und Reiseschriftsteller (1866–1956), der nach seinem Übertritt zum Katholizismus Erbauungsschriften und Hagiographien verfaßte.

Sieben phantastische Geschichten: Deutsche Verlags-Anstalt, Stuttgart 1979; das Buch erschien erstmals 1934 mit dem Titel »Seven Gothic Tales« und unter dem Pseudonym Isak Dinesen in New York und London.

Seite 10 *Die Straßen um Pisa, ... Der Affe, ... Die Träumer:* Die drei Erzählungen sind enthalten in dem Band »Sieben phantastische Geschichten«.

Kaj Munk: Dän. Schriftsteller und Pfarrer (1898–1944), wurde wegen seiner politischen Stellungnahmen von der Gestapo ermordet.

Poul Reumert: Dän. Schauspieler (1884–1968).

Wessels... Gedicht: Johan Herman Wessel (1742–1785), norw.-dän. Dichter; gemeint ist hier sein Gedicht »Herremanden«.

1943

Seite 16 *Farah:* Farah Aden (geb. ca. 1885, während des Zweiten Weltkriegs gest.), Somali, Tania Blixens Haushofmeister auf der Farm in den Jahren 1914 bis 1931.
Denis Finch Hatton: (1887–1931), engl. Offizier, Kaufmann und Safari-Leiter in Kenia, zweiter Sohn des 13. Earl of Winchilsea, Tania Blixens engster Freund in Afrika.

Seite 17 ›*durch ihn gemacht*‹: Joh. 1,10
›*Reben am Weinstock*‹: Joh. 15,5
›*Christi Leib... Kirche*‹: Kol. 1,24
Nächtliches Gespräch... Kardinals: Beide Erzählungen sind enthalten in dem Band: »Letzte Erzählungen«, Manesse Verlag, Zürich 1985.
»*...ich bin selbst... Leibern!*«: Aus: »Die dritte Erzählung des Kardinals«, in: »Letzte Erzählungen«, S. 127.

Seite 19 »*Ewaldfest*«: Johannes Ewald (1743–1781), bedeutender dän. Lyriker, hat zeitweise auf Rungstedlund gelebt und dort eine seiner schönsten Oden verfaßt: »Rungsteds Lyksaligheder«. Vgl. dazu Tania Blixens Radioessay »Rungstedlund«, in: »Mottos meines Lebens«, Deutsche Verlags-Anstalt, Stuttgart 1991, S. 292 ff.
Helge Christensen: Journalist und Ornithologe (geb. 1912).
Nachtigall... aus Amanzimtoti: Dieser Bericht ist eingegangen in den Radioessay »Rungstedlund«.
Die Rache der Engel: Die deutsche Erstausgabe erschien unter dem Pseudonym »Pierre Andrézel«, unter Tania Blixens Namen: Deutsche Verlags-Anstalt, Stuttgart 1990.

Seite 20 *Joakim Skovgaard:* Dän. Maler (1856–1933), der sich zunächst vorwiegend mit südlichen Landschaften und antikisierenden Themen befaßte, dann aber zu biblischen Motiven überging. Das erwähnte Bild stammt aus dem Jahre 1894.
Babettes Fest: Manesse Verlag, Zürich 1989 (Manesse Bücherei, Band 25); die Erzählung ist – unter dem Titel »Babettes Gastmahl« – enthalten in dem Band »Schicksalsanekdoten«, Deutsche Verlags-Anstalt, Stuttgart 1982.

Seite 22 *Søster Barbara og Ngaia:* Nicht auf deutsch abgedruckt; in: »BLIXENIANA 1979«, Kopenhagen 1979, S. 45–54.

1944

1945

1946

1947

1948

Seite 42 *Anna:* Unvollendet gebliebene Erzählung, die Clara Selborn übersetzt hat und deren erste 23 Kapitel in dem Band »Efterladte Fortællinger«, Kopenhagen 1975, und um zwei später aufgefundene Kapitel erweitert in »Kongesønnerne og andre efterladte Fortællinger«, Kopenhagen 1985, erschienen.

Lady B.: Lady Byron, die Ehefrau des Dichters George Gordon Lord Byron.

Anna & Alessandro: Hauptfiguren der eben erwähnten Erzählung »Anna«.

Seite 43: *Kontorist Enoch:* Clara Svendsen hatte erzählt, daß der Büroangestellte Enoch Hjort der Ansicht war, kinderreiche Familien müßten ökonomisch bessergestellt werden.

Seite 44 *Troglodyten:* Höhlenbewohner; gemeint sind die Bewohner des kleinen Gärtnerhauses auf Rungstedlund.

Ib: Ib Svendsen, Bruder der Autorin, hatte im Freihafen ein Paket aus Amerika abgeholt, das Lack und Firnis enthielt.

Seite 46 *Erik Clemessen:* Dän. Maler (1905–1984), hat u. a. »Rungstedlund – En Have. Et grafisk værk«, Kopenhagen 1941, und »Kardinalens tredie Historie. Et grafisk værk«, Kopenhagen 1952, herausgegeben.

Petri: Rechtsanwalt Erik Petri (1905–1961) war viele Jahre lang Tania Blixens Rechtsberater.

Seite 47 *Frl. Andersen:* Margrethe Andersen, Zimmermädchen auf Rungstedlund.

Haas: Robert K. Haas (1890–1964); von 1936 bis 1956 Direktor des Verlages Random House in New York, Begründer des Book-of-the-Month-Clubs. Ein Komitee aus Schriftstellern und Kritikern nominierte jeweils das »Buch des Monats«, dem dadurch ein großer Verkaufserfolg sicher war. Der Briefwechsel von Robert K. Haas mit Tania Blixen ist erschienen in »BLIXENIANA 1980«, Kopenhagen 1980, und »BLIXENIANA 1984«, Kopenhagen 1984.

Seite 48 *Duff Coopers:* Der frühere britische Botschafter in Paris, Sir Alfred Duff Cooper (1890–1954), und seine Frau, die Schauspielerin Lady Diana Duff Cooper.

Briefe aus einem Land im Krieg: In: »Mottos meines Lebens«, Deutsche Verlags-Anstalt, Stuttgart 1991.

HERETICA: Führende dän. Literaturzeitschrift in den Jahren 1948 bis 1953.

Hedtoft: Hans Hedtoft (1903–1955), dän. sozialdemokratischer Politiker, Ministerpräsident von 1947 bis 1950 und 1953 bis 1955.

Thorkild Bjørnvig: Dän. Autor (geb. 1918), Redakteur der HERETICA 1948–1949, hat seine Freundschaft mit Tania Blixen in seinem Buch »Der Pakt. Meine Freundschaft mit Tania Blixen«, dt. von G. Gerecke, Frankfurt-Leipzig 1993, beschrieben.

1949

Seite 49   *Erich Bernstorff-Gyldensteen:* (1883–1968), verh. mit Agnes Louise, geb. Komtesse Krag-Juel-Vind-Frijs.

Poul Henningsen: Architekt, Kritiker und Schriftsteller (1894–1967).

Professor Christian Elling: Kunsthistoriker an der Kopenhagener Universität (1901–1974), Mitbegründer der Dänischen Akademie.

Pastor Schindler: Peter Schindler (1892–1967), kath. Priester.

Seite 51   *Tove Hvass:* Verwandte Tania Blixens, ebenfalls Nachfahrin von Etatsrat A. N. Hansen.

Seite 52   *Erling Schroeder:* Schauspieler und Regisseur (1904–1989), inszenierte 1960 die Fernsehfassung von Tania Blixens Marionettenkomödie »Sandhedens Hævn« für Danmarks Radio.

Karen: In Dänemark wird die Dichterin mit ihrem richtigen Vornamen – Karen – benannt.

Ingeborg Andersen: (1887–1960), von 1939 bis 1954 Direktorin des Gyldendal Verlages in Kopenhagen.

Bo Setterlind: Schwed. Schriftsteller (geb. 1923).

Seite 53   *Valdemar Irminger:* Dän. Tier- und Genremaler (1850–1938). Das erwähnte Gemälde »Dyrene ved Himmeriges Port« entstand 1898.

Mary Bess Westenholz: (1857–1947), Schwester von Tania Blixens Mutter, Ingeborg Dinesen. Verfechterin sehr entschiedener Ansichten auf politischem und kirchlichem Gebiet.

Thorvaldsens »Christus«: Bertel Thorvaldsen, dän. Bildhauer (1770–1844); gemeint ist hier die für die Kopenhagener Frauenkirche 1821 modellierte Christus-Figur aus dem Zyklus »Christus und die 12 Apostel«.

Folehave: Anwesen in der Nähe von Hørsholm; seit 1879 Eigentum der Dinesens; Wohnsitz von Tania Blixens Großmutter mütterlicherseits und ihrer unverheirateten Tochter, Mary Bess Westenholz. Der Hof wurde von Thomas Dinesens Tochter Anne Kopp und ihrem Ehemann Erik bewirtschaftet.

Seite 54 *Onkel Seneca:* In: »Gespensterpferde. Nachgelassene Erzählungen«, Deutsche Verlags-Anstalt, Stuttgart 1984. Diese Erzählung erschien unter dem Titel »The Uncertain Heiress« erstmals im Dezember 1949 in der »Saturday Evening Post«, New York.

Jonna Dinesen: (geb. 1902), geb. Lindhardt, seit 1926 mit Tania Blixens Bruder Thomas verheiratet.

Seite 55 *Isak Dinesen:* Karen Blixens Werke erschienen im Ausland zumeist unter diesem Pseudonym, nur für Deutschland wählte der Verlag den Namen »Tania Blixen«.

Wintergeschichten: Deutsche Verlags-Anstalt, Stuttgart 1985.

Dagmarhus: Während der deutschen Besatzung Hauptsitz der deutschen Verwaltung.

»ein Manuskript auf englisch«: Im Original auf deutsch.

Feuerzeug: »Das Feuerzeug«, Märchen von Hans Christian Andersen; in allen Ausgaben der Märchen Andersens steht dieses Märchen an erster Stelle. Mit der blaukarierten Schürze der Hexe bezwingt der Soldat alle bösen Hunde.

Seite 56 *Taschenbuchausgabe:* Eine »Armed Service's Edition«, die so klein war, daß sie in einer Uniformtasche Platz fand.

Seite 57 *Leidacker:* Enthalten in dem Band »Wintergeschichten«.

›Batterie Dinesen‹: Tania Blixens Vater, Wilhelm Dinesen (1845–1895), hatte als Offizier an drei Kriegen teilgenommen und von seinen Erlebnissen auf den verschiedenen Kriegsschauplätzen berichtet.

Seite 58 *Frau Carlsen:* Caroline Carlsen (geb. 1911) war von 1949 bis 1981 Haushälterin auf Rungstedlund. Ihre Erinnerungen sind abgedruckt in: »BLIXENIANA 1976«, Kopenhagen 1976.

Ebbe Hamerik: Komponist und Dirigent (1898–1951). Hamerik hat 1949 ein Musikdrama »Drømmerne«, nach Tania Blixens Erzählung »Die Träumer« geschrieben.

Seite 59 *Die unsterbliche Geschichte:* Manesse Verlag, Zürich 1993

(Manesse Bücherei, Band 50), S. 84; die Erzählung ist enthalten in dem Band »Schicksalsanekdoten«, Deutsche Verlags-Anstalt, Stuttgart 1982.

1950

Seite 61 *»Jubiläumsjahr«:* Heiliges Jahr der katholischen Kirche, das alle 25 Jahre gefeiert wird.

Seite 62 *Lehnsgraf Julius Wedell:* (1881–1963), verh. mit Inger Krag-Juel-Vind-Frijs, einer Jugendfreundin und Verwandten Tania Blixens.
Petronius Arbiter: Röm. Schriftsteller (gest. 66 n. Chr.); galt am Hofe Neros als »arbiter elegantiae« (Schiedsrichter des guten Geschmacks).

Seite 63 *Erste Erzählung:* »Die erste Erzählung des Kardinals«: In: »Letzte Erzählungen«, Manesse Verlag, Zürich 1985.
in einer Stadt: Gemeint ist Venedig.
Petersens Jubiläum: Der Kutscher Alfred Petersen war zu dem Zeitpunkt 65 Jahre auf Rungstedlund.

Seite 64 *Anna aus Folehave... und Inge:* Angestellte auf Folehave, Rungstedlund und aus dem Haushalt von Thomas Dinesen in Hillerød und deren Kinder.
Trofast: Knud W. Jensens Hund in Vedbæk.

Seite 65 *Gutsbesitzer:* Tania Blixens jüngster Bruder, Anders Dinesen (1894–1976).

Seite 66 *Hochzeit in Hillerød:* Tania Blixens Nichte, Anne Dinesen (geb. 1927), heiratete Erik Kopp.
Kai Friis Møller: Dän. Schriftsteller und Kritiker (1888–1960).
Brief von... Pussy: Testamentarischer Brief einer kleinen schwarzen Katze, die im Dezember 1945 irrtümlicherweise auf Rungstedlund erschossen worden war. Clara Selborn hatte ihn verfaßt. Er war in einem Buch vergessen worden, das Kai Friis Møller in einem Antiquariat erworben hatte.

Seite 67 *Je sadde odde!:* (Nonsens-)Redensart aus dem jütländischen Zweig der Familie Dinesen, auf Rungstedlund Teil eines Spiels mit Pasop.

Seite 69 *Gielgud:* John Gielgud (geb. 1904), bedeutender engl. Schauspieler und Regisseur, spielte 1939 den Hamlet auf Kronborg (vgl. »Mottos meines Lebens«, S. 241).

Seite 70 *Cecil Beaton:* Weltberühmter engl. Fotograf (1904–1980). Beaton hat in seinen Erinnerungen »Self Portrait with Friends«, London 1979, und in einem Beitrag in dem Erinnerungsbuch »Karen Blixen«, hrsg. v. Clara Svendsen u. Ole Wivel, Kopenhagen 1962, seine Begegnungen mit Tania Blixen beschrieben. Zahlreiche Aufnahmen von Cecil Beaton enthält die Bildbiographie »Tania Blixen. Ihr Leben in Dänemark und Afrika«, hrsg. v. Frans Lasson u. Clara Selborn, Deutsche Verlags-Anstalt, Stuttgart 1987.
Clemence Dane: Pseudonym der engl. Schriftstellerin und Schauspielerin Winifred Ashton (1888–1965).
M.: Memsahib.

Seite 72 *etwas völlig Verrücktes:* Eine Staffordshire-Figur: einen Seemann, der Reel tanzt.
Margaretta Winchilsea: Countess of Winchilsea (gest. 1953), verh. mit Guy Montague George Finch Hatton, Earl of Winchilsea and Nottingham, Denys Finch Hattons älterem Bruder.

Seite 74 *Lizzie Wanscher:* Tochter der Nachbarn Christoffer und Nelly Wanscher, Nichte von Tania Blixens alter Freundin Ellen Wanscher.

1951

Seite 75 *Ole Wivel:* Dän. Schriftsteller (geb. 1921); Verlagsdirektor; Mitglied der Dänischen Akademie und des Vorstandes des Rungstedlundfonds. Über viele Jahre ein Freund Tania Blixens, ab 1950 ihr Verleger.
Knud W. Jensen: Geschäftsmann (geb. 1916), gehörte zum Freundeskreis um die Zeitschrift »HERETICA«, Gründer und Leiter des Louisiana-Museums, Vorstandsmitglied des Gyldendal-Verlages, Mitinitiator und Vorstandsmitglied des Rungstedlundfonds. Seine Erinnerungen an Tania Blixen sind abgedruckt in: »Mein Louisiana-Leben«, dt. von U. Schmalbruch, Klagenfurt 1991, und »Mens Kunsten er Ung«. En samtale mellem Knud W. Jensen og Niels Birger Wamberg, Kopenhagen 1992.

Seite 77 *Jørgen Claudi:* Bibliothekar (1916–1971), Programmdirektor bei Danmarks Radio; hat als einziger neben Clara Selborn englische Texte von Tania Blixen ins Dänische übertragen und viele Radio- und Fernsehsendungen mit und über sie initiiert und viel über sie geschrieben.

Inge Hvid-Møller: Schauspielerin (1912–1970)

Pade: Henning Pade (geb. 1918); ab 1971 Leiter der Hörspielabteilung von Danmarks Radio.

Seite 78 *Orpheus... Petruschka:* »Orpheus und Eurydike«, Oper von Christoph Willibald Gluck (1714–1787); »Petruschka«, Ballett von Igor Strawinsky (1882–1971).

Seite 79 *Sintflut von Norderney:* In: »Sieben phantastische Geschichten«.

Babette: Am Schluß der Erzählung »Babettes Fest«.

Seite 80 *Geschichte vom Lande:* »Eine Geschichte vom Lande«. In: »Letzte Erzählungen«; die zitierte Stelle steht auf S. 279.

Seite 83 *Saison in Kopenhagen:* In: »Letzte Erzählungen«.

Seite 84 *Gastgeber:* Knud W. Jensen.

Kandestederne: Knud W. Jensen besaß in Kandestederne, im Norden Jütlands, ein Sommerhaus.

Benedicte: Benedicte Jensen, geb. Hergel (1923–1973), in erster Ehe mit Knud W. Jensen verh., hat über diese Reise einen Tagebuch-Brief an Thorkild Bjørnvig geschrieben: »Med Karen Blixen i Grækenland og Rom«. In: »BLIXENIANA 1985«, Kopenhagen 1985, S. 269–310.

Seite 86 *Jens Adolf Jerichau:* Dän. Maler (1890–1916); Enkel des gleichnamigen Bildhauers.

Seite 90 *Neumond:* In Afrika hat sich Tania Blixen den Namen »Die den Neumond als erste sah« verdient.

Seite 91 *Leerbæk:* Gut in der Nähe von Vejle, seit 1925 in Anders Dinesens Besitz.

Seite 92 *Tido:* Lehnsgraf Tido Wedell (1907–1982), einziger Sohn von Inger und Julius Wedell.

Danneskiolder: Die Mutter der Gastgeberin war eine geborene Komtesse Danneskiold-Samsøe; es handelt sich hier wohl um Verwandte.

Ella Bille Brahe: Gutsbesitzerin aus der Nachbarschaft (von Gut Steensgaard bei Fåborg/Fünen).

Afrika – dunkel lockende Welt: Manesse Verlag, Zürich 1986.

Bitter: Ingeborg Dinesen, die jüngste Tochter von Thomas und Jonna Dinesen.

Seite 93 *Birthe:* Die Bibliothekarin Birthe Andrup (geb. 1919), hatte für die Hauptbibliothek in Odense einen Vortragsabend mit Tania Blixen arrangiert.

the Blameless Fool: Gemeint ist Pasop.

English House: Zeitweise Bezeichnung für Jørgen Gustava Brandt (vgl. Anm. zu S. 112), weil er immer so nobel gekleidet war.

Knud und Benedicte: Knud W. Jensen und seine Frau.

Seite 94 *Magasin:* Magasin du Nord, ein großes Kaufhaus in Kopenhagen.

Karl Larsen: Karl Halfdan Larsen, dän. Schriftsteller (1860–1931).

Erklärung: Schon in einem Brief aus Afrika vom 6. 5. 1928 erwähnt Tania Blixen den Namen »Albondocani« als einen der Decknamen des Kalifen Harun al Raschid in der dän. Version von »Tausendundeine Nacht«. Vgl. Anm. zu S. 409 der »Briefe aus Afrika«, Deutsche Verlags-Anstalt, Stuttgart 1988.

1952

Seite 99 *Ehrengard:* Suhrkamp Verlag, Frankfurt a. M. 1986.

Seite 100 *die Straßen um Pisa:* Titel einer der »Sieben phantastischen Geschichten«.

Frau Wanscher: Nelly Wanscher und ihr Mann, der Architekt Christopher Wanscher, wohnten in der Nähe von Rungstedlund.

Frau Dahl: Tania Blixens jüngere Schwester, Ellen Dahl, geb. Dinesen (1886–1959).

Seite 101 *Literaturhistoriker:* Der Lektor Jørgen Hatting.

Kreners Jungen: Der Hörfunkredakteur Kai Krener hatte für eine Radiosendung ein Gespräch über Johannes Ewald zwischen Tania Blixen und einigen Schülern arrangiert.

Seite 105 *Der Mantel:* In: »Letzte Erzählungen«.

Seite 106 *Tanne:* Der Brief wird mit »Tanne« unterschrieben gewesen sein, wie Tania Blixen innerhalb der Familie angeredet wurde.

Nächtliches Gespräch in Kopenhagen: In: »Letzte Erzählungen«, S. 484.

Seite 107 *Onkel Sophus:* Leutnant Carl Sophus Dinesen (1863–1899).

1953

Seite 109 *Bodil Ipsen:* Eine der bedeutendsten Schauspielerinnen Dänemarks (1889–1964). Die Aufnahme dieser Lesung vom 24. 11. 1950 wird heute von »danica records« vertrieben. Tania Blixen hat später die Erzählung für den Band »Schicksalsanekdoten« noch einmal ins Dänische übertragen.

Seite 110 *Von verborgenen Gedanken und vom Himmel:* In: »Letzte Erzählungen«, die im folgenden zitierte Szene steht auf S. 92 ff.

Seite 111 *Erste Erzählung des Kardinals:* In: »Letzte Erzählungen«, S. 12 f.

Karen und Thyra Ræder: Verwandte aus der Dinesen-Linie, Töchter des Hofjägermeisters Fritz Ræder (1843–1928).

Seite 112 *Jørgen Gustava Brandt:* Dän. Lyriker, Essayist, Übersetzer und Maler (geb. 1929), gehörte zum Kreis um die Zeitschrift »HERETICA«.

Seite 114 *Lektor Henriksen:* Aage Henriksen (geb. 1921), ab 1969 Professor für Nordische Literatur an der Universität Kopenhagen; er hat zahlreiche Essays über Tania Blixen und ihre Werke veröffentlicht.

Johannes Rosendahl: (1912–1969); Rosendahl hat in »Karen Blixen. Fire foredrag«, Kopenhagen 1958, die Bedeutung der unitarischen Glaubensrichtung für Tania Blixens Werk analysiert.

Ole Sarvig: Dän. Schriftsteller (1921–1981), hat u. a. ein Gedicht und eine Abhandlung über Tania Blixen geschrieben.

Seite 116 *anderer Schriftsteller:* Kelvin Lindemann (geb. 1911) ließ seinen Roman »En Afteni Kolera-Aaret« 1953 unter dem Pseudonym Alexis Hareng erscheinen. Zu Tania Blixens großem Ärger glaubten einige Rezensenten, das Buch sei von ihr.

1954

Seite 117   *Nächtliche Wanderung:* In: »Letzte Erzählungen«.

Wiedersehen: 1961 für das »Albondocani-Projekt« geschrieben, 1975 von Clara Selborn aus dem Englischen ins Dänische übersetzt und veröffentlicht. In: »Gespensterpferde«, Deutsche Verlags-Anstalt, Stuttgart 1984.

Tonnenschlagen: Fastnachtsspiel für Kinder, auch Reiterspiel; es gilt, die Bretter aus einer aufgehängten Tonne zu schlagen.

Seite 118   *[Beinen]:* Ergänzung von d. Übers.

Erik Wettergren: Museums- und Theaterfachmann, Rezensent.

Emil Zilliacus: finnischer Schriftsteller und Literaturforscher (1878–1961).

Ella Taube: geb. Hansen, eine Freundin Tania Blixens.

Kylberg-Ausstellung: Carl Kylberg, schwed. Maler (1873–1952).

Lena Gedin: Lena I. Gedin, Tania Blixens Agentin in Stockholm, die über viele Jahre Tania Blixens Rechte im Ausland, außer in England und den USA wahrnahm.

Georg Svensson: Einer der Direktoren des Verlages Bonnier.

Seite 119   *Von Laie zu Laie:* In: »Mottos meines Lebens«, Deutsche Verlags-Anstalt, Stuttgart 1991.

Professor Okkels: Harald Okkels (1898–1970), Professor der Anatomie an der Universität Kopenhagen.

Seite 120   *Acht-Uhr-Blumen:* Nachtkerze (oenothera glauca); zu Tania Blixens Vorliebe für diese Stauden vgl. die Bildbiographie »Tania Blixen. Ihr Leben in Dänemark und Afrika«, S. 160.

Der Dichter: In: »Sieben phantastische Geschichten«; die angeführte Passage steht auf S. 348 f.

Seite 121   *Widerhall:* In: »Letzte Erzählungen«; die angeführte Stelle steht auf S. 233 f.

Seite 122   *Der Ring:* In: »Schicksalsanekdoten«.

Seite 123   *Tove Ditlevsen:* Vielgelesene dän. Schriftstellerin (1918–1976), deren Romane, Novellen und Gedichte viel autobiographische Schilderungen aus dem Arbeitermilieu enthalten.

Seite 128 *Amalienborg:* Das königliche Schloß in Kopenhagen.

Seite 130 *I returned... to them all:* Ecclesiastes IX in der King James'
Bible (dt.: Prediger 9, 11; hier verkürzt wiedergegeben).
Vgl. Anm. zu S. 158.

Seite 131 *H.-C.-Andersen-Legat:* Ein 1955 gestiftetes Stipendium;
Tania Blixen war die erste, die es erhielt.

Seite 133 *Ester Nagel:* Dän. Schriftstellerin (geb. 1918); das rezen-
sierte Buch hieß: »Lille-Ost og hans bedrifter«, Kopenhagen 1955.
Festrede am Lagerfeuer: In: »Mottos meines Lebens«.

Seite 136 *nachgelassene Erzählungen:* die Sammlung »Gespensterpferde«; gemeint ist hier die Erzählung »Die stolze Dame«.

Seite 138 *Die Rache der Wahrheit:* Die Marionettenkomödie »Sandhedens Hævn«, 1926 zum erstenmal in der dän. Zeitschrift
»Tilskueren« gedruckt, ist bisher nicht auf deutsch erschienen; in Dänemark auf dem Theater, im Fernsehen und als
Oper aufgeführt.
Die Einsiedler: Dän. »Eneboerne«; unter dem Pseudonym
Osceola in der Zeitschrift »Tilskueren« 1907 erschienen; es
war die erste Veröffentlichung Tania Blixens. In: »Gespensterpferde«.

Seite 139 *Rungsteds Glückseligkeit:* »Rungsteds Lyksaligheder«,
1775, Ode von Johannes Ewald (1743–1781); dt. von
E. Lobedanz in: »Album Nordgermanischer Dichtung«,
Leipzig 1868, Bd. 1, S. 29 ff.
Carit Etlar: Pseudonym von Johann Carl Christian Brosbøl
(1816–1900), vielgelesener dän. Autor von vorwiegend
historischen Romanen und Novellen. Das erwähnte Buch
»Herverts Krønike« (Herverts Chronik) ist bislang nicht
auf deutsch erschienen.
Firman Åbergsson: Roman von Erik Fahlmann (Pseudonym des schwed. Rechtsanwalts Sigurd Dahlbäck,
1866–1932), erschienen 1914.
biblischen Worte: Matth. 13,52.

Seite 141 *Überlistete Dämonen:* 1952 erschienene Erinnerungen »Un Medico in Africa«, des ital. Erzählers Denti di Pirajno (1886–1969); auf deutsch veröffentlicht 1955.
Eugene Walter: Schriftsteller, Redakteur und Schauspieler (geb. 1924), hat in verschiedenen frz., amerik. und dän. Zeitschriften Interviews mit Tania Blixen und Artikel über ihre Werke veröffentlicht.

Seite 143 *Geburtstag:* Lehnsgraf Julius Wedell war 75 Jahre alt geworden.
Jonas Bruun: Zu jener Zeit Tania Blixens Rechtsanwalt; er hatte aber den umstrittenen Vertrag nicht aufgesetzt.

Seite 146 *Zwei alte Herren erzählen sich Geschichten:* In: »Letzte Erzählungen«.
Elsa Gress: Dän. Autorin (1919–1988), die sich in vielen Artikeln mit dem Werk Tania Blixens auseinandergesetzt hat.
Clifford Wright: Amerik. Geschäftsmann, war auch im Verlagswesen tätig; verheiratet mit Elsa Gress.
Steen Eiler Rasmussen: Architekt und Professor an der Kunstakademie (1898–1990); Nachbar und Freund Tania Blixens. Die erwähnten Farbaufnahmen sind in dem Museumsführer des Karen-Blixen-Museums, Rungstedlund 1991, wiedergegeben.
Rie Nissen: Fotografin (1904–1988), der viele ausgezeichnete Portraits von Tania Blixen zu verdanken sind; vgl. Bildbiographie »Tania Blixen. Ihr Leben in Dänemark und Afrika«, S. 149, 153, 176 f.

Seite 147 *Frau Mourier:* Alvida Mourier-Petersen (1832–1911), verheiratet mit dem Kammerherrn Ferdinand Mourier-Petersen auf Rugaard bei Grenå/Jütland.
Ellen Plum: (1836–1913); Tochter von Etatsrat A. N. Hansen; Schwester von Tania Blixens Großmutter mütterlicherseits; verheiratet mit Peter Plum.
Die blauen Augen: Ursprüngliche Version der Erzählung »Peter und Rosa« in den »Wintergeschichten«; die mündliche Version auf der Schallplatte: »Karen Blixen fortæller«, Louisiana LGPL 3002, 1960.

Seite 149 *Rechtsanwalt Ingerslev:* Der beim Landgericht zugelassene Rechtsanwalt Philip Ingerslev (1916–1981).

Seite 150 *Professor Mikkelsen:* Prof. Otto Mikkelsen hatte Tania Blixen am 13. Januar 1956 im Städtischen Krankenhaus in Kopenhagen operiert.

1957

Seite 151 *Letzte Erzählungen:* Manesse Verlag, Zürich, 1985.
Henri-Nathansen-Preis: 1945 in Erinnerung an den dän. Schriftsteller Henri Nathansen (1868–1944) gestiftet; wird jedes Jahr an dän. Künstler vergeben.
Eugene Haynes: Amerik. Pianist und Komponist (geb. 1926).
Leif Kayser: Dän. Komponist (geb. 1919), 1942 bis 1949 zusätzliche Ausbildung zum Priester in Rom.
Bent Mohn: Literatur-, Theater- und Filmkritiker (geb. 1928) bei der Zeitung »Politiken«.

Seite 152 *Amager-Tracht:* Dragør liegt auf der Insel Amager.

Seite 153 *Gedenkstein:* Zur Erinnerung an die dänischen Gefallenen einer Seeschlacht gegen englische Kriegsschiffe im Jahre 1808 errichtet. Die Inschrift stammt von N. F. S. Grundtvig (1783–1872); »Indskrift paa Oddens Mindestøtte«. Die zitierte erste Zeile des Textes heißt auf deutsch: »Am Abend trafen die Schiffe aufeinander.«
Michail Scholochow: Michail Alexandrowitsch Scholochow, russ. Schriftsteller (1905–1984); er erhielt 1965 den Literatur-Nobelpreis.

Seite 157 *»Plagiatroman«:* Siehe Anm. zu S. 116 (»anderer Schriftsteller«).

Seite 158 *Ich wandte... Glück:* Prediger 9,11.
John Becker: Amerik. Schriftsteller (1901–1982).

1958

Seite 164 *Schicksalsanekdoten:* Deutsche Verlags-Anstalt, Stuttgart 1982.

Seite 166 *Richard Avedon:* Amerik. Fotograf und Autor (geb. 1923); die erwähnte Veröffentlichung: »Observations. With comments by Truman Capote«, London 1959.

Seite 168 *General Paul von Lettow-Vorbeck:* Deutscher General (1870–1964); Tania Blixen erwähnt ihn mehrmals in den »Briefen aus Afrika« und hat ihn auch 1940 in Bremen besucht. Vgl. »Briefe aus einem Land im Krieg«, in: »Mottos meines Lebens«, S. 108 ff.

Seite 169 *»Dansk Samvirke«:* 1919 gegründete Vereinigung zur Be-
treuung der im Ausland lebenden Dänen.

Seite 170 *Rungstedlundfonds:* Zur Stiftung und Konstruktion des
Fonds vgl. auch die Bildbiographie »Tania Blixen. Ihr Leben in Dänemark und Afrika«, S. 191.

Seite 171 *Radioansprache über Rungstedlund:* »Rungstedlund –
Eine Ansprache im Radio«, in: »Mottos meines Lebens«.

Seite 172 *Brief des Königs:* Verkürzte und geänderte Version von
»Barua a Soldani«, in: »Schatten wandern übers Gras«,
Deutsche Verlags-Anstalt, Stuttgart 1986.

Seite 173 *Otto B. und Helga Lindhardt:* Otto B. Lindhardt, (geb.
1924), Verleger, seit 1952 beim Verlag Gyldendal, hatte
zum Kreis um die Zeitschrift »HERETICA« gehört. Seine
damalige Frau Helga, geb. Wittgrefe (geb. 1924), ist ebenfalls Verlegerin.

Seite 174 *C. Syrach Larsen:* Dr. agro. Syrach Larsen (1898–1979)
leitete das Arboretum von 1937 bis 1968.
Mir wurde gesagt... auch nicht viel: Zitat aus »Rungstedlund – Eine Ansprache im Radio«, in: »Mottos meines
Lebens«, S. 298.

Seite 175 *Bjørn Poulsen:* Dän. Schriftsteller (geb. 1918), Studien-
freund Bjørnvigs, gehörte zum »HERETICA«-Kreis.

1959

Seite 176 *Der Wein des Vierfürsten:* Aus: »Die Sintflut von Norderney«, in: »Sieben phantastische Geschichten«, S. 57 ff. Die
mündliche Version ist auf der Schallplatte »Karen Blixen
fortæller«, Louisiana LGPL 3002, 1960, erhältlich. Die
Autorin verwendet in den diversen Versionen verschiedene
Eigennamen.

Seite 177 *Alvin Christian Eurich:* Pädagoge und Psychologe (geb.
1902).

Seite 178 *Barua a Soldani:* Vgl. Anm. zu S. 172 (»Brief des Königs«).

Seite 179 *Carl van Vechten:* Amerik. Schriftsteller (1880–1964).
Sein Roman »Nigger Heaven« (1926) weckte das Interesse
der New Yorker Intellektuellen an der Schwarzenkultur;
war ab 1932 nur noch als Fotograf tätig.
Glenway Wescott: Amerik. Lyriker u. Erzähler
(1901–1987).

Seite 181 *Edith Hamilton:* Amerik. Autorin (1867–1963), deren Bücher die klassische Antike behandeln.

Seite 183 *Foto von Cecil Beaton:* Das Foto ist wiedergegeben in der Bildbiographie »Tania Blixen. Ihr Leben in Dänemark und Afrika«, S. 193. Zum Fotografen vgl. Anm. zu S. 70.
Charles Suydam Cutting: Amerik. Naturkundler, berühmt durch Expeditionen ins Innere Asiens.

Seite 184 *Pellegrina Leoni:* Figur aus »Die Träumer«, in: »Sieben phantastische Geschichten«, und aus: »Widerhall«, in: »Letzte Erzählungen«.

Seite 185 *Die Mottos meines Lebens:* In: »Mottos meines Lebens«.
Carson McCullers: Amerik. Schriftstellerin (1917–1967); den erwähnten Roman schrieb sie mit 22 Jahren (dt. 1950).
Robert Langbaum: Amerik. Literaturforscher und Universitätsprofessor (geb. 1924). Schrieb u. a. »Isak Dinesens Art. The Gayety of Vision«, Chicago u. London 1975 (erw. Neuaufl. von 1964).
Lobgesang des Simeon: Luk. 2,25 ff.

Seite 187 *Parmenia Migel Ekstrom:* Amerik. Balletthistorikerin und Schriftstellerin (gest. 1989); ihre Biographie über Tania Blixen erschien unter dem Titel: »Titania. The Biography of Isak Dinesen«, New York 1967 (1987 u. d. T. »Tania«).
Portrait: Das Portrait von René Bouché hängt heute im Karen-Blixen-Museum; es ist wiedergegeben auf dem Umschlag des Buches von Else Brundbjerg: »Kvinden, Kætteren, Kunstneren Karen Blixen«, Kopenhagen 1985.

Seite 190 *Erinnerungsbuch:* »Karen Blixen«. Redigeret af Clara Svendsen og Ole Wivel, Kopenhagen 1962 (nicht auf deutsch erschienen).
Mau-Mau-Terror: Mau-Mau: Ein terroristischer Geheimbund der Kikuju in Kenia, der weiße Farmer vertreiben und deren Land neu verteilen und die nationale Unabhängigkeit Kenias erreichen wollte. Ein offener Aufruhr von 1952 bis 1956 wurde von britischen Truppen niedergeschlagen.

Seite 192 *Monroe Wheeler:* (geb. 1900), Direktor des New Yorker Museums of Modern Art.
E. E. C. Cummings: Edward Estlin Cummings (1894–1962), amerik. Autor.

Seite 198 *Rothschilds auf Hesselager:* Baron Philippe de Rothschild mietete sich einige Sommer lang auf Hesselager (Ostfünen) ein.
Diane, Monroe und Glenway: Diane Vreeland, Redakteu-

rin der »Vogue«; Monroe Wheeler vom Museum of Modern Art in New York; der Schriftsteller Glenway Wescott.

Seite 199 *Tido und Irene:* Graf Tido Wedell und seine Frau.
der Professor: Gemeint ist der Architekt Prof. Steen Eiler Rasmussen.

Seite 200 *...in Ordnung gehalten:* Die wirtschaftliche Lage des Rungstedlundfonds hat sich nach Sidney Pollacks Film »Jenseits von Afrika« durch den Zufluß von Tantiemen aus den weltweit neu aufgelegten Werken Tania Blixens wesentlich verbessert. Nach einem behutsam durchgeführten Umbau konnten 1991 auch die Gebäude Rungstedlunds als Karen-Blixen-Museum zugänglich gemacht werden.

Seite 201 *Dr. Schöningh:* Franz Josef Schöningh (1902–1960), Redakteur.
...aus den Letzten Erzählungen: «In »Hochland« LII (1959) Nr. 1, S. 56–66, und Nr. 2, S. 139–154, erschien »Eine Geschichte vom Lande«.
Die große Geste: In: »Schatten wandern übers Gras«.
Charles Pick: Ansprechpartner im Londoner Verlag Michael Joseph.

1960

Seite 203 *Freundin Daisy:* Anne Margrethe Grevenkop-Castenskiold, geb. Komtesse Krag-Juel-Vind Frijs (1888–1917), Schwester von Inger Wedell.

Seite 205 *John Davenport:* (1908–1966); Davenport schrieb u. a. »A Noble Pride. The Art of Karen Blixen«, in: »The Twentieth Century«, London 1956.

Seite 206 *Die Ochsen:* In »Afrika – dunkel lockende Welt«, S. 318 ff.
Niels Birger Wamberg: (geb. 1930); Professor an der Kopenhagener Lehrerhochschule. Die erwähnte Aufnahme wurde unter dem Titel »Ich glaube, ich hätte ohne Shakespeare nicht leben können« im Dezember 1963 von Danmarks Radio gesendet; abgedruckt in N. B. Wambergers Buch: »Samtaler med danske digtere«, Kopenhagen 1968.

Seite 207 *Michael Joseph:* Der Londoner Verleger, bei dem das Buch 1960 erschien.
Schatten wandern übers Gras: Deutsche Verlags-Anstalt, Stuttgart 1986.

Seite 210 *Gesangbuch:* Der dän. Dichter und Kirchenmann Hans Adolph Brorson (1694–1764) hat für sein Kirchenlied »Gud skal alting mage« eine deutsche Vorlage von Ernst Stockmann (1634–1712) übertragen. Das Lied ist hier zitiert nach A. Fischer: »Das deutsche evangelische Kirchenlied des 17. Jahrhunderts«, Hildesheim (Reprint) 1964, 4. Bd., S. 397. Tania Blixen muß dieses Kirchenlied sehr geliebt haben; mit seiner Hilfe hat sie versucht, Thorkild Bjørnvig in einer Depression Trost zuzusprechen (vgl. T. Bjørnvig: »Der Pakt«, Frankfurt a. M. u. Leipzig 1993, S. 39).

Seite 213 *Frans Lasson:* (geb. 1935); Opernsänger am Kgl. Theater in Kopenhagen, Verfasser und Herausgeber vieler Schriften von und über Tania Blixen, u. a. der »Briefe aus Afrika«, und, gemeinsam mit Clara Selborn, der Bildbiographie »Tania Blixen. Ihr Leben in Dänemark und Afrika«.

Seite 214 *Ole Wivel:* Ole Wivel (geb. 1921) war zu der Zeit Direktor des Verlages Gyldendal.

Seite 215 *Donald Windham:* Amerik. Schriftsteller (geb. 1920).

Seite 216 *»Fischer etc.«:* Im S. Fischer Verlag, Frankfurt a. M., erschienen 1960 die »Schicksalsanekdoten« und 1961 »Schatten wandern übers Gras«.

1961

Seite 219 *Sara Lidman:* Schwed. Schriftstellerin (geb. 1923), bekannt durch Reportagen aus Südafrika, Kenia und Nordvietnam.

Seite 222 *Violet Trefusis:* (1894–1972); Freundin der Vita Sackville-West.
Gelbers Konnex: In dem Drama des amerik. Autors Jack Gelber (geb. 1932) dürfen die Darsteller der wartenden Heroinsüchtigen teilweise frei improvisieren.

Seite 223 *Solita Solano:* Amerik. Schriftstellerin und Kritikerin (1888–1975).
Monica Stirling: Engl. Romanautorin (geb. 1916); sie schrieb auch Kriegsberichte aus dem besetzten Frankreich und eine Biographie über H. C. Andersen.

Seite 225 *Goldschmidt:* Meir Aron Goldschmidt (1819–1887), vielgelesener dän. Schriftsteller und Journalist, Herausgeber der satirischen Zeitschrift »Corsaren«.

Seite 227 *Timothy Leary:* Amerik. Psychologe (geb. 1920), mußte wegen seiner Propagierung bewußtseinserweiternder Drogen wie LSD und Meskalin die Harvard University und schließlich die USA verlassen.
Mogens Wieth: Schauspieler (1919–1962).
Seite 229 *Ellen Lassen geb. Wanscher:* (1883–1967), verheiratet mit dem Architekten Mogens Lassen.

1962

Seite 231 *Wiedersehen:* In: »Gespensterpferde«.
Seite 234 *Carnival:* nicht auf deutsch erschienen; abgedruckt in: »Kongesønnerne og andre efterladte Fortællinger«, Kopenhagen 1985, sowie in: »Carnival. Entertainments and Posthumous Tales«, Chicago 1977/London 1978.
Der letzte Tag: In: »Gespensterpferde«.
Der Bär und der Kuß: In: »Gespensterpferde«.
Jannik ... Stampe: Söhne von Edith Hilsted.
Seite 236 *seine Bilder:* Die Fotografien von John Stewart sind abgedruckt in der Bildbiographie »Tania Blixen. Ihr Leben in Dänemark und Afrika«, S. 202–207 u. 211.
Emma Wamboi Njonjo: Eine Aufnahme von ihr und Tania Blixen ist abgedruckt in: »Tania Blixen. Ihr Leben in Dänemark und Afrika«, S. 208.
Kinanjui: Häuptling der Kikujus in Kenia; spielt in den »Briefen aus Afrika« und in »Afrika – dunkel lockende Welt« eine große Rolle.
Seite 237 *Bodil Udsen:* Schauspielerin (geb. 1925).
Peter E. Beard: Amerik. Schriftsteller und Fotograf (geb. 1938). Seine Portraits von Tania Blixen und Kamante sind abgedruckt in: »Tania Blixen. Ihr Leben in Dänemark und Afrika«, S. 199–201, 209.
Seite 238 *Hudson Strode:* Amerik. Universitätsprofessor, Schriftsteller und Kritiker (1892–1976). H. Strode hat 1938 in der »New York Herald Tribune« »Afrika – dunkel lockende Welt« besprochen und 1951 in seinem Buch »Denmark is a lovely Land« Tania Blixen portraitiert. Er schrieb auch einen Beitrag im »Karen-Blixen-Erinnerungsbuch«.
Der Rabe: Roman von Meir Aron Goldschmidt aus dem Jahre 1867 (dt. Berlin 1886).

Seite 239 *Jakob Knudsen:* Jütländischer Heimatdichter und Verfas-
ser von Thesenromanen um religiöse und pädagogische
Fragen (1858–1917).
Jonas Lie: Norweg. Schriftsteller (1833–1908).
Die leere Seite: In: »Letzte Erzählungen«, S. 148.
Sybille Bedford: Engl. Schriftstellerin (geb. 1911), schrieb
1973/74 eine Biographie über A. Huxley.
Seite 246 *Arie von Händel:* Aus der Oper »Semele«; Text von Alex-
ander Pope: »Summer« aus: »Pastorals«.
Seite 247 *Wintergeschichten:* Deutsche Verlags-Anstalt, Stuttgart
1985, darin die Erzählung »Alkmene«. Die zitierte Frage
steht auf S. 234.
Seite 249 *Die Sintflut von Norderney:* In: »Sieben phantastische Geschichten«; das Zitat steht auf S. 30.

Namen- und Titelregister

(Werke von Tania Blixen sind kursiv gesetzt)

Werke Tania Blixens in deutschen Ausgaben
(die Liste beschränkt sich auf lieferbare Werke)

Der Affe. In: Sieben phantastische Geschichten.
Afrika – dunkel lockende Welt. Aus dem Englischen übertragen von
Rudolf Scholtz. Nachwort von Jürg Glauser. Manesse Verlag, Zürich
1986.
Alkmene. In: Wintergeschichten.
Der alte, wandernde Ritter. In: Sieben phantastische Geschichten.

Babettes Fest. Aus dem Englischen übertragen von W. E. Süskind. Ma-
nesse Verlag, Zürich 1989 (Manesse Bücherei Band 25). Unter dem
Titel *Babettes Gastmahl* in: Schicksalsanekdoten.
Babettes Gastmahl siehe Babettes Fest.
Der Bär und der Kuß. In: Gespensterpferde.
Barua a Soldani. In: Schatten wandern übers Gras.
Briefe aus Afrika 1914–1931. Herausgegeben und eingeleitet von Frans
Lasson. Aus dem Dänischen übertragen von Sigrid Daub. Deutsche
Verlags-Anstalt, Stuttgart 1988.
Briefe aus einem Land im Krieg. In: Mottos meines Lebens.

Daguerreotypien. In: Mottos meines Lebens.
Der Dichter. In: Sieben phantastische Geschichten.
Der dicke Mann. In: Gespensterpferde.
Die dritte Erzählung des Kardinals. In: Letzte Erzählungen.

Echo von den Bergen. In: Schatten wandern übers Gras.
Ehrengard. Ins Deutsche übertragen von Fritz Loch. Mit einem Nach-
wort von Brigitte Kronauer. Suhrkamp Verlag, Frankfurt am Main
1986.
Ein Familientreffen in Helsingör. In: Sieben phantastische Geschichten.
Eine Festrede am Lagerfeuer, mit vierzehn Jahren Verspätung gehalten.
In: Mottos meines Lebens.
Eine Geschichte vom Lande. In: Letzte Erzählungen.

Eine tröstliche Geschichte. In: Wintergeschichten.
Die Einsiedler. In: Gespensterpferde.
Die erste Erzählung des Kardinals. In: Letzte Erzählungen.

Die Familie de Cats. In: Gespensterpferde.
Farah. In: Schatten wandern übers Gras.
Der Fisch. In: Wintergeschichten.

Gespensterpferde. Nachgelassene Erzählungen. Aus dem Dänischen
übertragen von Ursula Gunsilius. Deutsche Verlags-Anstalt, Stuttgart
1984.
Inhalt:
Die Familie de Cats
Die Einsiedler
Onkel Théodore
Der letzte Tag
Onkel Seneca
Der dicke Mann
Gespensterpferde
Die stolze Dame
Der Bär und der Kuß
Wiedersehen
Gespensterpferde. In: ebenda
Die große Geste. In: Schatten wandern übers Gras.

H. C. Branner: »Der Reiter«. In: Mottos meines Lebens.
Die Heldin. In: Wintergeschichten.

Der junge Mann mit der Nelke. In: Wintergeschichten.

Die Karyatiden. In: Letzte Erzählungen.

Die leere Seite. In: Letzte Erzählungen.
Leidacker. In: Wintergeschichten.
Letzte Erzählungen. Aus dem Englischen übertragen von Wolfheinrich
von der Mülbe, Barbara Henninges und W. E. Süskind. Nachwort
von Eckhart Kleßmann. Manesse Verlag, Zürich 1985.
Inhalt:
Die erste Erzählung des Kardinals (dt. v. W. von der Mülbe)

Der Mantel (dt. v. W. von der Mülbe)
Nächtliche Wanderung (dt. v. W. von der Mülbe)
Von verborgenen Gedanken und vom Himmel (dt. v. B. Henninges)
Zwei alte Herren erzählen sich Geschichten (dt. v. W. von der Mülbe)
Die dritte Erzählung des Kardinals (dt. v. W. von der Mülbe)
Die leere Seite (dt. v. B. Henninges)
Die Karyatiden (dt. v. B. Henninges)
Widerhall (dt. v. W. E. Süskind)
Eine Geschichte vom Lande (dt. v. W. E. Süskind)
Saison in Kopenhagen (dt. v. W. von der Mülbe)
Nächtliches Gespräch in Kopenhagen (dt. v. W. von der Mülbe)
Der letzte Tag. In: Gespensterpferde.

Der Mantel. In: Letzte Erzahlungen.
Moderne Ehe und andere Betrachtungen. In: Mottos meines Lebens.
Einzelausgabe: Suhrkamp Verlag, Frankfurt am Main 1987. Aus dem
Dänischen von Walter Boehlich. Mit einem Nachwort von Hanns
Grössel.
Mottos meines Lebens. Betrachtungen aus drei Jahrzehnten. Ins Deut-
sche übertragen von Sigrid Daub, Walter Boehlich, Hanns Grössel
und Hans Hjort. Mit einem Vorwort von Sigrid Daub. Deutsche
Verlags-Anstalt, Stuttgart 1991.
Inhalt:
Moderne Ehe und andere Betrachtungen (dt. v. W. Boehlich)
Schwarze und Weiße in Afrika (dt. v. S. Daub)
Briefe aus einem Land im Krieg (dt. v. H. Hjort)
Wiedersehen mit England (dt. v. S. Daub)
H. C. Branner: »Der Reiter« (dt. v. S. Daub)
Zu vier Kohlezeichnungen (dt. v. S. Daub)
Daguerreotypien (dt. v. S. Daub)
Eine Festrede am Lagerfeuer, mit vierzehn Jahren Verspätung gehal-
ten (dt. v. S. Daub)
Von Laie zu Laie (dt. v. S. Daub)
Rungstedlund – Eine Ansprache im Radio (dt. v. S. Daub)
Die Mottos meines Lebens (dt. v. H. Grössel)
Die Mottos meines Lebens. In: Mottos meines Lebens.

Nächtliche Wanderung. In: Letzte Erzählungen.
Nächtliches Gespräch in Kopenhagen. In: Letzte Erzählungen.

Onkel Seneca. In: Gespensterpferde.
Onkel Théodore. In: Gespensterpferde.

Die Perlen. In: Wintergeschichten.
Peter und Rosa. In: Wintergeschichten.

Die Rache der Engel. Ins Deutsche übertragen von Thyra Dohrenburg.
Deutsche Verlags-Anstalt, Stuttgart 1990.
Der Ring. In: Schicksalsanekdoten.
Rungstedlund – Eine Ansprache im Radio. In: Mottos meines Lebens.

Saison in Kopenhagen. In: Letzte Erzählungen.
Schatten wandern übers Gras. Aus dem Englischen übertragen von
W. E. Süskind. Deutsche Verlags-Anstalt, Stuttgart 1986.
Inhalt:
Farah
Barua a Soldani
Die große Geste
Echo von den Bergen
Schicksalsanekdoten. Aus dem Englischen übertragen von W. E. Süskind. Deutsche Verlags-Anstalt, Stuttgart 1982.
Inhalt:
Der Taucher
Babettes Gastmahl
Stürme
Die unsterbliche Geschichte
Der Ring
Schwarze und Weiße in Afrika. In: Mottos meines Lebens.
Sieben phantastische Geschichten. Ins Deutsche übertragen von Thyra
Dohrenburg, Martin Lang und W. E. Süskind. Deutsche Verlags-
Anstalt, Stuttgart 1980.
Inhalt:
Die Sintflut von Norderney (dt. v. Martin Lang)
Der alte, wandernde Ritter (dt. v. Thyra Dohrenburg)
Der Affe (dt. v. Thyra Dohrenburg)
Die Straßen um Pisa (dt. v. Martin Lang)
Ein Familientreffen in Helsingör (dt. v. Martin Lang)
Die Träumer (dt. v. W. E. Süskind)
Der Dichter (dt. v. W. E. Süskind)
Die Sintflut von Norderney. In: Sieben phantastische Geschichten.

Über Tania Blixen

Thorkild Bjørnvig: *Der Pakt*. Meine Freundschaft mit Tania Blixen. Aus dem Dänischen von Gabriele Gerecke. Insel Verlag, Frankfurt am Main und Leipzig 1993.

Bernhard Glienke: *Fatale Präzedenz*. Karen Blixens Mythologie. Skandinavistische Studien, Band 8, Neumünster 1986.

Frans Lasson/Clara Selborn: *Tania Blixen*. Ihr Leben in Dänemark und Afrika. Eine Bildbiographie. Aus dem Dänischen übertragen von Jón Laxdal. Deutsche Verlags-Anstalt, Stuttgart 1987.

Judith Thurman: *Tania Blixen*. Ihr Leben und Werk. Aus dem Amerikanischen übertragen von Barbara Henninges und Margarete Längsfeld. Deutsche Verlags-Anstalt, Stuttgart 1989.

Bodil Wamberg (Hrsg.): *Blixen, Christensen und andere dänische Dichterinnen*. Aus dem Dänischen von Ursula Schmalbruch. Münster 1988.